权威·前沿·原创

皮书系列为
"十二五""十三五""十四五"时期国家重点出版物出版专项规划项目

BLUE BOOK

智 库 成 果 出 版 与 传 播 平 台

房地产蓝皮书

BLUE BOOK OF REAL ESTATE

中国房地产发展报告 *No.22*
（2025）

ANNUAL REPORT ON THE DEVELOPMENT OF CHINA'S

REAL ESTATE No.22 (2025)

中国社会科学院国家未来城市实验室
主　编／中国房地产估价师与房地产经纪人学会
中国城市经济学会

社会科学文献出版社
SOCIAL SCIENCES ACADEMIC PRESS（CHINA）

图书在版编目(CIP)数据

中国房地产发展报告 . No. 22，2025 / 中国社会科学院国家未来城市实验室，中国房地产估价师与房地产经纪人学会，中国城市经济学会主编 . --北京：社会科学文献出版社，2025. 7. --（房地产蓝皮书）. --ISBN 978-7-5228-5653-7

Ⅰ. F299. 233

中国国家版本馆 CIP 数据核字第 2025XZ5808 号

房地产蓝皮书

中国房地产发展报告 No. 22（2025）

　　　　　　　中国社会科学院国家未来城市实验室
主　　　编 / 中国房地产估价师与房地产经纪人学会
　　　　　　　中国城市经济学会

出 版 人 / 冀祥德
责任编辑 / 张　超
责任印制 / 岳　阳

出　　　版 / 社会科学文献出版社·皮书分社（010）59367127
　　　　　　　地址：北京市北三环中路甲 29 号院华龙大厦　邮编：100029
　　　　　　　网址：www. ssap. com. cn
发　　　行 / 社会科学文献出版社（010）59367028
印　　　装 / 天津千鹤文化传播有限公司

规　　　格 / 开　本：787mm×1092mm　1/16
　　　　　　　印　张：26.5　字　数：397 千字
版　　　次 / 2025 年 7 月第 1 版　2025 年 7 月第 1 次印刷
书　　　号 / ISBN 978-7-5228-5653-7
定　　　价 / 168.00 元

读者服务电话：4008918866

本书是中国社会科学院实验室综合资助项目"数字化决策与国家治理实验室"（项目编号：2024SYZH010）阶段性研究成果

主编单位简介

中国社会科学院国家未来城市实验室　原中国社会科学院城市信息集成与动态模拟实验室，成立于 2010 年，是中国社会科学院最早设立的 18 家实验室之一，经中国社会科学院批准，于 2020 年 11 月正式更名为"中国社会科学院国家未来城市实验室"（简称"国家未来城市实验室"）。国家未来城市实验室是中国社会科学院从事城市与区域科学研究的主要载体，依托中国社会科学院大学，实行理事会领导下的主任负责制，紧密围绕党和国家发展战略需求，接轨联合国《新城市议程》，主动响应全球和国家城市与区域发展的关键科学问题和重大现实问题，为国家重大城市和区域发展战略制定提供决策支持，打造中国城市和区域研究的重要科学基础设施，构建中国城市和区域科学研究的学科体系、学术体系、话语体系，持续发布"城市蓝皮书""房地产蓝皮书"，产生了较大影响。

中国房地产估价师与房地产经纪人学会　前身是成立于 1994 年 8 月的中国房地产估价师学会，2004 年 7 月更名为中国房地产估价师与房地产经纪人学会（简称"中房学"），是全国性的房地产估价、经纪、住房租赁行业自律管理组织，由从事房地产估价、经纪、住房租赁活动的专业人士、机构及有关单位组成，依法对房地产估价、经纪、住房租赁行业进行自律管理。首任会长为周干峙先生，第二任会长为宋春华先生，第三任会长为杜鹃女士。现任会长为柴强博士，副会长兼秘书长为赵鑫明先生。中房学的主要宗旨是团结和组织从事房地产估价和经纪租赁活动的专业人士、机构及有关单位，开展房地产估价和经纪租赁研究、交流、教育和宣传活动，接受政府部门委托拟订并推行房地产估价和经纪租赁执业标准、规则，加强自律管理及国际交往与合作，不断提高房地产估价和经纪租赁专业人员及机构的服务水平，反映其诉求，维护其合法权益，促进房地产估价和经纪租赁行业规范、健康、持续发展。目前承担全国房地产估价师、房地产经纪专业人员职业资格考试、注册、登记、继续教育等工作。

中国城市经济学会　成立于 1986 年 5 月，是由中国社会科学院主管（生态文明研究所代管）、在民政部登记注册的国家一级学会和全国性、开放性学术平台，旨在开展城市发展和城市经济前瞻性理论研究，总结城市发展经验，推动产、学、研交流，促进城市可持续发展。作为全国性的国家一级学会，中国城市经济学会一贯秉承发展城市、服务城市的宗旨，针对城市经济改革和发展中的重大理论和实践问题，特别是热点、难点问题，动员和组织会员及相关专家、学者进行深入的研究，提出研究报告、政策建议或出版专著，促进政、产、学、研开展广泛的学术研讨和交流。房地产专业委员会则是在原房地产研究部的基础上，于 2022 年 5 月底获得正式批复成立。房地产专业委员会始终坚持专业性、积极性、开放性和渐进性等四性原则，以中青年、第二第三代房地产研究学者为主体，通过高端平台的建设，促进房地产研究范式创新，致力于建设成为国内最具影响力的房地产学术平台之一，使房地产专业学者科学理性的声音能够传得更高更远。

摘　要

《中国房地产发展报告 No. 22（2025）》秉承客观公正、科学中立的宗旨和原则，追踪中国房地产市场最新动态，深度剖析市场热点，展望 2025 年发展趋势，积极谋划应对策略。全书分为总报告、市场篇、服务篇、热点篇、案例篇。总报告对当前房地产市场的发展态势进行全面、综合的分析，其他各篇分别从不同的角度对房地产市场发展进行深度分析，并对年度热点问题进行了探讨。

2024 年房地产市场政策基调以"持续用力推动止跌回稳"为核心，强调宏观政策扩大内需，通过政策组合拳稳定楼市与土地市场。从全国房地产市场运行来看，2024 年房地产市场运行的总体特征主要包括：销售市场方面，商品房平均销售价格跌幅扩大，商品房销售面积下降，但待售面积增速放缓，住宅价格同比上涨的城市逐渐增多；租赁市场方面，住房租金涨幅已经连续六年低于 CPI 涨幅；土地市场方面，土地成交仍处于低位徘徊的状态，国有土地使用权出让收入下降；投融资方面，房地产开发投资连续三年负增长，自筹资金成为最主要的资金来源；房屋供给方面，房屋新开工面积下降，各类物业新开工面积均已连续五年缩减，供需结构亟待优化调整。2024 年房地产面临的突出问题主要有：房地产成交量下滑，市场分化加剧；在销售端持续低迷、价格支撑不足的情况下，我国房地产市场整体发展动能偏弱，短期内出现明显改观较难。

2024 年 12 月 11~12 日召开的中央经济工作会议强调，"持续用力推动房地产市场止跌回稳，加力实施城中村和危旧房改造，充分释放刚性和改善

性住房需求潜力。合理控制新增房地产用地供应，盘活存量用地和商办用房，推进处置存量商品房工作。推动构建房地产发展新模式，有序搭建相关基础性制度"。2025 年 3 月 5 日，国务院总理李强在 2025 年政府工作报告中提出"持续用力推动房地产市场止跌回稳"。展望 2025 年房地产市场，政策落地将促进销售止跌，但销售规模仍面临下行挑战；房价预期改善，核心城市房价有望止跌；土地成交量下滑，预计新开工规模仍将下行；开发投资修复受到制约，投资预计仍将持续低位运行。

关键词： 房地产市场　住房租赁　二手房　房地产经纪　好房子

目 录 ➴

Ⅰ 总报告

Ⅱ 市场篇

皮书数据库阅读**使用指南** 👆

总 报 告

B.1
2024年中国房地产市场回顾
及2025年展望

"房地产蓝皮书"总报告编写组*

摘 要: 2024年,房地产市场政策基调以"持续用力推动止跌回稳"为核心,强调宏观政策扩大内需,通过政策组合拳稳定楼市与土地市场。从全国房地产市场运行来看,2024年房地产市场运行的总体特征主要包括:销售市场方面,商品房平均销售价格跌幅扩大,商品房销售面积下降,待售面积增速放缓,住宅价格同比上涨的城市逐渐增多;租赁市场方面,住房租金涨幅已经连续六年低于CPI涨幅;土地市场方面,土地成交仍处于低位徘徊

* 赵鑫明,中国房地产估价师与房地产经纪人学会副会长兼秘书长,主要研究方向为房地产经济;王业强,研究员,中国社会科学院国家未来城市实验室副主任,中国区域科学协会副理事长,中国城市经济学会房地产专业委员会主任,主要研究方向为房地产经济与政策;董昕,中国社会科学院生态文明研究所生态城市研究室主任、研究员,主要研究方向为城市经济、住房与土地政策等;邹琳华,中国社会科学院财经战略研究院住房大数据项目组组长,纬房研究院专家,主要研究方向为房地产经济与政策;颜燕,首都经济贸易大学城市经济与公共管理学院副教授,博士生导师,中国城市经济学会房地产专业委员会副秘书长;黄奕楠,中国社会科学院大学应用经济学院研究生。

的状态，国有土地使用权出让收入下降；投融资方面，房地产开发投资连续三年负增长，自筹资金成为最主要的资金来源；房屋供给方面，房屋新开工面积下降，各类物业新开工面积均已连续五年缩减，供需结构亟待优化调整。2024年房地产面临的突出问题主要有：房地产成交量下滑，市场分化加剧；在销售端持续低迷、价格支撑不足的情况下，我国房地产市场整体发展动能偏弱，短期内出现明显改观较难。展望2025年房地产市场，政策落地将促进销售止跌，但销售规模仍面临下行挑战；房价预期改善，核心城市房价有望止跌；土地成交量下滑，预计新开工规模仍将下行；开发投资修复受到制约，投资预计仍将持续低位运行。

关键词： 房地产市场　土地市场　商品房　住房租金

一　2024年房地产市场总体运行特征①

（一）政策环境：持续用力推动房地产市场止跌回稳，各类支持政策将加快落实，促需求优供给

自2021年下半年房地产市场进入深度调整阶段，已历时3年多，在此期间，中央及地方的房地产调控政策不断优化，力度也在不断增强，2024年9月26日中央政治局召开会议，定调要"促进房地产市场止跌回稳"，释放了明确的"稳市场"信号，市场迎来真正的政策拐点；12月9日，中央政治局会议提出"稳住楼市"，12月12日，中央经济工作会议再次强调"持续用力推动房地产市场止跌回稳"，为2025年楼市定调，释放了更加坚定的稳楼市基调。

9·26政策后，中央多部门相继落地稳市场"组合拳"，明确了促进房地产市场止跌回稳的"四个取消、四个降低、两个增加"以及收储存量商

---

① 本文的数据来源，除特殊注明以外均来自国家统计局。

品房、盘活存量闲置土地等多项政策举措。各地优化政策也是应出尽出，9·26政策后各地政策跟进节奏有所加快，截至目前，除个别核心城市仍保留一定限制性政策外，全国大多数城市调控政策已经全面放开。根据中指监测，2024年全国各地出台房地产调控政策超800次，当前政策环境已处于历史最宽松阶段，特别是需求端政策，涉及居民购房成本和购房门槛的房贷利率、交易税费、首付比例等均已降至历史最低水平。

央行等金融三部门出台五项房地产金融新政，其中三项作用于房地产需求端，一是下调央行政策利率0.2个百分点，调整后带动5年期以上LPR下行0.25个百分点；二是将二套房首付比例下限由25%下调至15%，截至2024年末，除个别核心城市外，多地已陆续下调二套房首付比例，助推改善性住房需求释放；三是降低存量房贷利率，统一将存量房贷利率加点幅度调整为不低于LPR-30BP，且不低于所在城市目前执行的新发放商业性个人住房贷款利率加点下限（如有），并建立存量房贷利率动态调整机制，相关举措已在10月底落地，进一步降低购房者还贷成本，稳定市场预期。

（二）销售价格：商品房[①]平均销售价格增速由正转负，住宅价格同比上涨的城市逐渐增多

房地产市场销售价格方面，从总体来看，2024年全国房地产市场的商品房平均销售价格增速由正转负；从区域来看，各地区的商品房平均销售价格均出现下降，东部地区的降幅最大，东北地区的降幅最小；从城市来看，住宅价格同比上涨的城市逐渐增多。

1. 商品房平均销售价格增速由正转负，创1998年以来最大跌幅

2024年全国商品房的平均销售价格为9935元/米²，比2023年下跌4.8%。其中，商品住宅平均销售价格下跌4.1%，降至10419元/米²；办公楼平均销售价格下跌3.1%，降至13350元/米²；商业营业用房平均销售价格下跌8.1%，降至9569元/米²。1998年至今，全国商品房平均销售价格出现过4次

---

① 本报告中的"商品房"均指新建商品房，不包括二手房。

负增长，第一次是 1999 年的-0.5%，第二次是 2008 年的-1.7%，第三次是 2022 年的-3.2%，第四次是 2024 年的-4.8%。（见图 1）。而且，2024 年的商品住宅、办公楼、商业营业用房的平均销售价格均出现下降。

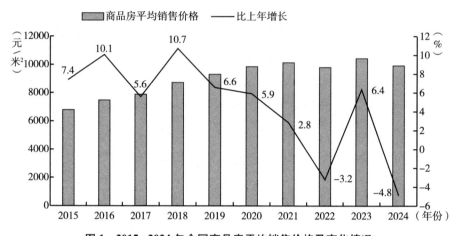

图1 2015~2024 年全国商品房平均销售价格及变化情况

资料来源：国家统计局及相应计算。

2. 各地区的商品房平均销售价格均出现下降，东部地区的降幅最大，东北地区的降幅最小

从区域差异来看，2024 年东部地区的商品房平均销售价格为 13178 元/米²，比 2023 年下跌 5.5%；中部地区的商品房平均销售价格为 6977 元/米²，比 2023 年下跌 5.0%；西部地区的商品房平均销售价格为 7336 元/米²，比 2023 年下跌 2.9%；东北地区的商品房平均销售价格为 7007 元/米²，比 2023 年下跌 1.7%。[①] 东、中、西、东北地区的商品房平均销售价格全线下降。其中，东部地区的商品房平均销售价格降幅最大，但商品房平均销售价格依然大致是其他地区的 2 倍；东北地区的商品房平均销售价格降幅最小，2024 年中

---

① 东部地区包括北京、天津、河北、上海、江苏、浙江、福建、山东、广东、海南 10 个省份；中部地区包括山西、安徽、江西、河南、湖北、湖南 6 个省份；西部地区包括内蒙古、广西、重庆、四川、贵州、云南、西藏、陕西、甘肃、青海、宁夏、新疆 12 个省份；东北地区包括辽宁、吉林、黑龙江 3 个省份。

部地区的商品房平均销售价格低于西部地区和东北地区，成为四大地区中商品房平均销售价格最低的地区（见表1）。

表1 全国商品房销售价格及其变化（2020~2024年）

单位：元/米^2，%

项目	商品房平均销售价格					比上年增长				
	2020年	2021年	2022年	2023年	2024年	2020年	2021年	2022年	2023年	2024年
全国总计	9860	10139	9814	10437	9935	5.9	2.8	-3.2	6.3	-4.8
东部地区	13419	14105	13729	13944	13178	6.6	5.1	-2.7	1.6	-5.5
中部地区	7306	7374	6959	7346	6977	3.0	0.9	-5.6	5.6	-5.0
西部地区	7456	7370	7070	7558	7336	2.5	-1.2	-4.1	6.9	-2.9
东北地区	8222	7880	7496	7130	7007	4.6	-4.2	-4.9	-4.9	-1.7

资料来源：国家统计局及相应计算。

3. 住宅价格同比上涨的城市逐渐增多，一、二线城市的住房价格已经开始企稳回升

对全国百城住宅价格的追踪数据显示，从2024年6月起，住宅价格同比上涨的城市超过50%，截至2024年12月，住宅价格同比上涨的城市达到63个，同比下跌的城市为37个；综观2022年1月至2024年12月的百城住宅价格城市涨跌个数，可以看到住宅价格同比上涨城市数的一个"U"形变化趋势，2023年处于底部，而2024年开始企稳回升（见图2）；2024年12月，一线城市住宅价格同比增幅为3.24%，二线城市住宅价格同比增幅为1.53%，三线城市住宅价格同比增幅为-0.03%。[1] 结合全国商品住宅平均销

---

[1] 百城包括一、二、三线的全部100个城市。一线城市，包括北京、上海、广州、深圳，共4个城市；二线城市，包括天津、重庆、杭州、南京、武汉、沈阳、成都、西安、大连、青岛、宁波、苏州、长沙、济南、厦门、长春、哈尔滨、太原、郑州、合肥、南昌、福州，共22个城市；三线城市，包括邯郸、菏泽、湘潭、呼和浩特、廊坊、湖州、洛阳、潍坊、连云港、扬州、昆山、常州、昆明、徐州、日照、烟台、新乡、镇江、泉州、营口、东莞、桂林、南宁、金华、马鞍山、东营、株洲、无锡、德州、西宁、赣州、保定、常熟、银川、泰州、盐城、威海、乌鲁木齐、宿迁、贵阳、湛江、鞍山、衡水、吉林、鄂尔多斯、包头、南通、珠海、嘉兴、石家庄、中山、聊城、秦皇岛、淮安、柳州、温州、惠州、绵阳、唐山、海口、北海、淄博、江阴、宝鸡、芜湖、张家港、兰州、台州、江门、绍兴、宜昌、佛山、三亚、汕头，共74个城市。

售价格下跌的数据来看，可以推断一、二线城市的住房价格已经企稳回升，但三、四线及以下城市的住房价格仍处于下跌状态。

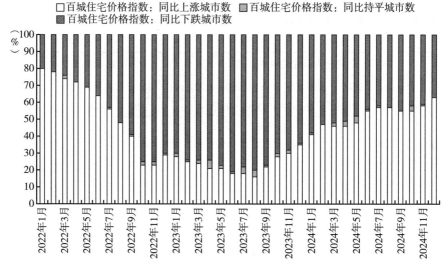

图 2　百城住宅价格同比涨跌变化（2022~2024 年）

资料来源：Wind 数据库。

（三）销量与库存：商品房销售面积下降，待售面积增幅缩小，重点城市可售库存处于高位

2024 年全国房地产市场的商品房销售面积比 2023 年下降了 12.9%，销售量明显萎缩。从物业类型来看，住宅、办公楼、商业营业用房的销售面积出现负增长，住宅销售面积的降幅最大。从区域市场来看，东北地区的商品房销售面积降幅最小，西部地区的商品房销售面积降幅最大。同时，商品房待售面积保持相对稳定的正增长，住宅待售面积增幅超过商办物业。

1.商品房销售面积继续下跌，各类物业销售面积出现负增长，西部地区降幅最大

2024 年，全国商品房销售面积为 9.74 亿平方米，比 2023 年下降了

12.9%，降幅高于 2023 年，销售量萎缩（见图 3）。从物业类型来看，住宅、办公楼、商业营业用房的销售面积均出现负增长，住宅销售面积的降幅最大。2024 年全国商品房销售面积中，住宅的销售面积为 81450 万平方米，比 2023 年下降了 14.1%；办公楼的销售面积为 2403 万平方米，比 2023 年下降了 11.5%；商业营业用房的销售面积为 5986 万平方米，比 2023 年下降了 5.9%。从区域市场来看，西部地区的商品房销售面积降幅最大，东北地区的商品房销售面积降幅最小。2024 年全国商品房销售面积中，东部地区的商品房销售面积为 45044 万平方米，比 2023 年下降了 12.7%；中部地区的商品房销售面积为 24911 万平方米，比 2023 年下降了 12.0%；西部地区的商品房销售面积为 23834 万平方米，比 2023 年下降了 14.6%；东北地区的商品房销售面积为 3585 万平方米，比 2023 年下降了 9.7%。

图 3　全国商品房销售面积及变化情况（2015~2024 年）

资料来源：国家统计局及相应计算。

2. 商品房待售面积连续三年增加但增幅有所减小，住宅待售面积增幅超过商办物业

2024 年全国商品房待售面积为 7.53 亿平方米，较 2023 年增长了 10.6%，增幅与上年的 19.0% 相比有所降低。其中，住宅待售面积为 3.91

亿平方米，占 51.9%，较 2023 年增长了 16.2%（见图 4）；办公楼待售面积为 0.53 亿平方米，占 7.1%，较 2023 年增长了 8.6%；商业营业用房待售面积为 1.44 亿平方米，占 19.2%，较 2023 年增长了 0.6%。住宅待售面积增速大幅超过办公楼和商业营业用房，住宅待售面积在商品房待售面积中所占比例也由 2023 年的 49.2% 扩大到 2024 年的 51.9%。

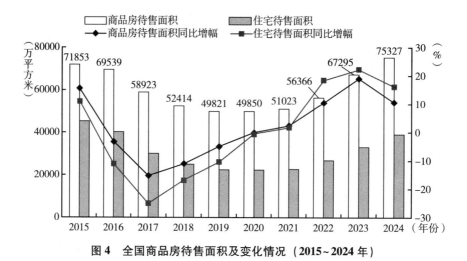

图 4　全国商品房待售面积及变化情况（2015~2024 年）

资料来源：国家统计局及相应计算。

（四）租金：住房租金微跌0.2%，住房租金涨幅连续六年低于CPI 涨幅

相较于住房销售价格，近年来住房租赁价格保持着稳中有降的态势。2024 年全国租赁房房租类居民消费价格（简称"住房租金"）比 2023 年下降 0.2%，降幅小于全国商品住宅平均销售价格 4.1% 的同比降幅。对比租赁房房租类居民消费价格指数和居民消费价格指数（CPI）可以发现，2024 年在居民消费价格指数整体上涨 0.2% 的情况下，住房租金下跌了 0.2%，这已经是自 2019 年开始住房租金涨幅连续六年低于 CPI 涨幅（见图 5）。

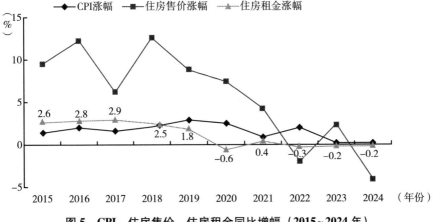

图5 CPI、住房售价、住房租金同比增幅（2015~2024年）

注：住房售价是指全国商品住宅的平均销售价格。
资料来源：国家统计局及相应计算。

（五）土地市场：土地成交仍处于低位徘徊的状态，国有土地使用权出让收入继续下降

鉴于国家统计局从2023年起不再公布土地购置面积和土地成交价款等土地市场数据，下文通过Wind数据库等相关数据对土地市场进行研判。根据中指数据，2024年，300城各类用地成交14.1亿平方米，同比下降14.1%。其中，住宅用地成交3.8亿平方米，同比下降22.7%。除北京、上海、杭州等热点城市外，多数二线及三、四线城市房企投资意愿仍偏弱，土拍以底价成交为主，成交溢价率均有所下行。根据Wind数据，2022年、2023年、2024年的成交土地溢价率分别为3.67%、4.20%、3.91%，仍处于低位徘徊的状态。地方本级政府性基金收入和作为其主要组成部分的国有土地使用权出让收入的变化也可以反映出土地市场的状况。2024年，地方本级政府性基金收入为57356亿元，较2023年下跌了13.5%；国有土地使用权出让收入为48699亿元，较2023年下跌了16.0%。与2021年的高点相比，二者分别下跌了38.9%和44.1%（见图6）。

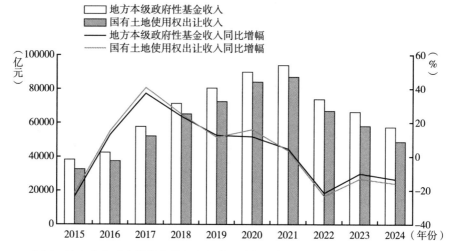

图6　地方本级政府性基金收入和国有土地使用权出让收入（2015～2024年）

资料来源：Wind 数据库。

（六）投融资：房地产开发投资连续三年负增长，自筹资金成为最主要的资金来源

2024 年，房地产开发投资额同比下降超 10%，整体表现偏弱。2024 年，全国房地产开发投资额为 10.0 万亿元，同比下降 10.6%。其中，住宅开发投资额为 7.6 万亿元，同比下降 10.5%，占房地产开发投资比重为 75.8%。资金来源方面，自筹资金成为房地产开发企业实际到位资金中最主要的来源。

1.房地产开发投资连续三年负增长，各类物业、各地区投资额增幅均为负值

2024 年，全国房地产开发投资 100280 亿元，比 2023 年减少了 10.6%，已经连续三年负增长（见图7）。从物业类型来看，各类型物业开发投资大幅度减少。2024 年房地产开发投资中，住宅开发投资为 76040 亿元，比 2023 年减少了 10.5%，降幅扩大；办公楼开发投资 4160 亿元，延续下行趋势，比 2023 年减少了 9.0%；商业营业用房开发投资 6944 亿元，同比降幅由 2023 年的 16.9%变为 2024 年的 13.9%。从区域来看，各地区房地产开发投资均出现负增长。2024 年东部地区房地产开发投资额为 60243 亿元，比 2023 年减少了 11.0%；中部地区房地产开发投资额为 19563 亿元，比 2023 年减少了 9.4%；西部地区房地产开发投资额为 18110 亿元，比 2023 年减少了 8.9%；东北地区房地产开发投资额为 2365 亿元，比 2023 年减少了 21.8%。西部地区的降幅最小，而东北地区的降幅最大，由此，东部地区的房地产开发投资额占全国的比例进一步上升至 60.1%，东北地区的房地产开发投资额占全国的比例进一步缩减至 2.4%。

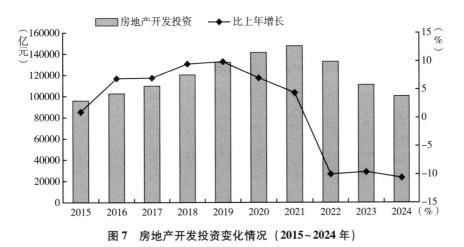

图 7 房地产开发投资变化情况（2015~2024 年）

资料来源：国家统计局及相应计算。

2. 房地产开发企业实际到位资金中自筹资金成为最主要的资金来源，销售回款的支撑有所下降

2024 年，房地产开发企业到位资金 107661 亿元，比上年下降 17.0%。其中，国内贷款 15217 亿元，下降 6.1%；利用外资 32 亿元，下降 26.7%；自筹资金 37746 亿元，下降 11.6%；定金及预收款 33571 亿元，下降 23.0%；个人按揭贷款 15661 亿元，下降 27.9%。房地产开发企业实际到位资金中的国内贷款在 2024 年降幅有所收窄，国内贷款占比为

14.1%，相比于比 2023 年的 12.2% 有所提高。同时，随着房地产市场低迷，房地产开发企业资金中销售回款的支撑有所下降，定金及预收款的占比从 2023 年的 33.9% 降至 2024 年的 31.2%（见图 8）。由此，自筹资金成为房地产开发企业实际到位资金中最主要的来源，2024 年自筹资金的占比为 35.1%，比 2023 年的 32.9% 提高了 2.2 个百分点。

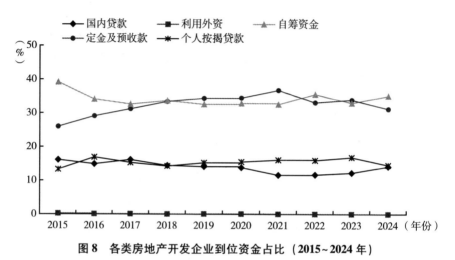

图 8　各类房地产开发企业到位资金占比（2015~2024 年）

资料来源：国家统计局及相应计算。

（七）房屋供给：房屋新开工面积下降，各类物业新开工面积连续五年缩减

2024 年全国房屋新开工面积 73893 万平方米，比 2023 年下降 23.0%。其中，住宅新开工面积 53660 万平方米，比 2023 年下降 23.0%；办公楼新开工面积 1893 万平方米，比 2023 年下降 27.7%；商业营业用房新开工面积 4980 万平方米，比 2023 年下降 23.3%。各类物业新开工面积降幅均大于 2023 年降幅，而且降幅均在 25% 左右，这已经是自 2020 年起连续第五年各类物业的新开工面积均持续缩减（见图 9）。

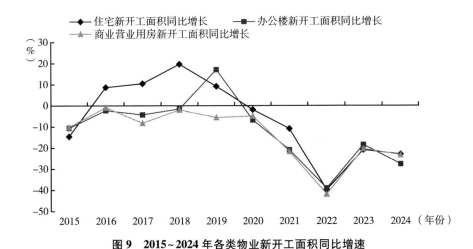

图9 2015~2024年各类物业新开工面积同比增速

资料来源：国家统计局及相应计算。

二 2024年房地产市场存在的主要问题及对策

（一）2024年中国房地产市场存在的主要问题

1. 房地产市场成交量下滑，行业整体不景气

2024年，房地产市场成交量下滑且跌幅扩大。全国商品房销售面积9.74亿平方米，比2023年下降12.9%，较2023年跌幅（8.5%）扩大4.4个百分点；全国商品房销售额9.68万亿元，比2023年下降17.1%，较2023年跌幅（6.5%）扩大10.6个百分点（见图10）。与2021年市场成交量高点相比，2024年全国商品房销售面积和销售额分别下降45.7%和46.8%。其中，商品住宅、办公楼和商业营业用房销售面积和销售额均持续下降且降幅扩大。期房成交量大幅下降是导致全国商品房成交量下降的主导因素。2024年，全国商品房期房销售面积和销售额分别为6.74亿平方米和7.25万亿元，较2023年分别下降22.2%和24%。现房成交量虽有所上升，但未能扭转期房成交量下降带来的影响。在销售端持续低迷、价

格支撑不足的情况下，我国房地产市场整体发展动能偏弱，短期内难以出现明显改观。

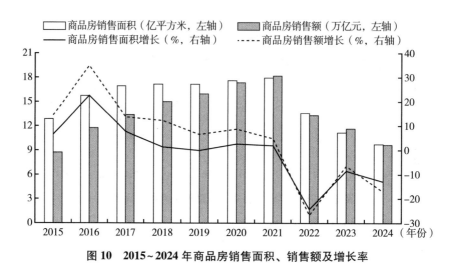

图 10　2015～2024 年商品房销售面积、销售额及增长率

2.房地产市场信心相对低迷

从供给端看，房地产企业投资意愿呈现显著收缩态势。近 10 年数据显示，房地产开发企业新开工面积从 2015 年的 15.45 亿平方米波动上升至 2019 年的 22.72 亿平方米后进入深度调整期。2024 年新开工面积仅 7.39 亿平方米，较 2023 年下降 23.0%，较峰值减少 67.5%，创近 10 年最低水平。本年实际到位资金在 2021 年达到 27.52 万亿元的历史高位后也连续三年下滑，2024 年仅 16.35 万亿元，较 2023 年下降 15.7%，较峰值减少 40.6%，反映出房地产企业融资能力与自筹资金同步减弱（见图 11）。土地市场也表现出同样的态势。自 2023 年 2 月后，国家统计局不再公布房地产业土地购置面积和土地成交价款。地方本级政府性基金收入和作为其主要组成部分的国有土地使用权出让收入的变化能从侧面反映土地市场的状况。2024 年，地方本级政府性基金收入为 5.74 万亿元，比 2023 年下跌了 13.5%；国有土地使用权出让收入为 4.87 万亿元，比 2023 年下跌了 16.0%。与 2021 年高点相比，二者分别下跌了 38.9% 和 44.1%。供给端的深度调整，体现出房

地产企业减少土地储备、压缩开发规模、收缩资金投入，反映出当前供给端的投资动能正在持续减弱。

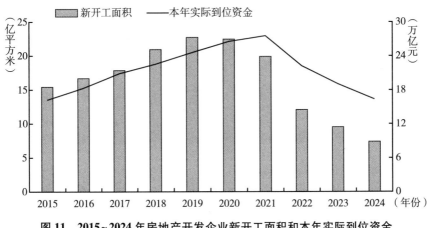

图11　2015~2024年房地产开发企业新开工面积和本年实际到位资金

从需求端来看，居民购房意愿相对较低。其一，中长期需求端基本面持续下行。2023年7月24日，中央政治局会议指出，中国房地产市场供求关系发生了重大变化。《2024年中国住房存量测算报告》显示，2023年中国城镇住房套户比为1.07，表明当前住房供给与居民需求总量正逐步趋于平衡。此外，人口总量下降、人口老龄化以及城镇化进程放缓等因素相互叠加，致使中长期城镇住房需求的实质性支撑减弱。其二，短期内经济增速和居民收入增速放缓，导致居民购买力不足。中指研究院2024年12月的置业调查数据显示，在影响居民购房节奏的主要原因中，收入不稳定、预期房价下跌以及对还贷能力的担忧位列前三。其三，居民对房地产市场的预期发生了改变。房地产市场持续上涨的预期已被打破，而且当前中国房价仍处于较高水平，居民购房可负担程度较低。Numbeo数据库定期发布全球主要国家的房价指数。截至2024年6月，中国的房价收入比高达29.4，与发达国家相比处于显著高位。相应地，中国的房价可负担指数仅为0.4，在国际比较中处于低位。从房价租金比来看，无论是城市中心区域还是城市外围地区，中国的这一比值均处于较高水平。中国的按揭贷款与收入比达到224.9，远超其他国家，这揭示了居民在购房过程中对信贷的高度依赖以及潜在的债务偿还压力（见表2）。

表2　2024年6月主要国家房价指数

国家	房价收入比	城市中心房价租金比	城市外围房价租金比	按揭贷款与收入比	房价可负担指数
中国	29.4	57.9	55.9	224.9	0.4
韩国	20.7	84.8	84.7	159.7	0.6
新加坡	18.7	33.7	29.6	130.7	0.8
希腊	13.4	25.3	25.8	101.2	1
日本	11.3	44.8	41.8	67.7	1.5
法国	11.2	35.1	31.8	78.1	1.3
印度	11.1	35.4	30.8	119.3	0.8
瑞士	10.4	38.3	36.5	66.1	1.5
加拿大	10.4	24.5	19.6	94.7	1.1
意大利	10.2	24	20.4	79.4	1.3
德国	9.4	27.9	30.5	68.3	1.5
英国	9.1	22.5	21.2	77.3	1.3
新西兰	8.8	25.9	26.3	80.7	1.2
澳大利亚	8.4	23.5	22.6	74.5	1.3
西班牙	8.3	17.7	14.3	57.7	1.7
瑞典	7.7	27.4	22.9	59.6	1.7
美国	3.3	9	8.9	29.9	3.3

资料来源：Numbeo 数据库，https：//www.numbeo.com/property-investment/rankings_by_country.jsp。

3. 房地产市场系统性风险仍需警惕

当前我国房地产市场仍存在一定的系统性风险，主要体现在以下三个方面。一是房地产市场面临较大的库存压力和市场下行风险。尽管自2024年第一季度以来，全国现房库存有所回落，但仍处于历史较高水平。据国家统计局数据，2024年12月末我国新建商品住宅待售面积达3.91亿平方米，去库存周期①高达 21.3 个月，已超过 18 个月的警戒线（见图 12）。二是房地产市场的金融风险逐渐暴露，商业银行涉房不良贷款率有所提高。Wind 数据显示，A 股、港股上市银行对公房地产贷款不良率从 2022 年末的 4.02%上升至 2024 年中的 4.46%；个人住房贷款不良率也从 2022 年末的 0.78%增至 2024 年中的 0.99%。三是保交房压力有所缓解但仍需持续关注。自 2022 年以来，中央出台了一系列"保交房"政策，取得了较为可观的成果。截至 2024 年底，全国"白名单"项目贷款审批通过金额超过 5 万亿元，保交房攻坚战实现住房交付 373 万套，顺利完成年度既定目标。② 然而，"保交房"工作仍需持续关注。A 股上市房地产开发企业的合同负债规模③数据显示，2023 年末房地产开发企业合同负债规模达到 11.89 万亿元，经过努力于 2024 年末降至 6.12 万亿元，但这一数字仍高于 2019 年及之前的水平。

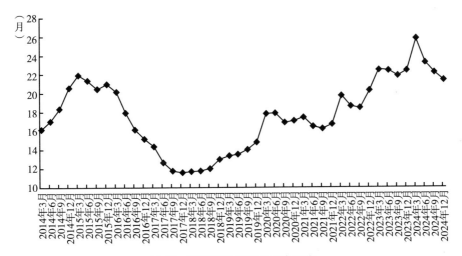

图 12　我国商品住宅去库存周期

---

① 去库存周期（月）＝商品住宅待售面积/最近 12 个月月均成交面积。

② 《保交房攻坚战顺利完成 2024 年既定目标——房地产融资协调机制工作专班有关负责人答记者问》，http：//www.chinajsb.cn/html/202502/05/46334.html。

③ 合同负债规模代表已售未交付的期房规模，也是当前保交房政策下，需要保障购房者顺利拿到期房的规模。

4. 房地产市场区域分化逐渐加剧

我国房地产市场尤其是二手房市场，区域分化态势越发显著。自 2018 年以来，二线和三线城市二手住宅价格变化趋势基本一致，均于 2021 年 6 月左右达到峰值后逐渐下降；而一线城市二手住宅价格则在 2023 年达到峰值后开始逐渐下降。相较而言，二线和三线城市二手住宅价格跌幅更大且尚未出现扭转趋势。截至 2024 年 12 月，二线和三线城市二手住宅价格指数分别较峰值下跌了 18.04% 和 21.1%，而一线城市则较峰值下跌了 13.46%。2024 年下半年以来，中央出台了一系列稳楼市的政策，一线城市二手住宅市场呈现筑底的态势，但二线和三线市场仍在寻底（见图 13）。这种分化趋势不仅体现在价格变化上，还体现在市场活跃度和政策响应程度上。一线城市在政策刺激下，市场活跃度相对较高，部分城市如深圳、上海等在政策优化后，二手房市场有所回温。然而，二线和三线城市由于经济基础、人口结构等因素的限制，市场调整压力显著，部分城市如长春等二手房市场仍处于低迷状态。

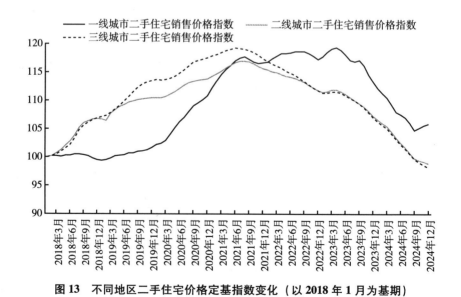

图 13　不同地区二手住宅价格定基指数变化（以 2018 年 1 月为基期）

（二）相关对策建议

针对房地产市场存在的主要问题，下一步房地产政策应延续宽松基调，围绕优化供给、促进需求、防范风险、提升预期和因城施策五方面展开。

1. 优化供给

在优化供给方面，应从多维度发力以推动房地产市场的平稳健康发展。首先，应聚焦"好房子"建设，优化房地产新增供给结构。随着居民生活水平的提高，人们对住房品质和功能的要求也越来越高。政府应通过政策引导，鼓励企业建设高品质住宅，由传统的拼价格、拼区位向拼质量、拼品牌转型，以好房子、好小区建设推进房地产供给的持续优化。同时扩大现房销售试点范围，鼓励开发商增加现房供应。现房销售能够有效降低购房者的期房风险担忧，促进市场平稳健康发展。

其次，完善专项债收购存量闲置土地的配套政策，加速推动土地"去库存"。目前，自然资源部已明确运用地方政府专项债券资金收回收购存量闲置土地的具体细则。在此基础上，财政部应进一步跟进相关政策细则，为各地执行提供更充足的资金支持。各地也应结合当地实际情况，灵活运用专项债及相关配套政策，积极落地执行收回收购存量土地工作。这不仅有助于盘活存量土地，优化土地供求关系，还能增强地方政府和企业的资金流动性，促进房地产市场的平稳健康发展。

最后，持续完善存量商品房收储政策。2024年央行设立3000亿元保障性住房再贷款用于收购存量商品房，但各地在收储过程中仍面临价格撮合难度大、资金成本较高、供需错配等诸多问题。应赋予地方政府在收购主体、定价、用途方面更大自主权，地方政府根据本地实际情况灵活调整收储政策，提高收储效率，以更好地解决新房库存积压问题，帮助开发商快速回笼资金，缓解其资金压力。

2. 促进需求

在促进房地产市场需求方面，可从加大住房购买补贴优惠力度和推进以旧换新政策两方面入手。首先，进一步加大住房购买补贴优惠力度。住房购

买补贴优惠是刺激购房需求的有效手段。2024年，多地已通过发放购房补贴实现了房地产市场活跃度的好转。未来，可进一步扩大补贴范围和加大力度，特别是针对符合条件的人才、多子女家庭等特定群体，给予更大力度的补贴，带动购房需求释放。此外，补贴形式也可以更加多样化。除了直接的现金补贴，还可通过"房票"形式发放，并限定购房者使用"房票"购买新房。这种方式不仅能刺激购房需求，还能对新房市场产生直接利好，带动房地产市场的整体活跃度。

其次，积极推进以旧换新政策。以旧换新政策有助于居民优化住房资产配置，释放改善性住房需求。推进以旧换新政策需要政府、开发商和金融机构的多方协作。政府应出台相关政策，鼓励开发商提供更多的优惠措施，引导构建完善的旧房价值评估机制，政府出台税收优惠政策，对参与"以旧换新"的居民减免二手房交易增值税、个人所得税等，降低交易成本。金融机构则可以创新金融产品，推出"以旧换新"专项贷款，为居民提供资金支持，加速住房资产的更新换代，促进住房市场的流通与升级。

3. 防范风险

为有效防范房地产市场风险，应着重从以下两方面发力。一是完善保交房交付机制。2024年房地产市场中，尽管保交楼进展较为显著，但市场预期仍未根本好转，仍需进一步强化相关机制。可建立健全多部门协同监管体系，明确各部门职责，加强对房地产开发全流程的监督，确保项目按时高质量交付。同时，完善项目交付标准和验收流程，引入第三方专业机构进行评估，保障购房者权益，增强市场信心。

二是强化预售资金监管与现房销售试点。要严格规范预售资金的使用范围，确保资金专款专用，防止开发商挪用资金导致项目烂尾。严格预售资金监管账户管理，住房城乡建设主管部门要健全预售资金监管制度，落实银行等金融机构管理权责，按照工程进度拨付资金，确保预售资金用于本项目工程建设。

4. 提升预期

为稳定房地产市场预期，应从以下两方面着手。一是提升居民收入与完善社会保障体系。稳定就业是稳定居民收入的基础，进而影响其购房意愿和能力。政府应加大对实体经济的支持力度，通过减税降费、提供金融支持等措施，帮助企业降低成本、扩大生产，从而创造更多就业岗位。同时，完善社会保障体系，提高居民的医疗、养老等保障水平，降低居民的后顾之忧，使其敢于消费，包括购房消费。

二是政策透明化与市场预期引导。政府应加强政策的透明度和连贯性，及时、准确地向市场传递政策信息，避免政策的频繁变动和不确定性给市场带来恐慌情绪。同时，利用多种渠道，如新闻发布会、官方媒体等，加强对房地产市场的数据分析和解读，引导市场形成理性预期。当市场出现波动时，及时回应社会关切，澄清不实信息，稳定市场情绪。

5. 因城施策

2024年，我国房地产市场呈现明显的分化态势，不同城市在市场供需、房价走势、库存压力等方面存在显著差异。因此，应进一步强化因城施策的精准性和灵活性。对于一线城市及部分热点二线城市，住房需求以改善性与投资性为主，政策应侧重于优化住房供应结构，增加高端住宅与租赁住房供给，强化房地产市场监管，逐步放松非核心区域限购。三、四线城市经济发展相对滞后，人口外流与库存积压问题突出，政策应聚焦于去库存，出台购房补贴政策，鼓励农民进城购房，挖掘潜在住房需求，促进房地产市场与当地经济的协同发展。

三 2025年房地产市场运行趋势展望

（一）政策落地将促进销售止跌，但2025年销售规模仍面临下行挑战

居民收入预期及房价预期仍然是制约销售的主要因素，2024年全国房地产市场仍处在调整态势。9月末，"一揽子"支持政策集中出台后，市场信心有所恢复，核心城市销售阶段性回稳，但是由于新开工面积连续三年低于销售面积，新房市场有效供给不足仍将制约新房销售恢复。2025年，新

房市场要想实现从阶段性恢复到实质性的"止跌回稳"，仍需政策持续落地，包括加快推进货币化安置 100 万套城中村改造、加快落实 3000 亿元保障性住房再贷款收储存量房，或可加速销售止跌。分城市来看，核心城市持续出台放开限制性政策，市场信心显著提振，核心城市新房销售规模或将逐渐企稳恢复；而三、四线城市一直以来是人口净流出城市，房地产市场或难以在短期内全面恢复。

（二）房价预期改善，2025年核心城市房价有望"止跌"

2024 年，全国新建商品房销售均价为 9935 元/米^2，同比下跌 4.8%，房价走势偏弱，9 月末至 10 月，中央出台系列新政提振市场信心，包括"四个降低"，即降低住房公积金贷款利率，降低住房贷款的首付比例，降低存量贷款利率，降低"卖旧买新"换购住房的税费负担，大大降低居民购房资金成本与还贷压力，房价出现边际改善。若政策能够持续发力，预计 2025 年核心城市房价或将"止跌"。此外，财政部出台关于用专项债券收购存量商品房用作保障性住房的政策，对于稳房价、稳预期亦会产生一定积极影响。

（三）土地成交量持续下滑，2025年预计新开工规模仍将下行

2024 年，房企新开工能力和意愿均有不足，全国土地成交规模仍在下滑，这将对 2025 年新开工规模带来持续限制。同时，商品房市场销售规模持续走低，导致出清周期呈现持续上升态势，这将进一步增大市场库存压力，致使房企开工意愿持续走弱。综合来看，2025 年预计房屋新开工规模仍将持续下行。

（四）开发投资修复受到制约，2025年投资预计仍将持续低位运行

房地产开发投资额自 2022 年起出现下降态势，绝对值接近 2017 年水平。
土地购置费与开发建筑工程投资是房企投资最重要的指标，房屋新开工面积、施工面积、竣工面积的走势直接影响着开发建筑工程投资。2024 年，新开工面积、施工面积、竣工面积均大幅度下降，且持续走低，新开工面积下降 23.0%，施工面积下降 12.7%，竣工面积下降 27.7%。而短期内，新

开工面积、施工面积走低的态势难以较快改变。受此影响，2025年，开发建筑工程投资预计仍将持续低位运行，拖累房地产开发投资的恢复。

2024年，土地购置费仍延续下滑态势，持续低位运行，这仍将是拖累房地产开发投资恢复的关键因素。

综上所述，2025年，新房市场要想实现从阶段性恢复到实质性的"止跌回稳"，仍需政策持续落地，包括加快推进货币化安置100万套城中村改造、加快落实3000亿元保障性住房再贷款收储存量房等，或可加速销售止跌。由于供给端相比需求端恢复滞后，2025年，开工投资预计仍将持续低位运行，盘活闲置存量土地是推进开工投资"止跌"的关键因素。2025年，各地仍需精准施策，持续发力，引导市场预期，促进房地产市场"止跌回稳"。

B.2
2025～2026年中国房地产市场主要指标预测

张 智[*]

摘　要： 深入理解"推动房地产市场止跌回稳"政策意涵有利于客观认识当前我国房地产运行状态，准确把握"止跌回稳"与"构建发展新模式"之间逻辑关系有助于增强信心和应对困难挑战。根据模型预测和定性分析，2025年中国房地产市场商品房销售环节将初步实现"止跌回稳"。运用结构性平衡分析方法，预判我国房地产市场全面"止跌回稳"并进入下一个发展周期的转折点为2027年。模型预测2025年中国房地产开发投资将同比下降10%，商品房销售面积和销售额将分别增长3.8%和3.5%，商品房销售均价将下降0.3%。

关键词： 房地产市场　指标预测　时间序列模型

中共中央政治局2024年9月26日在北京召开会议，分析研究当前经济形势和经济工作。会议指出，"要促进房地产市场止跌回稳，对商品房建设要严控增量、优化存量、提高质量，加大'白名单'项目贷款投放力度，支持盘活存量闲置土地。要回应群众关切，调整住房限购政策，降低存量房贷利率，抓紧完善土地、财税、金融等政策，推动构建房地产发展新模式"。[①] 全面表述了供给、需求、企业、地方政府和金融体系等多方面的政策方向，其中最重要的主旨在于"止跌回稳"和"发展新模式"，而"止跌

---

* 张智，天津社会科学院研究员，主要研究方向为宏观经济预测、房地产经济、城市经济。
① 《中共中央政治局召开会议　分析研究当前经济形势和经济工作》，《人民日报》2024年9月27日，第1版。

回稳"则是从2022年房地产市场整体回落以来首次提出的调控目标。

2024年12月11～12日，中央经济工作会议在北京举行。会议强调，"持续用力推动房地产市场止跌回稳，加力实施城中村和危旧房改造，充分释放刚性和改善性住房需求潜力。合理控制新增房地产用地供应，盘活存量用地和商办用房，推进处置存量商品房工作。推动构建房地产发展新模式，有序搭建相关基础性制度"。① 与9月26日中央政治局会议提出的"全面调控"相比，本次中央经济工作会议则进一步精准定位了"止跌回稳"政策的重点发力方向，即"激发需求"和"优化供给"。本文拟通过解读"止跌回稳"政策意涵和核心指标，预判房地产市场中短期运行态势。

一　深入理解推动房地产市场"止跌回稳"政策意涵

2025年3月5日，国务院总理李强在2025年政府工作报告②中提出的"持续用力推动房地产市场止跌回稳"等内容与2024年中央经济工作会议中的相关表述是一致的。政府工作报告中进一步明确了三项政策要点：第一是因城施策调减限制性措施和给予城市政府更大盘活存量自主权，第二是发挥房地产融资协调机制作用，第三是推动"好房子"建设。

（一）客观认识推动市场"止跌回稳"政策背景

近年中国房地产市场持续下行对宏观经济稳定带来较大压力。2022～2024年，房地产市场主要指标已经连续三年下降。三年间房地产开发投资分别下降10%、9.5%和10.6%，房屋施工面积分别下降7.2%、7.2%和12.7%，新建商品房销售面积分别下降24.3%、8.5%和12.9%。事实上，房地产市场持续下降从投资和消费两个方面对宏观经济都产生了不可忽视的

---

① 《中央经济工作会议在北京举行　习近平发表重要讲话》，《人民日报》2024年12月13日，第1版。

② 李强：《政府工作报告——2025年3月5日在第十四届全国人民代表大会第三次会议上》，中国政府网，2025年3月12日。

影响。从投资看，2022～2024 年房地产开发投资下降分别拉低固定资产投资（不含农户）增速 2.3 个百分点、2.3 个百分点和 2.8 个百分点。从消费看，2022～2024 年我国社会消费品零售总额年均增速为 3.5%，而受新冠疫情影响，2020～2021 年年均增速为 4%，2022 年房地产市场下行后社会消费品零售总额年均增速低于 2017～2019 年 9% 的平均增速。从国民核算看，2022～2024 年房地产业增加值分别可比下降 1.8%、0.7% 和 3%，分别拉低当年国内生产总值 0.11 个百分点、0.05 个百分点和 0.22 个百分点。2025 年政府工作报告在回顾 2024 年时指出，"国内长期积累的一些深层次结构性矛盾集中显现，内需不振、预期偏弱等问题交织叠加"，而这些问题都或多或少涉及了房地产市场持续下降的影响。可以说，解决好房地产健康发展问题是我国宏观经济持续稳定发展的必然要求。

（二）全面理解房地产市场"止跌回稳"政策目标

与大多数制造业产品的生产过程相比，房地产业是一种特殊的建造服务业，涉及其他相关产业面广、房屋建造周期长，当然最大的不同是资金规模巨大和产品不可移动性。房地产市场从土地获取到开工建设，再到获准销售，如何理解"止跌回稳"政策目标？是土地一级市场？还是商品房投资建造规模及进度？抑或是销售面积、销售额与销售价格？

从目前的市场运行态势和政策表述看，"止跌回稳"的核心政策目标只能是商品房销售环节，主要指标包括新建商品房销售面积、销售额和销售价格。而其他指标在短期内是难以"止跌回稳"的。本文对最新指标数据建模预测的结果是，2025 年房地产开发投资预计可比下降 10%，房地产开发企业到位资金本年资金来源预计下降 9.6%，房地产施工面积、新开工面积和竣工面积指标分别下降 9.9%、14.3% 和 4.1%。与以上指标的预期下降不同，2025 年新建商品房销售面积、销售额和销售平均价格三项指标增速分别为 3.4%、5.4%、-0.5%。从这一模型预测结果看，我国商品房销售将结束 3 年的连续下降，大概率在 2025 年初步实现"止跌回稳"。

为什么当前"止跌回稳"政策目标只能是商品房销售环节？原因很简

单，就是此一轮历史性的房地产业调整尚未结束。我国房地产市场在 2021 年到达历史顶峰后，房地产市场进入深度调整，这次调整显然是深度调整。深度调整不仅是指规模的调整，更是指发展阶段和发展模式的调整，即在结束总量扩张过程并进入存量发展阶段后，构建房地产发展新模式。

在打破原有发展机制后，房地产市场进入深度调整。在调整过程中，商品房销售总量连续 3 年下降，需求侧投资性泡沫被有效剔除，市场供需建立新的平衡是相对容易的，而企业需要处理大量资金和建设中的遗留问题，其"止跌回稳"尚需时日。

（三）正确认识"止跌回稳"与"发展新模式"的关系

近年中央文件中多次出现"先立后破"表述，这应该是稳中求进方针的具体落实。但在房地产新旧模式转换中，"先立后破"并不完全适用于此次房地产深度调整，因为在 2021 年及以前，房地产扩张阶段尚未结束时，构建发展新模式的诸多政策措施很难奏效，即新模式的运行逻辑与原有的高杠杆、快周转的总量扩张发展模式之间存在底层矛盾。可以说，当前房地产业改革更适用"不破不立"原则，只有结束"旧模式"才能稳定开启新模式。为了支撑这一观点，下面给出两个判断依据。

第一，在原有发展模式下，我国房地产市场扩张动力强劲。

为了抑制房地产需求市场非理性发展，2016 年底中央经济工作会议首次提出"房子是用来住的，不是用来炒的"这一概念。在"房住不炒"概念提出后，与房地产相关的部门陆续出台了与之相配套的政策，涉及房企融资、购房者信贷等方面。2017 年开始全国主要城市陆续出台"限购限贷"等行政调控措施，但房地产开发投资规模不降反升，2015~2020 年房地产开发投资年均增速高达 8.1%。特别是房地产土地购置费占房地产投资比重从 2018 年开始快速上升。如图 1 所示，2003~2017 年，土地购置费占房地产开发投资比重平均为 18.7%，2018~2022 年这一比重平均为 30.7%，2023~2024 年比重进一步升至平均 35.2%。

为什么 2018 年土地购置费占比会显著上升，而且在 2022 年房地产开发

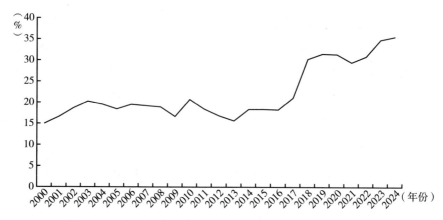

图1　2000年以来我国房地产开发投资中土地购置费占比变化

注：本文图表数据来源均为国家统计局，下同。

投资总量下降的情况下，占比会进一步升高？这与土地购置费指标的内涵及统计方法有关。土地购置费指房地产开发企业通过各种方式取得土地使用权而支付的费用。其主要包括三方面费用，第一是通过划拨方式取得的土地使用权所支付的土地补偿费、附着物和青苗补偿费、安置补偿费及土地征收管理费等，第二是通过出让方式取得土地使用权所支付的出让金，第三是通过"招、拍、挂"方式取得土地使用权所支付的资金。从计入时间上看，以划拨和"招拍挂"方式取得土地所支付的资金在房地产项目竣工后计入新增固定资产（以出让方式取得土地所有权所支付的出让金不计入新增固定资产）。土地购置费按实际发生额填报计入投资，分期付款的应分期计入。项目分期开发的，只计入与本期项目有关的土地购置费。前期支付的土地购置费，项目纳入统计后计入。可见，土地购置费计入投资是以开发进度为依据的。图1中显示的2018年以后土地购置费占比上升，除企业积极购入土地和土地价格上升因素外，开发进度加快是一项重要原因。这说明仅从需求端调控市场很难打破原有房地产开发模式的自我强化机制。

第二，原有房地产发展机制的阻断始于房地产"三道红线"政策。

房地产"三道红线"政策是中国政府为了控制房地产企业有息债务增长，防范金融风险，促进房地产市场平稳健康发展而出台的一项重要政策。

该政策通过设置三条明确的财务指标红线，对房地产企业的融资行为进行规范和限制。"三道红线"政策自2021年1月1日起全面实行，对房地产企业的融资行为产生了重大影响。根据"三道红线"的触线情况，将房企分为"红、橙、黄、绿"四档，根据不同档位来控制有息负债规模年增长速度，从而达到降低房地产企业杠杆率、防范金融风险的目的。从图2中可以看出，我国房地产企业自筹资金占本年资金来源比重从2016年6月开始下降且相对稳定。2021年初"三道红线"政策开始实施，2021年2月企业自筹资金占比快速降到26.9%的历史低谷。2021年上半年"定金及预付款+个人按揭贷款"仍在上升，至5月占比达到55.5%的历史峰值，随后开始下降。即居民需求侧资金来源变化滞后于企业供给侧变化，2021年初的企业资金来源减缓是阻断原有开发模式的"引爆点"，随后居民需求侧出现同向变化，2022年2月"定金及预付款+个人按揭贷款"占比回落至48.3%。2021~2022年中国房地产市场完成了发展模式的历史性转换，为构建房地产发展新模式创造了条件。

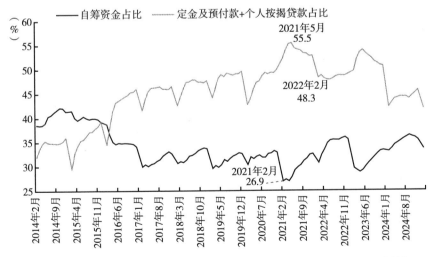

图2 2014年以来房地产企业自筹资金和"定金及预付款+个人按揭贷款"占本年资金来源比重

综上,"跌"是破旧的过程,立新需要"回稳"。房地产市场"止跌回稳"是构建"发展新模式"的逻辑起点。

二 房地产市场全面"止跌回稳"前瞻性分析

根据前文模型预测和定性分析,我们判断商品房销售将于 2025 年初步实现"止跌回稳"。而房地产开发投资、资金来源和施工建造等指标何时能够止跌,并不是容易预估的,这里尝试采用结构分析方法预判上述指标"触底"的大致时间。

(一)宏观经济模型预测的局限性

计量模型能更客观、精准和稳定预测宏观经济的变化,但单靠计量模型很难预测数据变化的拐点。由于本文采用的基础模型是时间序列模型,因此其预测原理是基于数据序列的历史变化规律。对于数据序列未来可能发生的结构性突变,理论上是很难通过模型预测的。举例说明,从图 3 中房地产开发投资数据序列趋势预测看,2025 年投资仍将下降 10%,2026 年大概率仍会下降,但何时才能"止跌回稳",单靠时间序列预测模型是无法确定准确时间的。

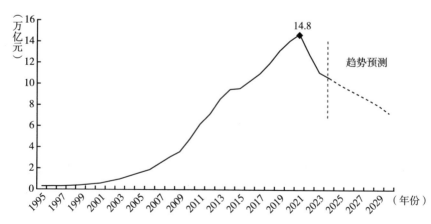

图 3 我国房地产企业开发投资中长期趋势预测(1995~2029 年)

靠定性估计是否可行呢？先前曾有人通过未来人口规模变化预估房地产中长期市场规模，认为未来稳定市场规模大致在历史峰值的30%左右。我们认为这一预测偏于保守且依据不够充分。

（二）从资金来源结构数据变化预判全面"止跌回稳"大致时间

这里我们尝试采用资金来源结构阶段性变化预判房地产市场全面"止跌回稳"的大致时间节点。这里的全面"止跌回稳"是指包括开发投资、资金来源、施工规模、市场销售在内的所有指标的触底甚至回升。

图4中两条曲线分别是"定金及预付款+个人按揭贷款"和"企业国内贷款+自筹资金"占本年企业资金来源比重变化情况。为表述方便，这里将前者称作"需求侧占比"，将后者称作"供给侧占比"。由图4可见，在2016年以前供给侧占比一般在50%以上，2006~2015年的10年间平均占比为54.5%；而需求侧占比在40%上下波动，2006~2015年的10年间平均占比为38.8%。我们可以将这两个平均水平作为长期平衡性基准占比，假设在市场总体平衡的状态下，两项占比应各自处于相应的基准占比附近。

先看供给侧曲线变化。2016年供给侧占比降到49%，这是2000年以来第二次降到50%以下。随后5年间供给侧占比逐年下降，2021年降至44.1%的历史低谷。2022~2024年供给侧占比波动回升到49.2%，与2016年49%的占比水平非常接近。从2021~2024年供给侧占比年均回升1.7个百分点。如果供给侧占比以年均1.7个百分点的速度回升到54.5%的基准占比水平，即占比从2024年的49.2%上升至54.5%，需要3.1年时间。换句话说，供给侧占比回归至其基准占比水平应在2027年前后。

再看需求侧占比。2016年需求侧占比快速升至46%，远高于历史均值。随后需求侧占比仍持续上升，至2021年占比达到52.9%的历史峰值。伴随房地产市场开始深度调整和发展模式转换，2024年需求侧占比降到45.7%，接近2016年占比46%的水平，其间年均下降2.4个百分点。如果以年均

2.4 个百分点的速度计算，从 2024 年占比 45.7% 降到需求侧基准占比水平的 38.8%，则需要 2.8 年时间。

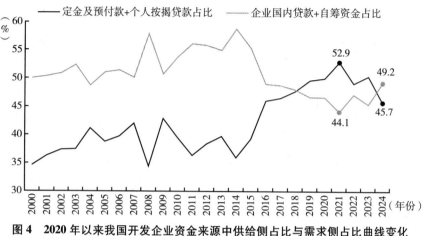

图 4　2020 年以来我国开发企业资金来源中供给侧占比与需求侧占比曲线变化

综上，从资金来源的供给侧与需求侧恢复长期平衡的逻辑去分析，我国房地产市场重新回到供需平衡状态的时间节点应在 2027 年前后。据推测，我国房地产市场全面"止跌回稳"并进入下一个发展周期的转折点很可能在 2027 年。根据模型预测，我国商品房销售初步"止跌回稳"的时间为 2025 年，早于全面"触底反弹"约 2 年时间。

三　2025～2026年中国房地产市场主要指标模型预测

为便于解读分析预测结果和形势预判，将中国房地产市场主要指标建模预测结果按照不同环节分为 3 组并编制和绘制图表。第一组为投资资金指标，包括固定资产投资（不含农户）、房地产开发投资、住宅开发投资和房地产开发企业到位资金。投资额及其增速数据列入表 1，根据表 1 数据绘制图 5 至图 7，分别为指标增速及 2025 年和 2026 年上半年预测曲线；房地产开发企业到位资金列入表 2，并根据其数据绘制图 8 以反映其增速变化情况。第二组为建设指标，包括房屋施工面积、新开工面积和竣工面积。三项建设面积指标数据及其增速列入表3，根据表3数据绘制图9至图11，分别为指标增速及2025年和2026年上半年预测曲线。第三组为商品房销售指标，包括商品房销售面积、销售额和销售均价。三项销售指标总量及其增速数据列入表4，根据表4数据绘制图12至图14，分别为指标增速及2025年和2026年上半年预测曲线；表5为商品住宅销售指标预测表，即将商品住宅销售面积、销售额和销售均价三项指标及其增速数据列入表5。图表中数据序列均为月度累计值，由于国家统计局不单独发布1月数据，因此每年度序列包括2~12月的指标数据累计值，全部资料来源均为国家统计局。由于本报告出版周期的原因，为给读者提供1年的预测参考，本报告将预测期延长至下一年的6月，即2026年6月。但因政策和市场环境变化以及可比数据调整的影响，2026年上半年预测值与统计值之间的偏离度会有所增大。模型预测图表中2025年4月至2026年6月的数据为模型预测值，预测采用的基础模型为ARIMA组合模型。

（一）2025~2026年房地产投资与资金指标模型预测分析

将2024年2月至2026年6月中国固定资产投资（不含农户）、房地产开发投资和住宅开发投资的总额和增速累计数据列入表1，其中2025年4月至2026年6月为模型预测值。

表1　2024年固定资产投资（不含农户）、房地产开发投资和住宅开发投资及其增速与预测

单位：亿元，%

数据属性	累计月度	固定资产投资(不含农户)		房地产开发投资		住宅开发投资	
		总额	增速	总额	增速	总额	增速
历史统计数据	2024年2月	50847	4.2	11842	-5.7	8823	-9.7
	2024年3月	100042	4.5	22082	-5.8	16585	-10.5
	2024年4月	143401	4.2	30928	-6.2	23392	-10.5
	2024年5月	188006	4.0	40632	-7.2	30824	-10.6
	2024年6月	245391	3.9	52529	-7.9	39883	-10.4

房地产蓝皮书

续表

数据属性	累计月度	固定资产投资(不含农户)		房地产开发投资		住宅开发投资	
		总额	增速	总额	增速	总额	增速
历史统计数据	2024 年 7 月	287611	3.6	60877	-8.5	46230	-10.6
	2024 年 8 月	329385	3.4	69284	-8.8	52627	-10.5
	2024 年 9 月	378978	3.4	78680	-9.1	59701	-10.5
	2024 年 10 月	423222	3.4	86309	-9.3	65644	-10.4
	2024 年 11 月	465839	3.3	93634	-9.4	71190	-10.5
	2024 年 12 月	514374	3.2	100280	-9.6	76040	-10.5
	2025 年 2 月	52619	4.1	10720	-9.0	8056	-9.2
	2025 年 3 月	103174	4.2	19904	-9.9	15133	-9.0
模型预测数据	2025 年 4 月	147926	3.8	27784	-10.1	21389	-8.7
	2025 年 5 月	194219	3.7	36490	-10.1	28216	-8.6
	2025 年 6 月	253805	3.7	47171	-10.1	36487	-8.6
	2025 年 7 月	297526	3.7	54674	-10.0	42294	-8.6
	2025 年 8 月	340952	3.8	62204	-10.1	48088	-8.7
	2025 年 9 月	392391	3.8	70600	-10.1	54496	-8.8
	2025 年 10 月	438151	3.8	77587	-10.0	59840	-8.9
	2025 年 11 月	482350	3.7	84141	-10.0	64844	-9.0
	2025 年 12 月	532978	3.7	90057	-10.0	69173	-9.1
	2026 年 2 月	54574	3.7	9652	-10.0	7245	-10.0
	2026 年 3 月	106863	3.6	17894	-10.1	13609	-10.1
	2026 年 4 月	153208	3.5	24917	-10.3	19190	-10.2
	2026 年 5 月	201074	3.5	32721	-10.3	25284	-10.4
	2026 年 6 月	262496	3.3	42276	-10.4	32650	-10.5

注：表中增速为可比增速，不能用总额直接相比计算增速，下同。

表1中模型预测数据显示，2025年中国固定资产投资（不含农户）预期可达532978亿元，可比增速3.7%，较2024年增速加快0.5个百分点。房地产开发投资可达90057亿元，可比增速为-10%，与2024年增速相比下降0.4个百分点；其占固定资产投资（不含农户）比重将由2024年的

19.5%降至 2025 年的 16.9%。住宅开发投资可达 69173 亿元，可比增速为-9.1%，与 2024 年增速相比加快了 1.4 个百分点；其占房地产开发投资比重将由 2024 年的 75.8%升至 2025 年的 76.8%。

表 2 中给出了 2024 年以来房地产开发企业到位资金来源及模型预测情况。

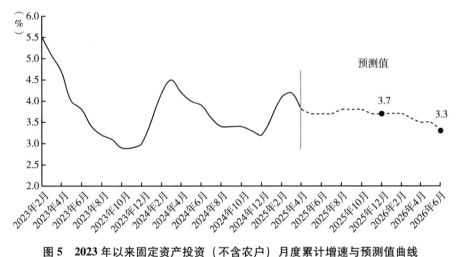

图 5　2023 年以来固定资产投资（不含农户）月度累计增速与预测值曲线

注：2023 年 2 月至 2025 年 3 月为统计值，2025 年 4 月至 2026 年 6 月为模型预测值，下同。

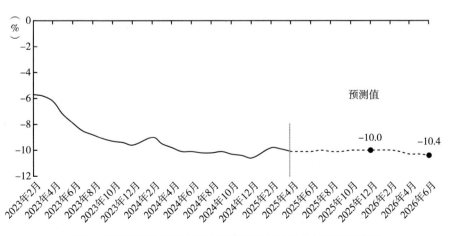

图 6　2023 年以来房地产开发投资月度累计增速与预测值曲线

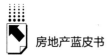
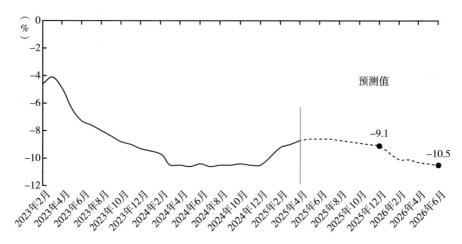

图 7　2023 年以来住宅开发投资月度累计增速与预测值曲线

表 2　2024 年房地产开发企业到位资金本年资金来源及其增速与预测

单位：亿元，%

数据属性	累计月度	房地产开发企业到位资金本年资金来源	
		总额	增速
历史统计数据	2024 年 2 月	16193	−24.1
	2024 年 3 月	25689	−26.0
	2024 年 4 月	34036	−24.9
	2024 年 5 月	42571	−24.3
	2024 年 6 月	53538	−22.6
	2024 年 7 月	61901	−21.3
	2024 年 8 月	69932	−20.2
	2024 年 9 月	78898	−20.0
	2024 年 10 月	87235	−19.2
	2024 年 11 月	96575	−18.0
	2024 年 12 月	107661	−17.0
	2025 年 2 月	15577	−3.6
	2025 年 3 月	24729	−3.7
模型预测数据	2025 年 4 月	33043	−2.9
	2025 年 5 月	41148	−3.3
	2025 年 6 月	51217	−4.3
	2025 年 7 月	57759	−6.7
	2025 年 8 月	64782	−7.4

续表

数据属性	累计月度	房地产开发企业到位资金本年资金来源	
		总额	增速
模型预测 数据	2025 年 9 月	72852	-7.7
	2025 年 10 月	80575	-7.6
	2025 年 11 月	88623	-8.2
	2025 年 12 月	97362	-9.6
	2026 年 2 月	13341	-9.8
	2026 年 3 月	20968	-10.7
	2026 年 4 月	27959	-10.9
	2026 年 5 月	34928	-10.6
	2026 年 6 月	43646	-10.3

注：表中增速为可比增速，不能用总额直接相比计算增速。

从表 2 中房地产开发企业本年到位资金及其增速数据看，模型预测 2025 年房地产开发企业本年到位资金将达到 97362 亿元，可比增速为 -9.6%，比 2024 年降幅收窄 7.4 个百分点。总体看 2025 年到位资金将出现连续第 4 年下降，2025 年预测值相当于 2021 年到位资金的 48.4%。到位资金指标增速数据曲线形态见图 8。

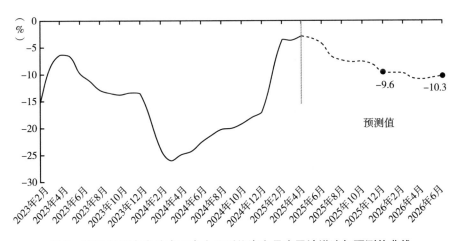

图 8 2023 年以来房地产开发企业到位资金月度累计增速与预测值曲线

（二）2025~2026年房地产建设指标模型预测分析

由表3可见，模型预测2025年房屋施工面积将达到660421万平方米，同比下降9.9%；新开工面积63312万平方米，较2024年下降14.3%；竣工面积将达70704万平方米，同比下降4.1%。根据三项建设指标的预测值，至2025年底，房屋施工面积、新开工面积、竣工面积将相当于峰值时的68%、28%和69%。尽管三项建设指标2025年仍将有明显下降，但房屋新开工面积和竣工面积指标降幅已经明显收窄。

表3　2024年房屋施工面积、新开工面积和竣工面积及其增速与预测值

单位：万平方米，%

数据属性	月度累计	房屋施工面积		房屋新开工面积		房屋竣工面积	
		总量	增速	总量	增速	总量	增速
历史统计数据	2024年2月	666902	−11.0	9429	−29.7	10395	−20.2
	2024年3月	678501	−11.1	17283	−27.8	15259	−20.7
	2024年4月	687544	−10.8	23510	−24.6	18860	−20.4
	2024年5月	688896	−11.6	30090	−24.2	22245	−20.1
	2024年6月	696818	−12.0	38023	−23.7	26519	−21.8
	2024年7月	703286	−12.1	43733	−23.2	30017	−21.8
	2024年8月	709421	−12.0	49465	−22.5	33394	−23.6
	2024年9月	715968	−12.2	56051	−22.2	36816	−24.4
	2024年10月	720660	−12.4	61227	−22.6	41995	−23.9
	2024年11月	726014	−12.7	67308	−23.0	48152	−26.2
	2024年12月	733247	−12.7	73893	−23.0	73743	−27.7
	2025年2月	605972	−9.1	6614	−29.6	8764	−15.6
	2025年3月	613705	−9.5	12996	−24.4	13060	−14.3
模型预测数据	2025年4月	622503	−9.5	18132	−22.9	16207	−14.1
	2025年5月	622175	−9.7	23808	−20.9	19210	−13.6
	2025年6月	628537	−9.8	30640	−19.4	22874	−13.7
	2025年7月	635110	−9.7	35829	−18.1	26489	−11.8
	2025年8月	639427	−9.9	40780	−17.6	29760	−10.9
	2025年9月	644143	−10.0	46387	−17.2	33409	−9.3
	2025年10月	648548	−10.0	51509	−15.9	38670	−7.9
	2025年11月	653875	−9.9	57085	−15.2	45391	−5.7
	2025年12月	660421	−9.9	63312	−14.3	70704	−4.1

数据属性	月度累计	房屋施工面积		房屋新开工面积		房屋竣工面积	
		总量	增速	总量	增速	总量	增速
模型预测数据	2026年2月	542472	−10.5	5278	−20.2	8323	−5.0
	2026年3月	542622	−11.6	10427	−19.8	12285	−5.9
	2026年4月	548858	−11.8	15789	−12.9	15476	−4.5
	2026年5月	547824	−12.0	20919	−12.1	18330	−4.6
	2026年6月	553389	−12.0	27142	−11.4	21707	−5.1

注：表中增速为可比增速，不能用总额直接相比计算增速。

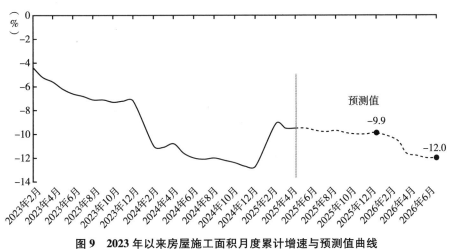

图9　2023年以来房屋施工面积月度累计增速与预测值曲线

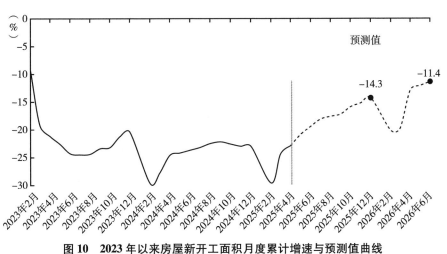

图10　2023年以来房屋新开工面积月度累计增速与预测值曲线

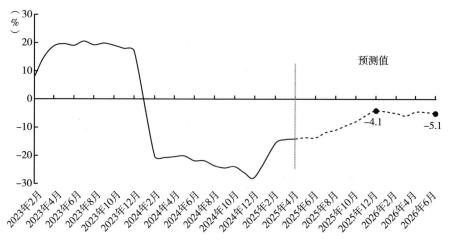

图 11　2023 年以来房屋竣工面积月度累计增速与预测值曲线

（三）2025~2026年商品房销售指标模型预测分析

从表 4 销售数据看，模型预测 2025 年商品房销售面积预期可达 101118 万平方米，其可比增速为 3.8%，较 2024 年增速回升 16.7 个百分点；商品房销售额预期可达 100133 亿元，其可比增速为 3.5%，较 2024 年增速回升 20.6 个百分点；商品房销售均价为 9903 元/米²，价格同比下降 0.3%。表 5 给出商品住宅销售 3 项指标及增速相应数据，2025 年模型预测商品住宅销售面积和销售额指标增速分别为 3.4% 和 5.4%，分别低于商品房销售面积指标增速 0.4 个百分点和高于商品房销售额增速 1.9 个百分点，2025 年模型预测商品住宅销售均价为 10369 元/米²，高于商品房均价 466 元/米²。

表 4　2024 年商品房销售面积、销售额和销售均价及其增速与预测值

数据属性	月度累计	商品房销售面积		商品房销售额		商品房销售均价	
		总量 （万平方米）	增速 （%）	总额 （亿元）	增速 （%）	价格 （元/米²）	增速 （%）
历史统计 数据	2024 年 2 月	11369	-20.5	10566	-29.3	9294	-9.0
	2024 年 3 月	22668	-19.4	21355	-27.6	9423	-7.6
	2024 年 4 月	29252	-20.2	28067	-28.3	9599	-9.2

续表

数据属性	月度累计	商品房销售面积		商品房销售额		商品房销售均价	
		总量（万平方米）	增速（%）	总额（亿元）	增速（%）	价格（元/米²）	增速（%）
历史统计数据	2024 年 5 月	36642	−20.3	35665	−27.9	9734	−9.2
	2024 年 6 月	47916	−19.0	47133	−25.0	9837	−7.2
	2024 年 7 月	54149	−18.6	53330	−24.3	9849	−6.9
	2024 年 8 月	60602	−18.0	59723	−23.6	9856	−6.8
	2024 年 9 月	70284	−17.1	68880	−22.7	9801	−6.7
	2024 年 10 月	77930	−15.8	76855	−20.9	9862	−6.0
	2024 年 11 月	86118	−14.3	85125	−19.2	9885	−5.7
	2024 年 12 月	97385	−12.9	96750	−17.1	9935	−4.8
	2025 年 2 月	10746	−5.1	10259	−2.6	9547	2.7
	2025 年 3 月	21869	−3.0	20798	−2.1	9510	0.9
模型预测数据	2025 年 4 月	28384	−2.8	27462	−2.0	9675	0.8
	2025 年 5 月	36527	−0.2	35729	0.2	9782	0.5
	2025 年 6 月	48510	1.3	48027	1.9	9900	0.6
	2025 年 7 月	55442	2.4	55472	4.0	10005	1.6
	2025 年 8 月	62644	3.4	62745	5.1	10016	1.6
	2025 年 9 月	72777	3.5	72410	5.1	9950	1.5
	2025 年 10 月	81097	4.1	81215	5.7	10015	1.5
	2025 年 11 月	89148	3.5	88938	4.5	9976	0.9
	2025 年 12 月	101118	3.8	100133	3.5	9903	−0.3
	2026 年 2 月	10411	2.0	9853	1.1	9464	−0.9
	2026 年 3 月	20637	−0.7	19499	−1.3	9449	−0.4
	2026 年 4 月	26305	−2.4	25927	−0.6	9856	2.9
	2026 年 5 月	33950	−2.2	33505	−1.3	9869	1.9
	2026 年 6 月	45655	−0.9	44883	−1.6	9831	−1.6

注：表中增速为可比增速，不能用总额直接相比计算增速。

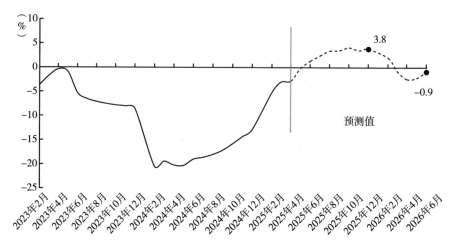

图12　2023年以来商品房销售面积月度累计增速与预测值曲线

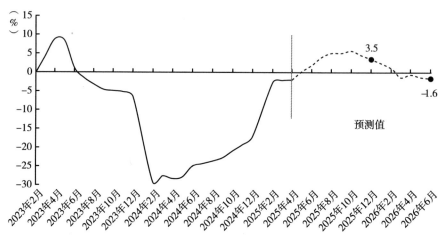

图13　2023年以来商品房销售额月度累计增速与预测值曲线

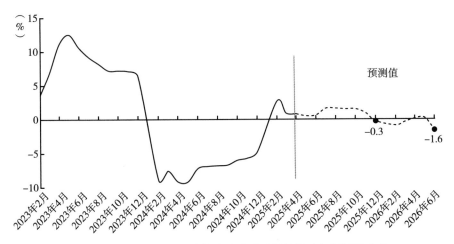

图 14　2023 年以来商品房销售均价月度累计增速与预测值曲线

表 5　2024 年商品住宅销售面积、销售额和销售均价及其增速与预测值

数据属性	月度累计	商品住宅销售面积		商品住宅销售额		商品住宅销售均价	
		总量（万平方米）	增速（%）	总额（亿元）	增速（%）	价格（元/米²）	增速（%）
历史统计数据	2024 年 2 月	9559	−24.8	9227	−32.7	9653	−8.6
	2024 年 3 月	18942	−23.4	18523	−30.7	9779	−7.1
	2024 年 4 月	24507	−23.8	24453	−31.1	9978	−8.7
	2024 年 5 月	30744	−23.6	31163	−30.5	10136	−8.7
	2024 年 6 月	40114	−21.9	41270	−26.9	10288	−6.3
	2024 年 7 月	45401	−21.1	46787	−25.9	10305	−6.0
	2024 年 8 月	50812	−20.4	52425	−25.0	10317	−5.8
	2024 年 9 月	58788	−19.2	60240	−24.0	10247	−6.0
	2024 年 10 月	65368	−17.7	67486	−22.0	10324	−5.3
	2024 年 11 月	72224	−16.0	74871	−20.0	10366	−4.8
	2024 年 12 月	81450	−14.1	84864	−17.6	10419	−4.1
	2025 年 2 月	9207	−3.4	9160	−0.4	9949	3.1
	2025 年 3 月	18481	−2.0	18362	−0.4	9936	1.6
模型预测数据	2025 年 4 月	24671	−1.3	24562	0.6	9956	−0.2
	2025 年 5 月	31803	1.3	32095	3.1	10092	−0.4
	2025 年 6 月	42008	2.5	43352	5.1	10320	0.3
	2025 年 7 月	48179	3.1	50327	7.6	10446	1.4
	2025 年 8 月	54334	3.9	57154	9.0	10519	2.0

续表

数据属性	月度累计	商品住宅销售面积		商品住宅销售额		商品住宅销售均价	
		总量 （万平方米）	增速 （%）	总额 （亿元）	增速 （%）	价格 （元/米²）	增速 （%）
模型预测数据	2025 年 9 月	62759	3.7	65921	9.4	10504	2.5
	2025 年 10 月	69426	3.7	72984	8.1	10513	1.8
	2025 年 11 月	76196	3.0	79832	6.6	10477	1.1
	2025 年 12 月	86226	3.4	89411	5.4	10369	-0.5
	2026 年 2 月	8763	0.2	8623	1.2	9840	-1.1
	2026 年 3 月	17256	-1.7	17060	-0.1	9886	-0.5
	2026 年 4 月	22345	-4.7	22204	-2.8	9937	-0.2
	2026 年 5 月	28932	-4.2	29101	-2.5	10059	-0.3
	2026 年 6 月	38654	-3.1	39276	-2.6	10161	-1.5

注：表中增速为可比增速，不能用总额直接相比计算增速。

市 场 篇

B.3
2024年土地市场分析报告

曹晶晶　孟新增*

摘　要:　2024年，在新房销售尚未完全恢复以及房地产企业资金承压背景下，土地市场延续缩量态势，全年300城住宅用地成交规划建筑面积同比下降22.5%，土地出让金同比下降27.6%，TOP20城市住宅用地土地出让金占全国比重超五成，企业仍聚焦核心城市拿地。为提高房企参拍积极性，2024年各地持续优化土拍规则，下半年多个城市围绕优化容积率计算规则、鼓励生态住宅建设等方面出台政策，提升供地质量。9月26日，中央政治局会议提出"要促进房地产市场止跌回稳，对商品房建设要严控增量、优化存量、提高质量……支持盘活存量闲置土地"，随后一揽子增量政策快速落地。在一系列政策带动下，第四季度房地产销售有所修复，核心城市土地市场也出现积极变化，部分优质地块竞拍出较高溢价，城市及区域分化进一步加剧。展望2025年，预计各地将进一步加大优质地块供应力度，并通过优化计容规则等方式引导"好房子"建设，以

---

* 曹晶晶，中指研究院指数研究部总经理，主要研究方向为房地产指数、房地产政策与市场研究等；孟新增，中指研究院指数研究部高级分析师，主要研究方向为新房市场、土地市场等。

优质供给促进市场回稳，同时盘活闲置存量土地进程，推动市场进入新的循环。

关键词： 土地市场　土地出让金　存量闲置土地

一　2024年土地市场回顾

（一）300城：住宅用地成交规模继续回落，第四季度降幅有所收窄

2024年，300城①住宅用地成交规模及出让金降幅均超两成，土地出让金降至2020年高点的四成左右。根据中指数据，2024年，300城各类用地②成交规划建筑面积14.1亿平方米，同比下降14.1%。其中，住宅用地成交规划建筑面积3.9亿平方米，同比下降22.5%。出让金方面，2024年，300城各类用地出让金2.8万亿元，同比下降22.8%，其中住宅用地出让金2.1万亿元，同比下降27.6%（见图1、图2）。从各季度来看，300城住宅

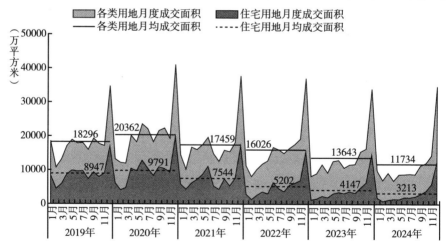

图1　2019~2024年300城各类用地和住宅用地成交面积

---

① 300城：统计范围覆盖4个直辖市（北京、上海、天津、重庆）及全国全部地级市。
② 本报告各类用地包括住宅、商办、工业用地等。如无特殊说明，面积统计口径均为规划建筑面积，数据来自公开招拍挂市场。

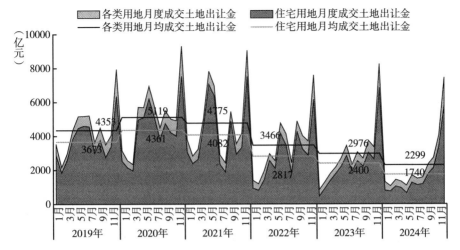

图2 2019~2024年300城各类用地和住宅用地成交土地出让金

资料来源：中指数据CREIS。

用地成交规划建筑面积同比降幅分别为−22.5%、−42.8%、−28.9%、−13.2%，各季度出让金同比降幅分别为−6.0%、−58.3%、−39.2%、−9.3%，第四季度在一系列政策推动下，住宅用地成交规模及出让金同比降幅均有所收窄。另根据财政部数据，2024年，国有土地使用权出让收入48699亿元，同比下降16%，地方财政整体承压。

2024年，尽管政府持续优化多项政策，但除北上杭等热点城市外，房企在多数二线及三、四线城市投资意愿仍偏弱，土拍以底价成交为主。根据中指数据，2024年，300城各类用地及住宅用地成交楼面价分别为1956元/米²、5419元/米²。溢价率方面，2024年，300城各类用地及住宅用地平均溢价率分别为3.8%、4.3%，较2023年分别下降0.3个和0.4个百分点（见图3）。

流拍撤牌方面，根据中指数据，2024年，300城住宅用地共计流拍或撤牌993宗，流拍撤牌率为16.2%，较2023年下降4.5个百分点，较上年有所回落，主要是由于地方推地更加谨慎。整体来看，当前土拍市场仍面临一定压力，房企在融资、销售双重挑战下，除热点城市或自身深耕区域外，拿地整体保持审慎。

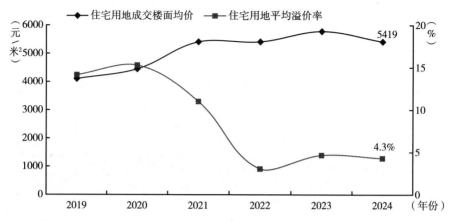

图3 2019~2024年300城住宅用地成交楼面均价及平均溢价率

资料来源：中指数据CREIS。

（二）不同梯队：各线城市土地成交均缩量，一线城市土地出让金占比提升

成交规模方面，各线城市住宅用地成交面积同比均下降。根据中指数据，2024年，一线城市住宅用地成交面积同比降幅近四成；二线城市住宅用地成交面积同比降幅近三成，其中成都、杭州、苏州、宁波、重庆降幅均在四成以上；三、四线城市土地市场调整相对较早，2024年住宅用地成交面积同比降幅近两成。

楼面均价方面，2024年全国土地市场整体维持点状高热、持续分化的趋势，9月底增量政策加快落地以来，虽然上海、杭州、成都部分地块竞拍出较高溢价，但大多数城市或非核心区土拍保持平淡。从全年来看，一线城市核心区供地占比提升，带动成交楼面均价结构性上涨22.3%；二线城市成交楼面均价同比下跌8.3%，除杭州、成都外，多数城市土地出让以底价成交为主；三、四线城市成交楼面均同比下跌1.5%（见表1）。

表1 2024年300城各梯队住宅用地成交情况

单位：%

指标	300城	一线	二线	三、四线
成交面积同比	−22.5	−39.1	−28.4	−17.9
土地出让金同比	−27.6	−25.5	−34.3	−19.2
楼面均价同比	−6.3	22.3	−8.3	−1.5
成交溢价率	4.3	6.9	4.6	3.5

资料来源：中指数据CREIS。

土地出让金方面，2024年二线城市住宅用地出让金同比下降超三成，降幅最大，其中成都、苏州、天津、宁波等城市土地出让金同比降幅均在五成左右。一线及三、四线城市住宅用地出让金同比分别下降25.5%、19.2%。从各线城市出让金占比来看，2024年一线城市住宅用地土地出让金占300城整体的比例为19.4%，较2023年提升0.5个百分点；二线城市占比为43.2%，较2023年下降4.5个百分点；三、四线城市占比为37.4%，较2023年提升4.0个百分点（见图4）。

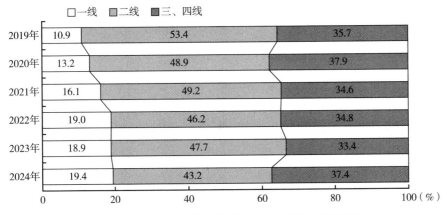

图4 2019~2024年300城各梯队城市住宅用地土地出让金占比

资料来源：中指数据CREIS。

（三）重点城市：2024年TOP20城市住宅用地土地出让金占全国比重仍过半，第四季度北上杭地块热度较高

1. 住宅用地土地出让金TOP20城市成交金额占全国比重持续超五成，北上杭土地出让金居全国前三位

从土地出让金集中度来看，根据中指数据，2024年，住宅用地土地出让金TOP20城市成交金额占全国比重为51%。其中，北京、上海、杭州居全国前三位，住宅用地土地出让金均在1000亿元以上，西安居第4位，土地出让金超800亿元，广州、成都、南京出让金在700亿元左右（见表2、图5）。

表2 2024年全国住宅用地土地出让金TOP20（全市）

单位：亿元，%

序号	城市	土地出让金	同比	序号	城市	土地出让金	同比
1	北京	1554	-11	11	合肥	570	-6
2	上海	1380	-37	12	武汉	564	-29
3	杭州	1174	-35	13	盐城	516	-3
4	西安	835	-12	14	无锡	504	-36
5	广州	773	-35	15	福州	451	2
6	成都	698	-43	16	扬州	381	-16
7	南京	674	-41	17	长沙	380	-31
8	南通	641	-19	18	宁波	358	-46
9	苏州	621	-52	19	金华	356	-29
10	常州	600	-12	20	深圳	346	11

资料来源：中指数据CREIS。

2. 9月底增量政策持续显效，第四季度北上深及杭州、成都等核心城市多宗地块拍出较高溢价率

北上深、杭州、成都仍是房企重要布局城市，广州、合肥等地优质地块房企参拍积极。根据中指数据，2024年重点22城住宅用地溢价成交的地块宗数占比为21.1%，较2023年回落11.0个百分点。从各城市来看，杭州、

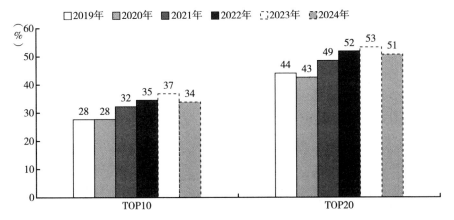

图5　2019~2024年不同城市住宅用地土地出让金占全国的比重（全市）

资料来源：中指数据CREIS。

深圳、上海溢价成交的住宅用地宗数占比均超五成，北京、合肥、成都超三成，其余城市普遍在两成以下，其中济南、南京、武汉虽然出让住宅用地数量较多，但溢价成交的数量占比均不足一成（见图6、图7）。

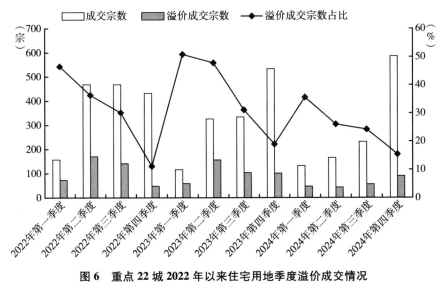

图6　重点22城2022年以来住宅用地季度溢价成交情况

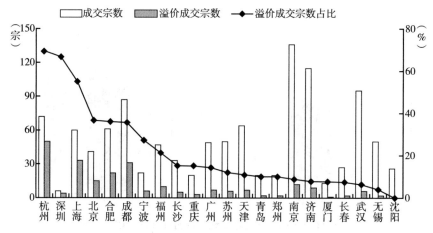

图7 重点22城2024年住宅用地溢价成交情况

资料来源：中指数据CREIS。

在9·26新政持续显效下，2024年第四季度，上海、深圳、杭州、成都等核心城市土拍热度继续升温。如10月29日，杭州蜀山单元XS150201-73地块溢价率达51%。11月6日和11月15日，成都高新区桂溪街道、锦江区柳江街道两宗地块溢价率分别为46.1%、44.4%；11月27日，上海浦东新杨思地块触达中止价转入"高品质建设"环节（溢价率达40.4%）；12月19日，杭州萧山区北干东单元地块溢价率达77%。

另外，北京、深圳住宅用地成交总价最高纪录被刷新。11月29日，北京酒仙桥1019-0014等三块组团地块成交总价达153.3亿元，由中海获取（之前最高价是中建智地联合体于2024年6月14日以总价112亿元底价获取的朝阳组团地块）；12月2日，深圳南山区粤海街道T107-0107地块成交总价达185.1亿元，由中海和华润联合获取（之前最高价是中海于2023年6月30日以125.3亿元获取的深超总宅地）。与此同时，武汉、南京、福州、济南、天津等地土地市场表现平淡，出让地块多为底价。

3. 拿地企业：2024年央国企及地方国资在重点22城拿地金额占比达78%

拿地企业方面，央国企及地方国资仍是拿地绝对主力。根据中指数据，2024年，在重点22城拿地的各类企业中，央国企拿地金额占比46%，地方国资占比32%，两者合计达78%，较2023年提升约3个百分点，仍是拿地主力。具体来看，北京、上海、广州、深圳等城市央国企占比均在七成以上，土拍情绪偏弱的城市地方国资占比较高，如无锡、南京、福州、沈阳、重庆、长春、武汉等城市地方国资占比均超五成，其中无锡占比近九成。

二　政策导向及土地供应特征

从中央政策定调来看，2024年4月30日，中央政治局会议提出"统筹研究消化存量房产和优化增量住房的政策措施"，时隔多年后，中央政治局会议再度提出房地产"去库存"政策导向。9月26日，中央政治局会议提出"要促进房地产市场止跌回稳"，释放了明确的稳地产信号，同时，会议指出"对商品房建设要严控增量、优化存量、提高质量……支持盘活存量闲置土地"。会后，多部门相继落地相关政策，推动房地产市场止跌回稳。12月12日，中央经济工作会议再次强调要"持续用力推动房地产市场止跌回稳，加力实施城中村和危旧房改造，充分释放刚性和改善性住房需求潜力。合理控制新增房地产用地供应，盘活存量用地和商办用房，推进处置存量商品房工作"。整体来看，控制增量供应、盘活存量用地已成为土地市场的重要政策导向。

（一）合理控制新增房地产用地供应，多地明确加大核心区供地力度，"小而美"地块供应增加

中央政策定调后，4月30日，自然资源部办公厅发布《关于做好2024年住宅用地供应有关工作的通知》，提出"合理控制新增商品住宅用地供应"，强调以需定供机制，指出"各地要根据市场需求及时优化商业办公用地和住宅用地的规模、布局和结构，完善对应商品住宅去化周期、住宅用地存量的住宅用地供应调节机制。商品住宅去化周期超过36个月的，应暂停新增商品住宅用地出让"。

在这一政策导向下，各地通过优化土地供给精准对接市场需求。北京、

广州等核心城市在 2024 年土地供应计划中明确土地供应向中心城区、轨道站点周边倾斜，加大核心板块的优质地块供应力度（见表 3）。

表 3　重点 22 城 2024 年住宅用地供地倾向表述

城市	相关表述
北京	综合考虑各圈层差异化区域发展特点及土地价值,着力推进中心城区功能疏解提升、平原新城梯次承接,构建起北京新的城市发展格局,土地供应重点功能区、轨道站点周边、南部地区等重点发展空间倾斜
成都	商服用地、住宅用地供应主要集中在商品住宅销售周期较短或在合理区间及商业用房库存量较小区域
广州	重点引导住宅用地向中心城区、产业用地集中区域以及轨道交通沿线倾斜
合肥	积极实施引优引强的差别化供地政策,不断深化市场配置资源的决定性作用,持续推动项目跟着规划走、要素跟着项目走
重庆	在空间布局方面,按照"区位好、配套好、预期好"的总体原则,强化规划赋能,优先供应成熟区域优质地块,精准实施出让调度,提高供地质量
长春	商品住宅用地坚决贯彻宏观调控要求,强化住房的居住功能,坚持地随房走,充分考虑区位、去化周期,经客观分析和统筹考虑
厦门	保持岛内外产品定位差异,"一地一策"精准施策,定向发力,岛内以改善需求为主导,提升产品品质,满足多样化、个性化的居住需求。通过试点推行第四代绿色生态住宅、优化容积率等规划用地指标等,打造差异化产品
宁波	加大核心板块的优质地块供应力度,满足居民刚性住房需求和多样化改善型住房需求

资料来源：各地 2024 年供地计划，中指研究院综合整理。

优质土地供应增加的另一个体现是低密度住宅用地（容积率≤1.5）占比提升。根据中指监测，2024 年，重点 22 城容积率在 1.5 以下的住宅用地成交宗数占比达 18.0%，较 2023 年提升 6.3 个百分点。其中，苏州表现较为突出，为支持高品质住宅开发，2024 年苏州推出的 55 宗住宅用地中，42 宗容积率在 1.5 以下，占比为 76%，较 2023 年大幅提升，济南、无锡低密度住宅用地成交宗数占比均超 40%，天津、南京、重庆占比也在 20% 以上。

同时"小而美"地块因其规模适中、开发周期短、资金回笼快等特点受到企业青睐。这类地块既能够有效降低开发门槛和企业资金压力，也能够更灵活地适应市场需求的变化。根据中指监测，近几年，中小型地块成交占比有所提升。2024年，重点40城规划建筑面积在10万平方米以下的住宅用地成交宗数占比达76%，较2023年提升约9个百分点，其中5万平方米以下宗数占比提升约8个百分点（见图8）。"小而美"地块占比提升也与地方政府供地策略变化有关，在市场承压情况下，核心区"小而美"地块能够吸引更多企业参与土地竞拍，尤其是中小型房企，这类地块能够帮助房企更好地平衡规模发展与经营效益，降低开发风险，提高资金使用效率。

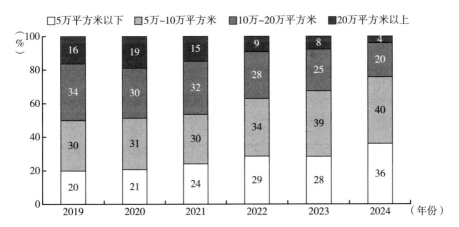

图8　2019~2024年重点40城成交住宅用地按规划建面统计的宗数占比

资料来源：中指数据CREIS。

（二）多地加快优化产品设计条件，以"好房子"建设激活住房需求潜力

2024年，中央及各部门多次提到"好房子"建设导向，8月，倪部长在国新办举行的"推动高质量发展"新闻发布会上提到建设"好房子"要从好标准、好设计、好材料、好建造、好服务五个方面下功夫。11月，李强总理在参观调研中国建筑科技展时指出，"要以科技创新赋能中国建造，着力建设安全、舒适、绿色、智慧的好房子，更好满足人民群众高品质居住需求"。12月，全国住房城乡建设工作会议提出的2025年重要工作之一就是"建设安全、

舒适、绿色、智慧的好房子"，并围绕提高住宅建设标准、构建支持住房品质提升的制度体系、支持房企打造好房子样板等方面作出部署。

在中央"好房子"建设导向的推动下，2024年多地加快优化地块规划设计条件，包括放宽阳台、公共空间计容规则，支持建设立体生态住宅等，提升住宅供给质量。例如，在项目计容方式方面，青岛、合肥、福州等优化了阳台面积计算规则。在产品设计方面，为促进好房子建设，增加市场高质量供应，上海于8月放松"70/90"政策，深圳于3月取消"70/90"政策并减少了住宅公摊面积，北京于12月发布《北京市高品质商品住宅设计导则（试行）》，首次提出鼓励在住宅首层设置架空层，打造室内外融合的共享绿色公共空间；鼓励在小区内设置开放的风雨连廊；鼓励在多层住宅设置开敞阳台等（见表4）。

表4　2024年以来重点城市住宅规划设计条件优化情况

城市	时间	内容
北京	2025年2月	《北京市平原多点地区"好房子"规划管理相关技术要点（试行）》 适用范围为顺义、大兴、亦庄、昌平、房山等平原多点地区，城市副中心（通州区）可参照执行（以上区域土地供应量约占全市的60%）。 ·按需设置封闭或开敞阳台，阳台水平投影面积不大于套内建筑面积的10%，进深不大于1.8米，针对封闭、开敞、错层阳台三种不同类型，明确部分面积不计入容积率。 ·允许套内面积超过140平方米的住宅，在起居室设置一定比例面积的挑空空间，挑空部分在要求范围内的，按其水平投影面积计算容积率。 ·架空面积不超过建筑基底面积50%，高度4.9米以下的，不计入容积率，不收取地价款。 ·可在小区场地内设置风雨连廊，不封闭时，不计入容积率。 ·鼓励应用新建筑材料以提升建筑品质，对于外立面采用砖石、金属、陶板等耐久性高品质材料的，其饰面层不计入容积率
	2024年12月	《北京市高品质商品住宅设计导则（试行）》 ·鼓励设置"开敞阳台"。 ·架空层不计容等
广州	2024年12月	《进一步优化审批服务机制惠企利民促进经济社会发展若干措施》 ·不计容放宽：风雨连廊、景观亭廊以及公共空间的配套可不计容
	2024年8月	阳台及公共开放面积占比提升：广州阳台占比首次从20%扩大至30%，不计容的公共开放开间面积，由5%扩大至10%

续表

城市	时间	内容
上海	2024 年 8 月	《关于优化本市新出让商品住房用地套型供应结构的通知》 ·中小套型限制面积提升：全市多层、小高层、高层建筑的商品住房中小套型住房建筑面积标准分别调整为 100 平方米、110 平方米、120 平方米
深圳	2024 年 5 月	《2024 版深圳市建筑设计规则》 ·凸窗进深扩大：进深由 0.6m 增加至 0.8m。 ·进深限制取消：不再限制 2.4m，但超过部分的水平投影面积应全部计入规定建筑面积； ·避难层、机房等公共空间不计容。
深圳	2024 年 3 月	废止了《关于按照国家政策执行住宅户型比例要求的通知》 ·中小套型限制取消：取消"70/90"政策
杭州	2024 年 12 月	《关于优化建设项目容积率及相关指标计算规则的通知》 ·多处放宽计容规则：满足停车配建最低标准的停车空间不计容；门厅、风雨连廊、顶盖坡道可不计容。 ·阳台计算方式放宽：全封闭阳台按 1/2 计算
成都	2024 年 6 月	《成都市城市规划管理技术规定（2024）》 ·阳台、飘窗占比提升：开敞空间比例从 15% 提升至 20%。 ·鼓励立体绿化建设：设置生态阳台、空中共享平台、屋顶绿化、底层架空绿化等多种类型立体绿化，公共建筑的立体绿化可抵扣绿地率
苏州吴江	2024 年 3 月	《关于支持立体生态住宅规划建设的实施方案（试行）》 ·未来吴江将打造立体生态住宅，形成户户有花园、家家有庭院的建筑模式，建筑套内面积大于 120m²。 ·立体生态住宅不作装配式建筑要求

资料来源：中指研究院综合整理。

（三）地方政府专项债券用于收购存量闲置土地政策加快推进

盘活存量闲置土地方面，2024 年 5 月，住房和城乡建设部、自然资源部提出多项妥善处置闲置土地、盘活存量土地的政策措施；6 月，自然资源部和国家发展改革委发布《关于实施妥善处置闲置存量土地若干政策措施的通知》，提出三个方面 18 条举措处置闲置存量土地；10 月，财政部明确允许专项债用于土地储备；11 月，自然资源部发布《关于运用地方政府专

项债券资金收回收购存量闲置土地的通知》，明确了运用专项债收购存量土地的收购范围、收购价格、再供应原则等细则。

在政策推动下，各地存量土地盘活加速落地。如越秀地产通过"退地—地票置换—再购地"模式在广州实现土地储备优化升级；武汉则通过"商改住"规划调整推动多宗地块价值提升。同时，自然资源部于11月明确专项债收购存量闲置土地细则后，2024年底地方政府积极摸底闲置存量土地规模，推动专项债券收储进程加快。

根据中指监测，湖南、吉林、浙江等多个地区已发布运用专项债收储的公示信息与征集公告，2025年2月23日，广东省率先发行专项债用于收购存量闲置土地，根据《关于2025年广东省政府专项债券（八期~九期）发行有关事宜的通知》，专项债发行总额共307.1859亿元，涉及2只债券，均为新增专项债券，底层项目覆盖广东省多个城市，86个项目，其中约304亿元资金的投向领域为回收闲置存量。

三 土地市场展望

（一）房企将保持"聚焦深耕"策略，核心城市土拍热度有望持续

整体来看，2024年全国土地市场表现较为平淡，土地成交规模继续回落，土地出让金规模仅为2020年高点四成左右，虽然第四季度在一揽子增量政策带动下，市场有所恢复，但土拍热度仍仅限一线及核心二线城市优质地块，更多二线及三、四线城市土地市场尚未出现明显改善，底价成交仍是主流，市场分化进一步加剧。预计2025年房企仍将保持"聚焦深耕"的投资策略，更加注重项目的安全性与盈利确定性，北上深杭等热点城市核心地块凭借稀缺属性仍将频现高溢价成交，成为房企争夺的焦点，而多数三、四线城市土地市场则继续以底价成交为主，部分城市可能通过优化供地结构、降低起拍价格等方式吸引房企投资布局。

同时，预计各地政府将进一步优化土地供应策略，着力提升供地质量，加大核心区域优质地块供应，并加快优化住宅规划设计条件，如优化容积率

计算规则、鼓励立体生态住宅、放宽层高限制等，这些政策使房企在产品规划设计方面有了更大的发挥空间，有利于打造得房率更高、生活空间更丰富、实用性更强的高品质住宅产品，以此提升房企拿地意愿，进而通过优质新房供给带动市场需求释放。

（二）专项债收购存量闲置土地进程或将加快，促进市场进入新的循环

目前，去库存政策主要包括消化存量住房和盘活闲置土地两个方面，但从各地落实情况来看，国企收储存量商品房仍面临较多堵点，落实节奏相对较慢。相较而言，收回尚未开工的闲置土地因权属相对清晰、处置程序明确，或成为未来去库存的重要发力方向。而随着广东省发行收购存量闲置土地的专项债券落地，也为市场释放了更加积极的信号。

专项债券资金的注入有效地推动了地方政府收购存量闲置土地的进度，预计接下来将有更多城市落实相关政策，这将对降低土地库存、改善市场供求关系、缓解房企资金压力起到积极作用。更为关键的是，若房企能够较快获得资金，并且政府适时推出更优质的地块，将有望带动市场进入新的循环，加快推动房地产市场"止跌回稳"。

参考文献

《中国房地产 2024 年市场总结 & 2025 年趋势展望》，中指研究院，2024。

《哪些城市土地供应量将缩减》，中指研究院，2024。

《上海土拍"双高双竞"，房企如何迎接新考验?》，中指研究院，2024。

《房地产库存正在下降》，中指研究院，2024。

《开年土拍升温背后：优质地块加量与专项债收地提速》，中指研究院，2025。

《土地专项债加速落地！广东省率先发行 307 亿收购存量土地》，中指研究院，2025。

B.4
2024年住宅市场分析报告

陶琦　刘丽杰*

摘　要： 2024年房地产政策的调整优化具有系统性强、跨部门协同性高、落地生效快的特点。政策激励下，2024年住宅市场出现积极变化，表现为四个方面：一是第四季度二手房成交量环比增长，价格短期筑底；二是新房和二手房走势分化，2024年新房销售额同比下降，二手房成交额同比增长；三是库存表现有差异，新房库存压力较大，二手房供应常态化增长；四是改善型需求主导市场，购房者年龄结构上移，大中户型成交占比提高。预计2025年政策延续宽松基调，聚焦债务化解、存量盘活及需求释放等，推动2025年二手房量增价趋稳，新房市场下行速度减缓，房地产市场将继续向着止跌回稳的方向迈进。

关键词： 住宅市场　新房市场　二手房市场

一　2024年住宅市场运行环境

2024年9月26日，中央政治局会议指出"当前经济运行出现一些新的情况和问题"；12月11日，中央经济工作会议指出"当前外部环境变化带来的不利影响加深，我国经济运行仍面临不少困难和挑战"。2024年房地产政策调整以宏观经济总量平衡为框架进行统筹设计，政策出台讲究系统性与跨部门协作。

---

* 陶琦，贝壳研究院负责人，主要研究方向为房地产行业宏观研究及数据预测；刘丽杰，贝壳研究院高级分析师，主要研究方向为住房政策与房地产市场。

（一）央行——间接缓冲：降息降准、降房贷利率、保障房再贷款

央行两次降准、三次降息，向市场释放流动性。2024年央行采取一系列降息降准举措，年内两次降准，共降低1个百分点；与2023年底相比，截至2024年12月，1年期LPR累计降低35个基点（BP），5年期以上LPR累计降低60BP。降准有助于向银行释放低成本资金，降息有助于降低社会融资成本，激发市场活力。

降低新增和存量房贷利率，减轻居民住房负担。根据贝壳研究院监测，截至2024年12月底，百城首套主流房贷利率平均为3.12%，较2023年底累计下降74BP；二套主流房贷利率3.19%，较2023年底累计下降122BP。2024年10月各商业银行陆续落地存量房贷利率调整规则，从2024年11月1日起存量贷款客户可调整重定价周期。降低增量和存量房贷利率有助于减轻居民住房负担，促进住房需求释放。

央行设立保障性住房再贷款，支持地方国企收储存量商品房。2024年5月17日，央行在国务院政策例行吹风会上表示，将设立3000亿元保障性住房再贷款，鼓励引导金融机构按照市场化、法治化原则，支持地方国有企业以合理价格收购已建成未出售商品房，用作配售型或配租型保障性住房。2024年9月24日，央行明确此前创设的3000亿元保障性住房再贷款中的央行资金支持比例由60%提高至100%，增强对银行、收购主体的市场化激励。地方国企收储现房用作保障房，有利于改善企业现金流并推动保交房，进而推动房地产供求关系走向新平衡。

（二）财政——直接托底：化债、减税、地产收储及资本金补充

如前所述，经济运行中面临多方面的困难和挑战，在此背景之下，财政向主体注入流动性成为阻断负向螺旋的有力举措。基于此，2024年财政政策在化解地方政府债务、补充银行资本金、收储存量商品房、降低购房交易税费等方面全面发力。

人大常委会表决通过重大化债举措，减轻地方政府化债压力。2024年

11月8日,十四届全国人大常委会第十二次会议表决通过《国务院关于提请审议增加地方政府债务限额置换存量隐性债务的议案》。化债举措具体包括:增加6万亿元地方债限额用于置换存量隐性债务;连续五年每年从新增地方政府专项债券中安排8000亿元专门用于化债;2029年及以后年度到期的棚户区改造隐性债务2万亿元,仍按原合同偿还。上述三项政策协同发力,预计到2028年之前地方需消化的隐性债务总额将从14.3万亿元大幅降至2.3万亿元,化债压力大大减轻。

房地产减税政策落地,减轻企业和居民税费负担。2024年11月,财政部、国家税务总局、住房和城乡建设部联合发布《关于促进房地产市场平稳健康发展有关税收政策的公告》,加大住房交易环节契税优惠力度,降低土地增值税预征率下限,并明确与取消普通住宅和非普通住宅标准相衔接的增值税、土地增值税优惠政策,降低居民、房企的税费负担。

允许专项债用于收储存量土地和商品房,推动相关工作提速。2024年5月17日,国务院召开全国切实做好保交房工作会议,明确城市政府可酌情以收回、收购等方式妥善处置已出让的闲置存量住宅用地,酌情以合理价格收购部分商品房用作保障性住房;同日央行设立3000亿元保障性住房再贷款。2024年6月24日,自然资源部开展妥善处置闲置存量土地有关工作视频培训,提出可通过地方政府专项债券等资金予以支持。2024年10月17日,财政部在国新办举行的新闻发布会上表示,允许专项债券用于回收符合条件的闲置存量土地、支持收购存量商品房。2024年12月25日,国务院发布《关于优化完善地方政府专项债券管理机制的意见》,进一步对相关工作进行部署。

落地进展方面,据公开信息不完全统计,截至2024年11月底,全国已有18城收储存量商品房落地,共完成收购310多个项目17.8万套(间)房源,均用作保租房。从城市名单上看,开展收储的城市以郑州、济南、长春等8个城市为主,均为租赁住房贷款支持计划的试点城市。其中,郑州收储总量达10.6万套,超过400万平方米;济南收购房源3.05万套210万平方米;长春收购房源1.01万套61万平方米。其余5个被纳入试点的城市收购房源在 1 万套以内，部分收储项目已经投入运营。试点以外的城市收储规模较小，大多在 1000 套以内。收储存量土地方面，相关工作正在逐步推进，如 2024 年 1~10 月湖北省共收回存量土地 13.13 平方公里。

银行注资有序推进，提升银行抵御风险和信贷投放能力。2024 年 10 月 12 日，国新办举行新闻发布会，介绍"加大财政政策逆周期调节力度、推动经济高质量发展"有关情况，会议提出将发行特别国债支持国有大型商业银行补充核心一级资本，提升银行抵御风险和信贷投放能力，更好地服务实体经济发展。截至 2024 年 11 月底，国有大型商业银行资本补充工作已经启动，财政部会同有关金融管理部门成立了跨部门工作机制，多家大型银行已在研究论证核心一级资本补充的方案，正按照"统筹推进、分期分批、一行一策"的思路有序实施。

（三）行业政策——平衡供需：严控增量，释放需求

1. 严控增量、盘活存量："白名单"、城中村改造、土地收储

房地产"白名单"项目快速扩围，满足项目合理融资需求。2024 年 1 月 12 日，住房和城乡建设部、国家金融监管总局联合发布《关于建立城市房地产融资协调机制的通知》，指导各地级及以上城市建立城市房地产融资协调机制，筛选可以给予融资支持的房地产项目名单，向本行政区域内金融机构推送，以协调解决房地产融资中存在的困难和问题。2024 年 10 月 17 日，国务院新闻办公室举行新闻发布会，住房和城乡建设部、财政部、自然资源部等相关负责人介绍促进房地产市场平稳健康发展有关情况，指出 2024 年底前将"白名单"项目的信贷规模增加到 4 万亿元，并要求将所有房地产合格项目都争取纳入"白名单"，应进尽进、应贷尽贷，满足项目合理融资需求。2024 年 11 月 12 日，据国家金融监管总局披露，截至 10 月底全国"白名单"项目贷款审批通过金额超 3 万亿元。

推进城中村改造货币化安置，有利于消化存量商品房。2024 年 10 月 17 日，住房和城乡建设部、财政部、央行等多部门召开新闻发布会，介绍促进房地产市场平稳健康发展有关情况。会议提到，仅在全国 35 个大城市需要

改造的城中村有 170 万套，如果考虑 297 个地级市，改造需求会更大；另外，全国约有 50 万套危旧房需要改造。在此基础上，会议提出，通过货币化安置等方式，新增实施 100 万套城中村改造和危旧房改造。这有利于群众选择合适的住房并直接搬入新居，也有利于消化存量商品房。2024 年 11 月 15 日，住房和城乡建设部、财政部联合印发通知，将城中村改造政策支持范围从最初的 35 个超大特大城市和城区常住人口 300 万以上的大城市，进一步扩大到近 300 个地级及以上城市。

土地供应严控增量、盘活存量。增量方面，2024 年 4 月 30 日自然资源部发布对 2024 年住宅用地供应有关工作的通知，明确：商品住宅去化周期超过 36 个月的，应暂停新增商品住宅用地出让；去化周期在 18 个月（不含）至 36 个月之间的城市，根据本年度内盘活的存量商品住宅用地面积，动态确定其新出让的商品住宅用地面积上限。存量方面，2024 年 5 月 17 日，国务院相关会议明确城市政府可酌情以收回、收购等方式妥善处置已出让的闲置存量住宅用地。2024 年 10 月 17 日，自然资源部在国新办举行的新闻发布会上表示，除了财政部的专项债券，自然资源部还将会同有关部门研究设立收购存量土地专项借款，央行也将提供专项再贷款支持。自然资源部表示收回的土地再次组织供应用于房地产的，将严格把控。除了支持地方政府收回收购闲置存量土地以外，盘活存量土地还有两条路径，一是对于企业有意愿、市场有需求的，鼓励企业优化开发；二是对于无力开发的，指导各地通过搭建交易平台、支持预告登记和"带押过户"转让、助推司法处置和合作开发等，促进市场流通转让。

2. 调整或取消各类购房限制性措施，释放购房需求

2024 年房地产政策延续放松限制性政策的基本基调，多数城市陆续取消限购、降低首付比例、下调房贷利率、取消普宅标准等，切实降低购房门槛、减轻居民购房负担（见图 1）。截至 2024 年 12 月底，除北京、上海、深圳、海南省部分城市外，其他城市均取消限购；除北京、上海、深圳外，其他城市商贷首二套首付比下限统一调整为 15%；包括一线城市在内的大部分城市均发布政策明确取消普宅标准。

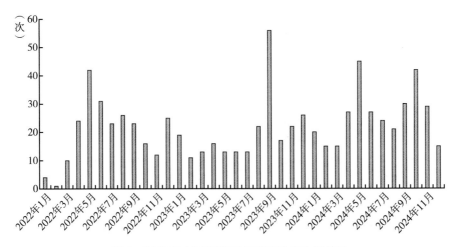

图1 重点50城调整优化房地产政策次数统计

资料来源：国家统计局。

二 2024年住宅市场①表现及特点

随着各项政策快速落地生效，激励效果释放，住房交易量价边际修复，年内住宅市场出现积极变化。

（一）政策效果：第四季度量价边际修复，市场预期改善

随着各项政策快速落地生效，激励效果释放，住房交易量价边际修复，年内住宅市场出现积极变化。

通过重点城市观察二手房市场月度走势，2024年6月起重点28城②二手房网签量持续下降，政策激励下，第四季度成交量回升，较第三季度增长20%，较2023年同期增长32%（见图2）。

---

① 报告中，新房指新建商品住宅，二手房指二手住宅。
② 重点28城：北京、上海、广州、深圳、天津、重庆、杭州、南京、武汉、成都、苏州、大连、厦门、西安、长沙、宁波、东莞、福州、沈阳、青岛、济南、南昌、合肥、郑州、长春、哈尔滨、佛山、南通。

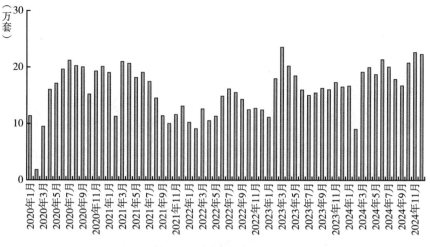

图2　2020年1月以来重点28城二手房网签量

资料来源：各地住建部门，贝壳研究院统计。

第四季度二手房价格出现边际修复。从月度变化看，受政策激励，10月、11月重点50城①二手房价格指数环比分别上涨0.3%、0.4%，结束2023年4月以来连续18个月的环比下跌，同比跌幅收窄；12月二手房价格指数环比转跌，但较9月上涨0.3%（见图3）。

（二）市场规模：整体销售额同比下降，二手房同比增长、新房同比下降

1.2024年新房销售额同比下降，主要受期房销售下降影响

国家统计局数据显示，2024年全国新建商品住宅销售面积为8.15亿平方米，同比下降14.1%；全国新建商品住宅销售额为8.49万亿元，同比下降17.6%。

①　重点50城：北京、上海、深圳、广州、成都、大连、福州、贵阳、哈尔滨、杭州、合肥、呼和浩特、济南、昆明、兰州、南昌、南京、宁波、青岛、厦门、沈阳、石家庄、苏州、太原、天津、温州、武汉、西安、银川、长春、长沙、郑州、重庆、常州、东莞、佛山、绵阳、惠州、嘉兴、廊坊、洛阳、南通、泉州、绍兴、无锡、芜湖、徐州、烟台、中山、珠海。

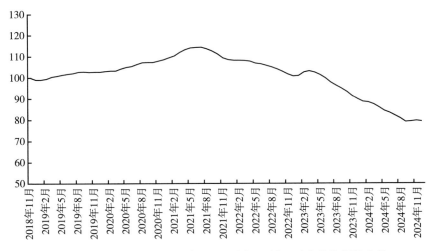

图3　2018年11月至2024年12月重点50城二手房价格指数走势

资料来源：贝壳研究院。

新房销售规模的下降主要受期房的影响。长周期来看，全国新建商品住宅中，期房与现房的销售走势基本同向，2018～2021年期房销售好于现房。转折点出现在2022年，受房企债务风险、新房交付风险等影响，消费者购买新房时更倾向于购买现房，现房与期房走势出现分化。国家统计局数据显示，2024年全国新建商品住宅销售中，期房销售面积为5.95亿平方米，较2023年下降22.8%，绝对规模为近五年最低；2024年全国新建商品住宅现房销售面积为2.2亿平方米，较2023年增长23.4%（见图4）。

2. 2024年二手房成交额同比增长约2%，占比提高至46%

根据贝壳研究院初步估算，2024年全国二手房成交面积约为6.7亿平方米，同比增长18%；销售额约为7.2万亿元，同比增长约2%。

结合国家统计局数据和二手房销售额估算数据，2024年全国新建商品住宅与二手房成交额约为15.7万亿元，同比下降约10%；二手房成交额占比提高至46%，较2023年提高5个百分点。

二手房销售额占比提高受多方面因素影响。一方面，多数城市取消住房限售，大量高品质大户型次新房形成二手房供应，满足刚需和改善性需求；

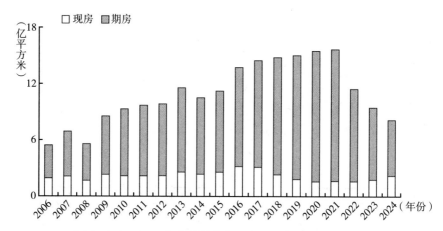

图4 2006~2024年全国新建商品住宅现房、期房销售面积

资料来源：国家统计局。

另一方面，在新房交付风险、限价等影响下，二手房性价比和交付确定性较高，消费者在购房选择时更倾向二手房。消费者调研数据显示，2024年有置业计划的消费者中，倾向于购买二手房的客群平均占比为38%，与2023年基本持平；倾向于购买新房的客群占比平均为16%，较2023年降低3个百分点（见图5）。

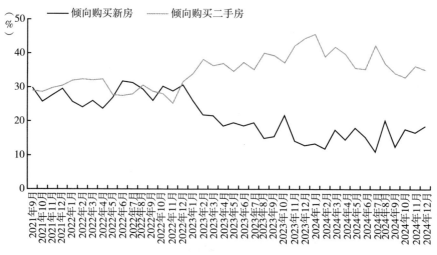

图5 2021年9月以来重点50城有购房计划消费者的优先选择倾向

资料来源：贝壳研究院调研。

（三）库存去化：新房库存压力大，二手房供应常态化增长

1. 新房库存压力大，新增供应规模收缩

商品住宅待售面积、出清周期均处于高位。国家统计局数据显示，截至2024年12月，全国新建商品住宅待售面积为3.9亿平方米，绝对规模为近五年新高（见图6）。

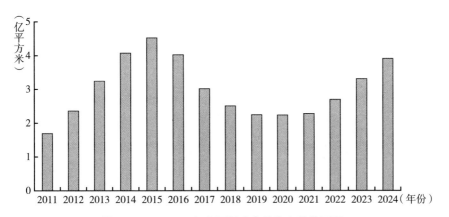

图6　2011~2024年全国新建商品住宅待售面积

资料来源：国家统计局。

中指研究院数据显示，截至2024年12月，重点城市[①]新建商品住宅平均出清周期约为25个月，处于近五年高位；其中大连、沈阳、郑州新建商品住宅出清周期超过30个月，库存压力较大。

库存积压的背景下，房企土地购置及投资规模显著收缩。中指研究院数据显示，2024年重点300城成交住宅类用地规划建面同比下降23%。国家统计局数据显示，2024年全国商品住宅新开工面积为5.37亿平方米，同比下降23%；全国商品住宅开发投资额为7.60万亿元，同比下降10.5%。

[①]　重点城市包括：北京、上海、广州、深圳、天津、杭州、南京、合肥、苏州、无锡、宁波、福州、厦门、东莞、佛山、重庆、成都、西安、郑州、济南、青岛、武汉、长沙、长春、沈阳、大连、芜湖、绍兴、温州、泉州、惠州、中山、珠海、兰州、烟台、昆山、南宁、泰州、新乡、扬州、镇江、常熟、淮北、黄石、六安、莆田、太仓、泰安、岳阳、张家港。

2. 二手房供应增加，库存常态化增长

新房成交后转化为二手房入市，带动二手房库存增加。总量上看，二手房挂牌量持续增长，这是住房市场存量化程度加深的自然结果。从新增挂牌角度看，二手房新增挂牌房源中，大面积次新房的占比持续提高。贝壳研究院数据显示，2024年重点50城二手房新增挂牌房源中，楼龄在10年及以下的次新房占比为41%，较2020年提高10个百分点；三居室及以上房源占比为58%，较2020年提高11个百分点，2024年新增挂牌一居室房源占比不足10%（见图7和图8）。

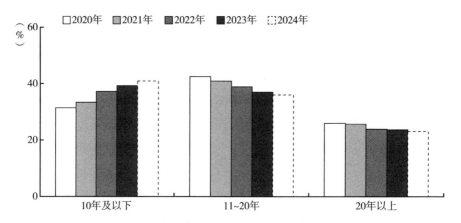

图7 2020~2024年重点50城二手房新增挂牌房源的楼龄分布

资料来源：贝壳研究院。

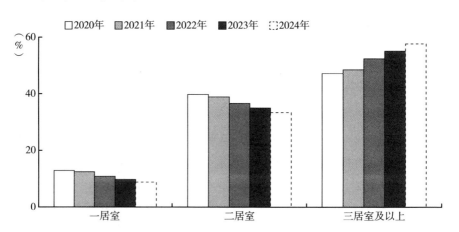

图8 2020~2024年重点50城二手房新增挂牌房源的居室分布

资料来源：贝壳研究院。

从库存结构看，截至 2024 年 12 月，重点 50 城二手房总挂牌房源中，楼龄在 10 年以内的房源占比为 52%，较 2021 年底提高 8 个百分点；三居室及以上大户型房源占比达 60%，较 2021 年底提高 9 个百分点。

（四）成交结构：改善型客群为主力，大中户型占比提高

客户平均年龄上移，36~50 岁客群的成交占比为 40%。贝壳成交数据显示，重点 50 城二手房购房客群的平均年龄由 2020 年的 35.5 岁提高到 2024 年的 37.1 岁。客群平均年龄增长主要受成交结构变化的影响。随着改善性住房需求释放，2024 年 36~50 岁客群的成交占比为 40%，较 2020 年提高 9 个百分点；26~35 岁客群成交占比为 44%，较 2020 年下降 8 个百分点；25 岁及以下、50 岁以上客群的占比均维持在 10% 以下（见图 9 和图 10）。

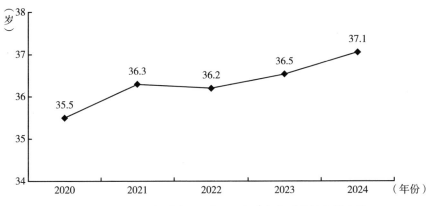

图 9　2020~2024 年重点 50 城二手房成交客群平均年龄走势

资料来源：贝壳研究院。

大户型、次新房成交占比稳步提升。随着居住品质的提高，大户型改善住房的成交占比不断增长。贝壳成交数据显示，重点 50 城二手房成交房源的套均面积由 2020 年的 91 平方米提高到 2024 年的 101 平方米。从户型结构来看，一居室的成交占比由 2020 年的 15% 降至 2024 年的 10%；二居室的成交占比由 2020 年的 45% 降至 2024 年的 36%；与之相对，三居室及以上房源

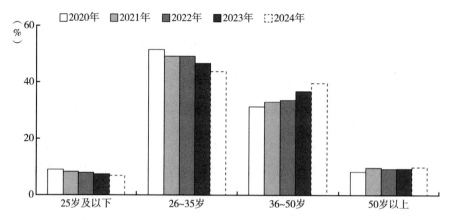

图 10　2020~2024 年重点 50 城二手房成交客群年龄分布

资料来源：贝壳研究院。

的成交占比稳步提高，由 2020 年的 40% 升至 2024 年的 55%（见图 11 和图 12）。

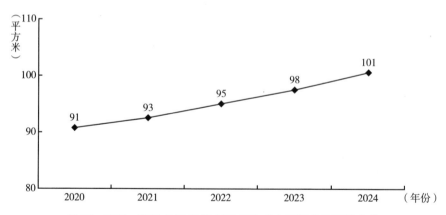

图 11　2020~2024 年重点 50 城二手房成交房源套均面积走势

资料来源：贝壳研究院。

从成交房源的楼龄结构看，楼龄在 10 年及以下的次新房占比由 2020 年的 27% 上升至 2024 年的 43%。与之相对的是楼龄在 10 年以上的二手房成交占比下降，2024 年楼龄在 11~20 年、20 年以上的二手房成交占比分别降至 34%、24%（见图 13）。

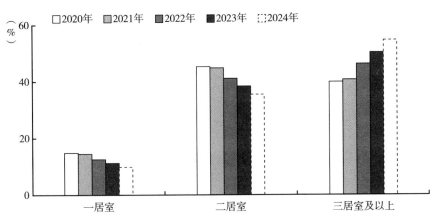

图 12　2020~2024 年重点 50 城二手房成交房源居室分布

资料来源：贝壳研究院。

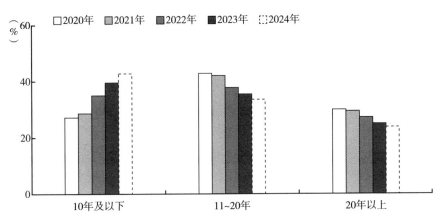

图 13　2020~2024 年重点 50 城二手房成交房源居楼龄分布

资料来源：贝壳研究院。

三　2025年房地产市场趋势展望

（一）政策环境：更加积极、适度宽松、持续用力、加力实施

地缘政治、贸易冲突、产能过剩、地方政府债务等问题短期难以彻底解

决，预计 2025 年中国经济增速继续放缓。随着外需不确定性加大，出口受美国加征关税拖累，提振内需成为逆周期调节的最优选项。

2024 年 12 月中央经济工作会议指出：要实施更加积极的财政政策，要实施适度宽松的货币政策，要打好政策"组合拳"；对于房地产，会议指出："持续用力推动房地产市场止跌回稳，加力实施城中村和危旧房改造，充分释放刚性和改善性住房需求潜力。合理控制新增房地产用地供应，盘活存量用地和商办用房，推进处置存量商品房工作。"

在以上政策基调下，预计 2025 年政策思路仍在于托底经济，聚焦提振消费和"严控增量、优化存量、提高质量"的房地产政策路径。未来值得关注的政策方向在于：化债举措落地进而缓释债务风险，改善地方政府与企业的现金流，同时提振内需；通过"两新"与社保支持直接补贴居民部门，改善长期消费与投资预期；通过减税降息等举措降低购房的交易和持有成本；加快存量房收储进度进而缓解新房库存压力，通过城中村改造货币化安置释放新房需求，加快新房去化。

（二）市场趋势：二手房量增价趋稳，新房销售规模降幅收窄

2024 年 12 月中央经济工作会议明确"充分释放刚性和改善性住房需求潜力"。住房和城乡建设部工作会议在明确 2025 年重点任务中，指出"着力释放需求。把'四个取消、四个降低、两个增加'各项存量政策和增量政策坚决落实到位，大力支持刚性和改善性住房需求"。预计 2025 年需求侧住房支持政策仍有进一步优化的空间，有利于推动购房需求释放。

考虑到新房市场房企债务风险、交付不确定等风险难以在 2025 年彻底出清，消费者购房时优先选择二手房的倾向不会彻底扭转，因此二手房对新房的替代效应将持续释放，推动二手房成交量增长。二手房成交量的修复有望带动价格进入筑底阶段，月度价格环比可能呈现短期涨跌波动、年度价格同比跌幅收窄的趋势。综上，预计 2025 年二手房成交套数同比增长，价格同比跌幅收窄，成交额稳中有增。

对于新房市场，一方面，新房项目存在交付不确定性，制约消费者购买

的信心；另一方面，土地成交和新开工持续下降制约 2025 年新增供应，不利于吸引需求入市。供给限制和需求分流等可能导致 2025 年新房市场继续下行。但 2024 年下半年出台多项供给侧激励政策，在"持续用力推动房地产市场止跌回稳"的目标驱动下，各项政策落地进展有望加快。一方面，存量房收储落地有望加快进而缓解库存压力；另一方面，城中村改造货币化安置有望释放新房增量需求。此外，部分城市推出住宅用地计容面积和公摊等新规，包括放宽阳台、停车位、公共空间计容规则，支持建设立体生态住宅等，有助于提升项目开发品质，进而吸引需求入市。这些均有利于减缓 2025 年新房市场下行压力，带动商品住宅销售规模同比降幅收窄。

B.5
2024年商业不动产市场分析及2025年展望

杨泽轩　孟　磊　王丽娜*

摘　要:　2024年,政府出台多项政策促进商业不动产健康发展,如建立城市房地产融资协调机制、拓宽REITs资产行业范围等。资本市场方面,公募REITs市场进入常态化发行阶段,消费基础设施REITs快速崛起。零售商业市场中,消费市场保持增长但增速有所放缓,购物中心市场面临租金及销售额下滑、新开业项目数量减少等挑战。办公楼市场整体活跃度较低,租金呈下行态势。酒店市场在旅游复苏的带动下表现活跃,中高端酒店备受青睐。公寓市场在政策推动下,住房租赁企业规模不断扩大,但租金下跌、空置率上升等问题凸显。展望2025年,政策将继续保持宽松基调,以促进房地产市场的稳定发展。居民消费的持续复苏将成为经济增长的核心驱动力,推动优质零售物业需求增长。投资者情绪的改善和租赁市场的复苏将提升大宗物业交易活跃度。预计2025年购物中心市场供应将趋于平稳,租金有望逐步企稳;办公楼市场需求有所改善,但租金仍面临下行压力;酒店市场连锁化率将持续提升,人工智能与自动化将深度融合;公寓市场供应增加,市场竞争将更加激烈。

关键词:　商业不动产　购物中心　长租公寓　REITs

---

* 杨泽轩,万商俱乐部创始人,上海万茂科技创始人;孟磊,万商商业研究院院长,上海万茂科技合伙人;王丽娜,上海丰拓房地产顾问有限公司创始人。

一　2024年中国商业不动产发展总览

（一）商业不动产相关政策

为刺激消费保障民生，政府出台多项政策，促进商业不动产健康发展（见表1）。

表1　2024年商业不动产相关政策

时间	出台部门	名称	政策内容摘要
1月5日	住房和城乡建设部联合多部门	《住房城乡建设部金融监管总局关于建立城市房地产融资协调机制的通知》	党中央、国务院高度重视房地产平稳健康发展，中央金融工作会议就一视同仁满足不同所有制房地产企业合理融资需求，促进金融与房地产良性循环作出部署。为发挥城市人民政府牵头协调作用，因城施策用好政策工具箱，更加精准支持房地产项目合理融资需求，促进房地产市场平稳健康发展
3月24日	国家发展和改革委员会	《关于规范高效做好基础设施领域不动产投资信用基金（REITs）项目申报推荐工作的通知》	将REITs资产行业范围进一步拓宽到养老设施等。允许园区REITs，消费REITs中酒店、商办配套比例不高于30%（特殊情况不超过50%）的资产入池。将商办、酒店和市场化长租公寓等传统商业地产纳入，可有效打通商业地产发行REITs通道，助力地产纾困目标
4月24日	商务部、财政部等7部门	《商务部等14部门关于印发〈推动消费品以旧换新行动方案〉的通知》	购买纳入工业和信息化部《减免车辆购置税的新能源汽车车型目录》的新能源乘用车或2.0升及以下排量燃油乘用车，给予一次性定额补贴。其中，对报废上述两类旧车并购买新能源乘用车的，补贴1万元；对报废国三及以下排放标准燃油乘用车并购买2.0升及以下排量燃油乘用车的，补贴7000元

续表

时间	出台部门	名称	政策内容摘要
8月25日	商务部	《关于加力支持大规模设备更新和消费品以旧换新的若干措施》	国家发展改革委直接向地方安排超长期特别国债资金，支持家电以旧换新。家电以旧换新补贴资金按照总体9∶1的原则实行央地共担，东部、中部、西部地区中央承担比例分别为85%、90%、95%
10月23日	司法部、国家发展改革委	《中华人民共和国民营经济促进法（草案征求意见稿）》	向社会公开征求意见，这也是我国第一部专门关于民营经济发展的基础性法律。坚持"两个毫不动摇"，一视同仁加大对民营企业小微企业支持力度。按照"直达基层、快速便捷、利率适宜"目标，推动小微企业融资协调工作机制尽快落地见效。加快落实中小微企业无还本续贷政策，扩大覆盖范围，降低"过桥"成本，切实提高企业获得感
11月7日	商务部	商务部召开例行新闻发布会	商务部认真贯彻落实党中央、国务院决策部署，组织上海、北京、广州、天津、重庆五个城市联动举办中国国际消费中心城市精品消费月，着力打造消费促进的引领平台、首发经济的展示平台、惠及民生的乐享平台
11月27日	央行、国家金融监管总局等八部门	《关于强化金融支持举措助力民营经济发展壮大的通知》	提出支持民营经济的25条具体举措，强调要从民营企业融资需求特点出发，着力畅通信贷、债券、股权等多元化融资渠道。银行业金融机构要加大首贷、信用贷支持力度，积极开展产业链供应链金融服务，主动做好民营企业资金接续服务

资料来源：各政务公开网站。

（二）资本市场

1. 发行概况及市场表现

发行数量与规模方面，2024年以来，公募REITs市场进入常态化发行阶段，全年新发行上市29只，发行规模合计655.17亿元，发行上市只数及发行规模均创新高。

2. 资产分类及产品经营情况

2024年，已上市公募REITs资产类别新增消费基础设施和水利设施；交通基础设施仍为公募REITs发行的主力领域，消费基础设施REITs快速崛起，两者当年发行规模远高于其他资产类别产品。

从发行规模来看，新增消费基础设施REITs发行规模为198.13亿元，仅次于交通基础设施REITs且发行规模远高于其他资产类别公募REITs；产业园区REITs发行规模为91.27亿元，发行只数和规模同比均大幅增长。

3. 消费基础设施REITs梳理

2023年3月24日，国家发展改革委和中国证监会分别发布《关于规范高效做好基础设施领域不动产投资信托基金（REITs）项目申报推荐工作的通知》和《关于进一步推进基础设施领域不动产投资信托基金（REITs）常态化发行相关工作的通知》，明确将优先支持百货商场、购物中心、农贸市场等城乡商业网点项目和保障基本民生的社区商业项目发行基础设施REITs。

2024年3月，我国首批消费基础设施REITs完成上市，此后迎来快速发展，截至2024年末，我国消费基础设施REITs共计发行7只，合计发行规模198.13亿元，占公募REITs市场发行总规模的11.86%，消费基础设施REITs成为交通基础设施REITs、产业园区REITs之后的第三大产品类别。

2024年，嘉实物美消费REIT、华夏金茂商业REIT、华夏华润商业REIT第二、三季度经营表现整体平稳，3只消费基础设施REITs营业收入和EBITDA均变化不大。截至2024年9月末，嘉实物美消费REIT租户结构相对稳定、分散化程度较高，基础设施资产整体的出租率为96.69%，期末收缴率为98.06%，加权平均剩余租期为7.72年。同期末，华夏金茂商业REIT出租率98.30%，平均租金（仅统计含税固定租金）90.24元/（米²·月），期末收缴率为99.06%；租约结构方面，主力店租赁面积占比为54.05%，专门店租赁面积占比为45.95%；主力店平均租金33.72元/（米²·月），专门店平均租金157.02元/（米²·月）。同期末，华夏华润商业REIT出租率

99.30%，继续维持高位，租户集中度保持较低水平，租户结构具备良好分散性，前十大面积租户占比总计23.50%，前十大实收租金租户占比总计17.80%。

2024年，公募REITs的底层资产类别不断拓展，首批消费基础设施REITs已发行上市。目前，从资产大类上看，文化旅游基础设施和养老基础设施板块的项目发行仍有空白；REITs底层资产从资产大类和细分类型上有望进一步扩展。

4. 消费基础设施REITs发展进程加快，新消费叙事下迎α时代

2024年作为消费REITs的开局之年，各REITs面临相对平淡的零售市场以及市场供应放量的挑战，全年实现的收益仍然完成了各自的预测目标，股价相对板块均有超额收益，证明零售物业运营商主动管理的价值。运营表现有所分化，超预期业绩表现及品牌优势都兑现为估值溢价。万商研究院认为，在产权类REITs中，消费板块最具有前周期属性，因此在宏观环境改善进程中有望率先受益，4%左右的股息率巩固其配置价值。基于运营效能走势、基数效应等因素。2024年整体零售市场总体平稳，线下场景的零售额同比表现相对弱于线上，因此对于零售物业运营商形成一定挑战。下半年随着以旧换新等促消费政策持续加力，零售景气度有所修复。从结构上看，商品零售需求稳步上行，而餐饮业保持低速增长。2024年一、二线城市优质零售物业的供应仍在增长通道，租金同比跌幅扩大。万商研究院认为主要有如下几点原因：运营商积极以价换量；需求向"轻"向"俭"发展，体验感和个性化的价值量持续提升，热点的切换导致租户调改比例较高，新签品牌议价能力提升。同时，也为零售运营带来新的拓展方向。

从收入视角看奥特莱斯及社区商业业态占优，购物中心整体持稳。2024年消费REITs收入表现分化，但整体实现增长。在零售商业地产市场仍在寻底进程中，社区商业因为其刚需属性具备较强支撑，奥特莱斯相对稀缺的市场供应以及高性价比优势带来了更强的运营效能，而传统购物中心则更考验运营能力，绝大多数购物中心REITs实现了温和上涨，完成2024年预测收入目标。值得注意的是，收入增速低于客流增速，说明客单价有所下行。租金单价涨跌互现，但是出租率保持97%以上高位。EBITDA 整体同比增长4%，略低于收入增速，6只超额完成目标。

市场表现：红利属性巩固配置价值，差异化运营打造估值溢价。

从派息角度，2024 年消费 REITs 全部完成了年度可供分配金额目标，完成率区间为101%~110%。从市场走势来看，8 只消费 REITs 自上市至今均跑赢 REITs 指数，2025 年以来，消费 REITs 的超额表现更为显著。横向比较，各 REITs 走势分化，彰显 α 属性：嘉实物美消费以及华夏首创奥莱超预期的业绩为其强势表现。基于股息率视角，2024 年对应的可供分配金额对应的派息率基本稳定在 3.8%~4.5%。相对而言，运营稳健、管理机构具品牌溢价的项目相对更具估值优势。

5. 展望未来，积极迎合消费方向，为2025年蓄势

对于行业而言，一、二线城市零售物业供应放量带来的影响或将持续至2025 年，但需求或在消费政策刺激下得以继续修复，因此市场租金同比跌幅有望收窄。对于零售物业运营商而言，招商和运营的能动性是获得超额收益的核心。2024 年消费缓慢复苏，同时消费理念和品类偏好也有所转变，情绪价值和品质消费是需求导向的焦点。2024 年各消费 REITs 为顺应市场变化都作出了积极调改，有望为 2025 年蓄势。

二　零售商业市场分析

（一）消费形势

1. 国民收入仍保持平稳增长，但消费信心不足致支出回落

2024 年我国国内生产总值（GDP）首次突破 130 万亿元，为 1349084亿元，仅次于美国（29.2 万亿美元），位列世界第二。按不变价格计算，比上年增长 5.0%，顺利实现经济增长预期目标。尽管面临外部压力加大、内部困难增多的复杂形势，但经济运行总体平稳、稳中有进。分季度看，四个季度 GDP 同比增长分别为 5.3%、4.7%、4.6%、5.4%。从环比看，第四季

度 GDP 增长 1.6%。

同期，消费市场保持增长，2024 年社会消费品零售总额 487895 亿元，比上年增长 3.5%，增速降低 4.3 个百分点，但消费对经济增长的贡献率仍高达 44.5%，继续发挥经济发展第一拉动力作用（见图 1）。

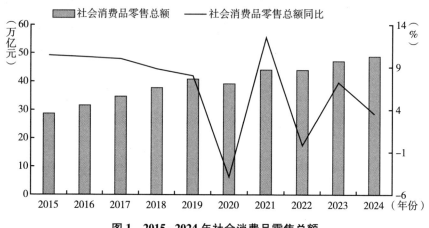

图 1　2015~2024 年社会消费品零售总额

资料来源：国家统计局。

2024 年，全国居民人均可支配收入达到 41314 元，较上年名义增长 5.3%，扣除价格因素后，实际增长 5.1%。其中，城镇居民人均可支配收入为 54188 元，名义增长 4.6%，实际增长 4.4%。这一增速较上年有所减缓，反映出城镇居民收入增长面临一定压力。

在消费方面，城镇居民人均消费性支出为 34557 元，名义增长 4.7%，扣除价格因素后，实际增长 4.5%。尽管消费支出有所增加，但增速相对较为平稳，显示出城镇居民在消费行为上保持了一定的理性与谨慎（见图 2）。

2. 消费市场保持恢复态势，生活品质及健康类消费关注度提升

2024 年，全国居民人均消费支出为 28227 元，较上年名义增长 5.3%，扣除价格因素后，实际增长 5.1%。在消费支出结构中，教育文化娱乐和医疗保健消费支出占比继续上升，分别较同期增长 9.8% 和 3.6%，其中教育文化娱乐消费支出占比达到 11.3%，医疗保健消费支出占比为 9.0%。

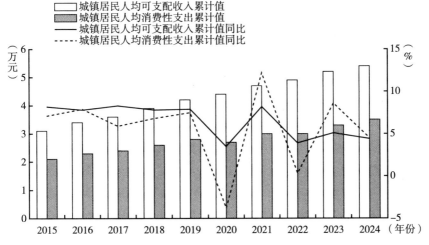

图2　城镇居民人均可支配收入、城镇居民人均消费性支出

资料来源：国家统计局。

具体来看，食品烟酒人均消费支出8411元，增长5.4%，占人均消费支出的比重为29.8%；衣着人均消费支出1521元，增长2.8%，占人均消费支出的比重为5.4%；居住人均消费支出6263元，增长2.8%，占人均消费支出的比重为22.2%；生活用品及服务人均消费支出1547元，增长1.4%，占人均消费支出的比重为5.5%；交通通信人均消费支出3976元，增长8.9%，占人均消费支出的比重为14.1%；教育文化娱乐人均消费支出3189元，增长9.8%，占人均消费支出的比重为11.3%；医疗保健人均消费支出2547元，增长3.6%，占人均消费支出的比重为9.0%；其他用品及服务人均消费支出773元，增长10.8%，占人均消费支出的比重为2.7%（见图3）。

这些数据表明，2024年居民消费支出在多个领域均有所增长，尤其是教育文化娱乐和医疗保健领域的消费增长较为显著，反映出居民对生活品质和健康的重视程度不断提高。

3.购物途径的多元性变化，网上实物销售额保持1/4以上，实体商业亟待振兴

在疫情后的时代背景下，线上购物已成为居民的日常消费习惯，线上与

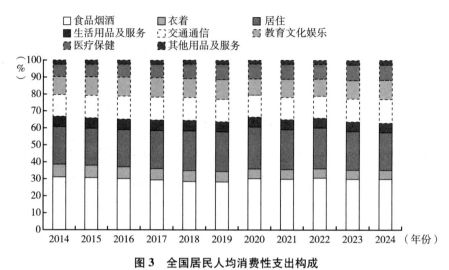

图3　全国居民人均消费性支出构成

资料来源：国家统计局。

线下协同发展的趋势日益显著。2024年，全国网上零售额达到了155225亿元，同比增长7.2%，其中实物商品网上零售额为130816亿元，占社会消费品零售总额的比重为26.8%，显示出网络零售市场的持续扩张（见图4）。

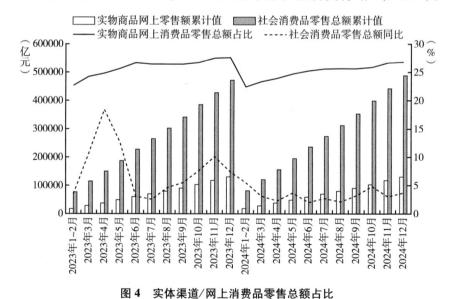

图4　实体渠道/网上消费品零售总额占比

资料来源：国家统计局。

越来越多的传统零售企业积极转型线上，通过电商平台、直播带货等多种方式拓展销售渠道，实现线上线下融合发展。例如，合肥市通过加强与电商平台合作，组织举办多场平台对接活动，助力优势产业"上网"发展，2024年，合肥市51家电商企业网上零售额突破亿元。

尽管实体商业或受网络零售发展走强的影响，在政策支持下也展现出恢复向好的态势。在"扩大内需"的政策导向下，实体零售业不断通过运营模式、经营主体、业态种类的创新与服务质量的提升，促使线下商业实现质的飞跃。

（二）购物中心市场分析

1.零售商业市场表现欠佳，租金及销售额均呈下滑趋势

2024年零售商业市场整体表现仍呈现缓慢下行趋势，大部分项目租金及销售额有所下滑，面临调改升级。据世邦魏理仕数据，8个代表性城市零售商业租金中，以广州及北京两城同比下滑较大，为−6.25%和−5.36%，首层平均日租金录得24元/米^2、31.8元/米^2；上海及深圳次之，首层平均日租金录得33.2元/米^2、19.1元/米^2，较2023年下滑2.35%和2.05%。但仍有部分潜力二线城市表现相对强劲，有一定程度上升。以南京、杭州为代表，零售商业首层平均日租金分别录得19.60元/米^2、21.30元/米^2（见图5）。

2.国民消费结构性转型时代，新开业项目数量创十年新低

2024年对于商业市场来说是一个节点性年度，据赢商网数据，全国新开业集中式商业项目430多个，总体量约3400万平方米，数量与体量均创下近十年新低，较2023年分别下降17.58%、12.52%（见图6）。

从新开业项目的构成来看，存量调改再开业项目占据了相当比例，达到21.79%，数量超过90个，总体量突破675万平方米。若将存量调改再开业项目从整体中剔除，纯增量项目则仅有340多个，总体量约为2800万平方米。

进一步分析全年各月份的开业情况，可发现受"黄金假期"等因素的

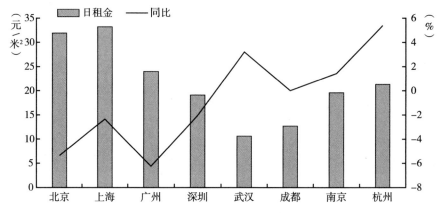

图5 代表城市2024年上半年商业首层平均日租金

资料来源：世邦魏理仕。

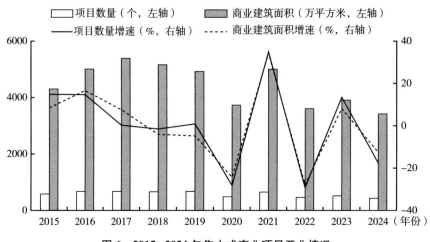

图6 2015~2024年集中式商业项目开业情况

资料来源：赢商网。

影响，1月、6月、9月和12月均出现了开业高峰。特别是12月，由于年底冲刺的叠加效应，开业量达到了全年的最高峰，而其他月份开业情况则相对较为平稳。这一趋势与仲量联行商业地产市场报告中对2024年全国市场的分析相吻合，报告指出新开业项目数量有所减少，而存量调改项目的占比则呈现上升态势，这充分反映出市场对存量资产的重视程度不断提高，以及再开发活动的日益增加（见图7）。

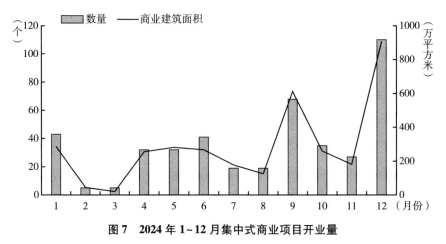

图7　2024年1~12月集中式商业项目开业量

注：统计范围为全国368个城市（不含港澳台）管辖行政区内，于2024年1~12月开业的集中式商业项目，项目类型包含购物中心、独立百货等；统计数据包含新建开业项目、存量改造开业项目、试营业项目；统计时间截至2025年1月7日。

资料来源：赢商网。

3. 存量长经营周期项目，有待提升运营能力，提高资产价值，催生轻资产商管业务

随着购物中心发展的逐步成熟，市场正式迈入存量时代，规模增量呈现逐年下降的趋势。目前，中国购物中心的行业集中度持续提升，投资建设商业项目的主体越来越少，往后在营项目运营商替换为头部运营商并焕新开业将越来越普遍。据赢商网数据，2024年有项目开业的企业中，82%的企业开业一个项目，8%的企业开业2个项目，开业达到8个项目及以上的企业仅有7家，开业项目数量共计99个，占全行业2024年新开业项目总量的近1/4（见图8）。

在2024年的开业项目中，存量调改后再开业项目的占比已经达到了21.79%，且这一比例在未来还将继续攀升。通常情况下，购物中心的经营周期遵循着一定的规律，即经历三年的培育期、五年的成长期，以及八年以

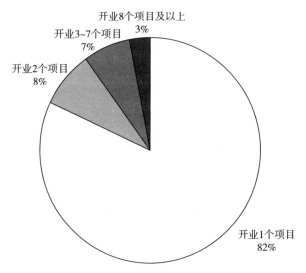

图8　2024年企业新开业项目个数分布

资料来源：赢商网。

上的成熟期，这一规律在行业内十分普遍。随着精细化运营时代的到来，各开发商拿地动作也日渐减少、开业节奏不断放缓，全周期管理及资产价值运营提升变得日渐重要。

当前存量再开业项目，三年培育期结束后选择更换运营商的情况最为常见。从整个行业的资产结构来看，开业三年以上的项目占比超过81.06%，而开业五年以上的项目占比更是高达56.54%，这些项目大多已经进入成熟周期。在此背景下，如何实施全周期管理，通过良好的运营充分提升资产价值，成为行业内亟待解决的重要课题，同时也推动了轻资产商管业务的蓬勃发展。以万达集团为例，2024年珠海万达商管开业数量达25个，且全部为第三方轻资产项目（即并非由大连万达商管集团委托管理），其中6个为在营存量改造后开业项目，占比达24.00%；招商商管开业9个项目，远超出市场预期，成为行业市场聚焦的"黑马"选手。招商商管近3年间年均业务增速超30%，在全国范围内管理商业项目（含筹备）超过80个，总商业面积突破500万平方米。其中，在营项目数量近50个，逐步逼近第一梯队规模。这一趋势与仲量联行报告中提到的市场集中度提升和头部运营商的主导地位相吻合，显示出市场对专业运营能力的重视。

可见，存量资产的优化与再开发已成为当前市场的重要趋势，通过提升运营效率和资产价值，可以有效应对市场挑战，为企业的可持续发展提供有力支撑。

4. 新开业项目头部前五家企业集中度近1/4，高线城市及核心商圈仍为集中布局选择

根据行业研究及公开数据整理研究，从新开业购物中心的行业集中度看，其正处于持续提升阶段，截至2024年底中国购物中心规模头部前5家企业占比近1/4，约为22%。相较于2011~2020年存量份额区间15%~20%，显示出越来越高的集中度。从企业管理面积数据来看，运营20个及以上项目的企业为52家，运营50个及以上项目的企业仅为8家，头部效应明显。

在城市商业线级①方面，新开业项目高度集中在高线级城市，一线城市占比录得47%，在新开业集中式商业项目分布总量中占比近半（见图9）。细分来看，一线城市开业量占比27%；准一线城市占比20%，其中南京、杭州、武汉、长沙四市开业量均大于10个；二线城市占比19%，以厦门、珠海、合肥表现突出；三线城市中则以金华、温州、中山开业量最为亮眼，分别为7个、5个、5个；而四线、五线城市开业量合计占比21%，此部分表现为明显的商业市场下沉信号，以华东下沉市场表现最为突出，如台州、绍兴、泰州、衢州均开业3个以上项目。线级分布特点已显现出开业项目与城市及商业能级之间的高关联性。

---

① 商业线级城市的划分，出自第一财经《城市商业魅力排行榜》，采用五大维度动态评估，分别为商业资源集聚度（如品牌门店密度）、城市枢纽性（如交通、物流能力）、城市人活跃度（如消费、社交数据）、生活方式多样性（如文化、娱乐设施）、未来可塑性（如创新、人才吸引力）。其中，2025年一线城市（4个）：北京、上海、广州、深圳；新一线城市（15个）：成都、杭州、重庆、武汉、苏州、西安、南京、长沙、郑州、天津、合肥、青岛、东莞、宁波、佛山；二线城市（30个）；三线城市（70个）；四线城市（90个）；五线城市（128个）。

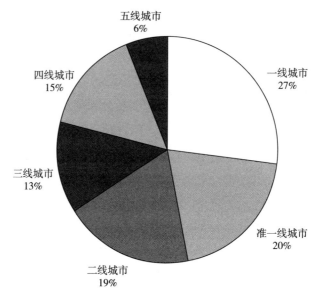

图9　2024年新开业集中式商业项目城市布局

资料来源：万商商业研究院收集整理。

再从城市开业量来看，上海、北京、深圳三市为TOP3，以榜首上海表现最为突出，共开业43个项目，体量达212万平方米，远超其他一线城市。相比之下"北上广深"四大城市中广州则略显弱势，仅列第七位。二线城市中，武汉表现最优，常州最弱。综上可见，开业量整体表现与城市经济及规模成高度相关性。

以区域分布视角分析，2024年新开业项目分布遵循基本布局，表现出高度宏观经济相关性及商业成熟度关联性，华东区域、核心商圈成为市场聚焦点。全国七大区域中，华东区表现最为突出，开业项目达201个，体量达1455.74万平方米，占比高达46%，江浙沪成为明显主力支撑。此外，华南区开业项目个数72个，占比17%。同期其他五大区则表现较弱，以东北区最为单薄，仅录得开业项目9个，总体量96.1万平方米（见图10）。

新开业项目中，72%集中在区域商圈，仅28%位于市级商圈。这表明区域商圈在零售商业市场中的重要性日益凸显，尤其是在满足周边居民消费需求方面具有显著优势。区域商圈的高占比也反映出开发商更倾向于选择成熟

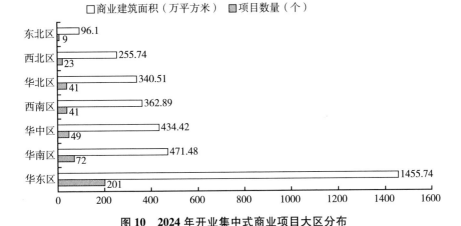

图10 2024年开业集中式商业项目大区分布

资料来源：赢商网，万商商业研究院收集整理。

的消费群体和稳定的市场环境。此外，90%的新开业项目位于成熟商圈，仅10%选择新兴商圈。这表明开发商在项目选址上更注重风险控制，倾向于选择已有消费基础和较高人流量的成熟商圈。而新兴商圈占比低，可能与其消费潜力尚未完全释放以及开发周期较长有关（见表2）。

表2 2024年开业集中式商业项目商圈分布规律

单位：%

商圈功能类型	占比	商圈发展类型	占比
区域商圈	72	成熟商圈	90
市级商圈	28	新兴商圈	10

资料来源：赢商网。

新开业项目集中在区域商圈和成熟商圈，反映出开发商在当前市场环境下的稳健策略。这种布局不仅降低了运营风险，还能更好地满足消费者的需求，同时也进一步巩固了华东地区和高线级城市在零售商业市场中的核心地位。

5. 一线城市租金承压，新一线及二线城市消费潜力逐步释放

随着国内消费市场的逐步复苏以及城市商业环境的持续优化，各主要城

市的商业租金表现呈现分化趋势。监测数据显示，2024年上半年，全国代表城市的商业首层平均日租金整体表现稳中有变。一线城市如北京、上海、广州和深圳的日租金水平依然处于高位，但同比均出现不同程度的下滑。其中，北京录得31.9元/米^2，同比下降5.36%；上海为33.2元/米^2，同比下降2.35%；广州为24元/米^2，同比下降6.25%；深圳为19.1元/米^2，同比下降2.05%。

相比之下，部分新一线及二线城市的日租金表现较为亮眼，呈现增长态势。杭州以21.3元/米^{2}的日租金水平录得同比增长5.38%，成为表现最为突出的城市；武汉和南京分别录得10.63元/米^{2}和19.6元/米^{2}的日租金水平，同比增幅分别为3.20%和1.43%。成都则保持稳定，日租金水平为12.7元/米^2，同比持平（见图11）。

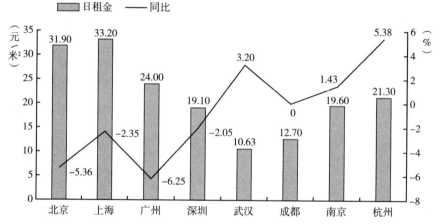

图11　2024年上半年重点城市优质商业首层平均日租金及其同比变动

资料来源：观点指数。

整体来看，一线城市租金的下滑反映出高端商业市场在经济复苏中的调整压力，而新一线及二线城市的租金增长则显示出其消费潜力的逐步释放。这种趋势表明，随着消费需求的多元化和区域经济的崛起，未来商业地产市场的竞争将更加聚焦于区域性消费中心的培育与发展。

6. 购物中心呈现小型化、多元化与细分化，与消费趋势变化呈现强呼应性

随着消费者生活方式和消费习惯的变化，2024年购物中心商业形态呈现显著的小型化、多元化和细分化趋势。小体量商业项目如社区商业、邻里商业和非标商业迎来爆发式增长，其中10万平方米以下的项目占比超过70%。这些小体量商业项目以其灵活的运营模式和贴近消费者需求的特点，成为市场的新宠。这些趋势不仅满足了消费者多样化的需求，也为商业市场的可持续发展提供了新的动力。

奥特莱斯：2024年购物热门购物场所以奥特莱斯为代表，其"质价比"优势吸引了大量消费者。据赢商网数据，2024年1~5月奥特莱斯的节假日客流活跃度为1.32，高于购物中心的1.16。许多消费者将奥特莱斯作为周末和节假日的"微度假"目的地。2024年新开业25家奥特莱斯，包括2座城市奥莱，吸引了众多专业开发运营企业和商业地产企业的参与。其中，百联集团2024年上半年奥特莱斯业务营收达6.99亿元，毛利率高达75.22%，是百货的3倍多、购物中心的近2倍。然而，奥特莱斯普遍下沉到四、五线城市的现象需要警惕，部分项目在招商和硬件方面存在问题，与当地消费能力和意愿的匹配度值得深思。

非标商业：不拘泥于传统商业思维，通过独特的商业形态、场景体验和业态品牌组合吸引消费者。华润万象生活2024年连开3个"天地"系列非标商业项目，风格迥异，成为城市打卡地。

"公园+"商业：结合开放式、自然生态场景，为城市年轻人提供释放压力、情绪治愈的场所，成为吸客利器。从商业与城市公园结合到直接将商业开在景区，商业与公园的融合不断深化。

二次元主题商业：成为商场链接Z世代消费群体的重要纽带，80%的新开业二次元主题商场为存量调改项目。这些项目通过引入二次元内容，重新捕获年轻消费群体，让商场焕发活力。此外，汽车文化、IP主题、泛文娱、地理IP和运动主题等细分主题商业也遍地开花，为消费者带来更加沉浸的体验。

三 办公楼市场分析

（一）中国经济稳中有进，持续向好态势不断巩固，市场租金处于下滑态势

2024 年全国经济保持稳中有进，央行出台了"一揽子"新政策，使中国经济中长期发展的基本面在韧性和潜力上得到强有力支撑，但整体传导作用尚未完全发挥，有待时间周期发酵。其间，全年国内生产总值 134.9 万亿元，按不变价格计算，比上年增长 5.0%。分产业看，第一产业增加值 9.1 万亿元，比上年增长 3.5%；第二产业增加值 49.2 万亿元，比上年增长 5.3%；第三产业增加值 76.6 万亿元，比上年增长 5.0%。

综观全国办公楼市场，2024 年办公楼市场的新租需求仍维持低位，市场活跃度较低，主要依赖于企业的搬迁需求，其中以金融、科技互联网和专业服务业租户为租赁主力，内生有效需求动能不足是办公楼市场当下及近期面临的核心挑战。在需求低位承压下，前三季度需求恢复仍显滞后，供需存在不平衡态势，办公楼业主多采取优化租赁策略、以价换量的方式吸引租户，使整体租金呈现持续下行态势。

2024 年第三度，全国主要城市甲级办公楼市场租金持续下行，由于租户预算不佳的原因，寻求低价租金成为普遍诉求，业主整体压力较大。一线城市中，上海租金跌幅最大，新增供应加之租赁需求有限使整体市场表现谨慎，环比下降 4.7%。北京环比下降 3.1%，位居跌幅榜第二，企业表现出对高折扣租金策略的高敏感度。而同属一线城市的深圳、广州两市租金降幅相似，分别录得环比下降 2.4%、2.5%，表现不及预期。1.5 线及二线城市的办公楼市场整体承压更为显著，分城市来看，成都租金跌幅最大，高空置率及租赁需求有限，促使"以价换量"策略及跟随效应更集中，整体市场环比租金降幅达 5.4%；西安则由于需求不足加之受到联合办公以及二房东的低价竞争影响，第三季度租金环比下降 1.9%；青岛市场由于企业承租力的缩水以及租赁需求放缓，同样遭受租金强压，录得环比租金下降 2.8%（见图 12）。

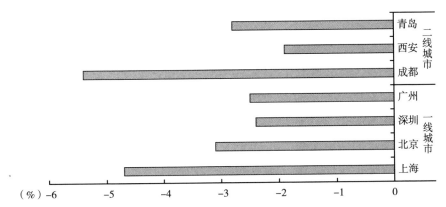

图12 2024年第三季度甲级办公楼代表城市平均租金环比变化情况

资料来源：仲量联行。

（二）全国供应量放缓，但仍呈现高空置低租金趋势，活跃度不及预期

从市场整体情况来看，尽管经济增速略缓，但市场需求逐步回暖，加之新发展动能的注入，为经济高质量、快速度发展提供强有力的持续动能。综观全国甲级办公楼市场，尽管新增供应速度下降、净吸纳量增长，仍迎来更高的空置率与租金的缓慢下跌。据戴德梁行研究数据，2024年上半年全国主要城市甲级办公楼市场新增供应185万平方米，较上年总量锐减，同比下降30%。同期全国主要城市净吸纳量录得117万平方米，同比小幅增长7%，空置率也略升高0.9个百分点，整体表现弱于预期（见表3）。

表3 2024年上半年全国主要城市甲级办公楼市场情况

指标	数据
新增供应（万平方米）	185
净吸纳量（万平方米）	117
空置率（%）	24.7
租金变化（%）	−2.5

资料来源：戴德梁行。

从甲级办公楼市场的供需角度来看，一线城市净吸纳量贡献率更高，依据仲量联行2024年第二季度办公楼数据计算，贡献率可达90%，远高于二线城市68%的贡献率。其间，2024年第二季度全国主要城市甲级办公楼新增供应录得64.7万平方米，净吸纳量录得59.7万平方米，较往年同期数据均有所下滑。其中全国一线城市甲级办公楼市场录得共计26.1万平方米的新增面积，环比下降46%；1.5线及二线城市新增供应38.6万平方米，较第一季度体量翻倍。新增供应多数集中在新兴区域，对已有存量市场持续加压。此外，2024年第二季度的净吸纳量也较上季度有所下滑，录得共计49.7万平方米。其中，1.5线及二线城市较一线城市净吸纳量在数值上更为显著，分别录得26.1万平方米及23.6万平方米，前者受价格策略刺激需求，去化有所回暖，后者则环比有所回落。2024年第四季度，据仲量联行研究数据，录得全国主要城市整体供应量约为143.3万平方米，环比上升63.2%，年度内供应在年底集中放量。其中一线城市第四季度新增供应达59.9万平方米，广州表现最为突出，占比约为38%；同期，1.5线及二线城市新增供应共录得83.4万平方米，环比上升60%（见表4）。

表4　2024年全国主要线级城市甲级办公楼市场情况

单位：万平方米

项目	一线城市		1.5线及二线城市	
	净吸纳总量	新增面积	净吸纳总量	新增面积
第二季度	23.6	26.1	26.1	38.6
第四季度	28	59.9	43.08	83.4

资料来源：仲量联行。

（三）一线城市净吸纳量贡献率更高，整体市场调整期进一步延长

从不同线级细分城市来看，一线城市第四季度净吸纳总量占比超74%，深圳甲级办公楼市场表现最为突出，录得88.1万平方米，占一线城市总量

半数。其中，需求主要来源于跨境电商服务商、智能制造企业以及教育咨询与服务企业，且仍在积极扩展办公面积。上海和广州的甲级办公楼净吸纳量表现次之，分别录得47.6万平方米与29.4万平方米，其中广州及深圳净吸纳量与新增供应面积较为接近。第三季度中，广州无新项目落成，主要以租金下调吸引面积低于500平方米的小面积搬迁及升级需求释放，第四季度中由于受到新增供应的影响，以及部分企业从中央商务区甲级办公楼迁出，全市平均空置率略微增至21.0%。从空置率指标来看，北京虽然净吸纳量较低但其空置率仍为全国最低，录得12.6%，整体较为平稳。再看1.5线及二线城市供需情况，以成都吸纳量最大，录得16.85万平方米，新增供应29.64万平方米，但相较往期，由于总部楼宇持续放量，宏观需求表现相对疲软，小微企业退租风险上升，楼宇空置率加速提升，录得31.1%。重庆新增供应连续两个季度最大，分别录得30.9万平方米与34.1万平方米，但全市平均空置率在连续两个季度的上升后逐步企稳，稳定在30%，表现尚可。整体市场受经济大环境及企业业主需求影响，整体项目入市总量减少或推迟入市，但仍面临供需压力，整体空置率上升（见图13）。

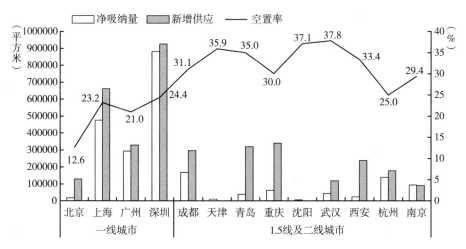

图13　2024年第四季度全国主要城市甲级办公楼市场供需情况

资料来源：仲量联行。

（四）存量过剩与大环境经济下行影响，全国租金持续下调

受经济大环境与存量过剩的双压力影响，全国甲级办公楼租赁市场持续承压，租户成本驱动型租赁需求持续增长，租赁需求增量不足。在成本控制策略下，企业对新设与扩张持审慎态度，租赁需求多来源于搬迁与换租。其中，甲级办公楼市场需求主要来自 TMT、专业服务业及金融行业。与此同时，部分业绩良好及对未来展望积极的跨境电商服务商、智能制造企业以及教育咨询服务企业，仍存在扩展办公面积需求。

根据仲量联行对全国主要城市的甲级办公楼租金监测数据来看，2024年第四季度环比租金增长率均为负，整体处于下行通道（见图14）。其中一线城市中，北京下调幅度最大，录得环比下降 16.1%，深圳跌幅最小，为-7.5%；1.5 线及二线城市中成都下降幅度最大，跌幅超过 12.1%。此外，全国甲级办公楼月租金北京最高，录得 252.2 元/米^2，远高于其他一线城市；1.5 线及二线城市中，杭州和南京月租金尤为突出，分别录得 123 元/米^2 及 99.1 元/米^2，其他城市则均分布于 60~80 元/米^2 区间。

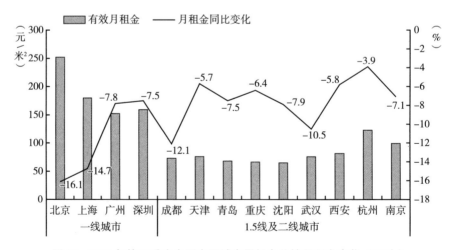

图14 2024年第四季度全国主要城市甲级办公楼月租金变化（环比）

资料来源：仲量联行。

四 酒店市场分析

（一）旅游业恢复至疫前水平，"中国热"发展元年

随着疫情影响消退，旅游市场全面复苏，2024年全国各地推出了一系列促进旅游消费的政策措施，为旅游业和酒店行业的发展注入了极大的信心。湖北发放多批次文旅惠民券，海南发布"机票即门票"等优惠措施，浙江创新推进旅游驿站建设，新疆发布旅游消费专项行动计划。旅游人次恢复至疫情前水平，旅游业向品质化、特色化升级。同时伴随对多国的免签政策实施，入境游人数和消费快速增长，2024年为"中国热"元年，"中国名片"走向世界。

2024年，国内出游人次56.15亿，比上年同期增加7.24亿，同比增长14.8%。国内旅游收入5.75万亿元，比上年增加0.84万亿元，同比增长17.1%（见图15）。2024年人均出游花费1032元，2023年为1002元，2019年为948元，2024年分别较上年增长3%，较疫情前增长9%，消费品质逐年提升。根据携程集团"2024中国旅游目的地热力地图"数据，全国热门旅游目的地城市TOP10分别为北京、上海、成都、广州、杭州、重庆、西安、深圳、南京、武汉，以具备较高知名度、旅游资源丰富、基础设施完善、旅游接待能力强为主要特征。

截至2024年12月，我国已同29个国家实行单方面免签，与25个国家实现全面互免签证。得益于持续推出的240小时过境免签、外国旅游团乘坐邮轮入境免签等18项便利外国人来华政策举措，2024年，全国口岸累计出入境外国人6488.2万人次，同比分别上升82.9%，其中，免签入境外国人2011.5万人次，同比上升112.3%。上海接待入境游客超过600万人次，"入境第一站"的格局逐渐形成。

"中国游"成为热门搜索词条，相关浏览量在国际互联网突破10亿，入境游人数和消费快速增长，便捷的来华渠道为推动跨区域旅游协同发展注

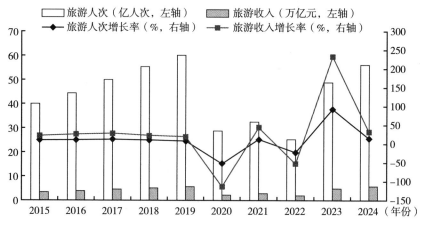

图 15　2015～2024 年国内游客人数及国内旅游总花费

资料来源：国家统计局。

入了新动能。上海、深圳、广州、北京、成都、杭州、珠海、重庆、厦门、西安等成为入境游 TOP10 城市，韩国、泰国、新加坡、日本、马来西亚是入境的主要客源国。

（二）酒店开业潮涌现，中高端酒店占市场高位，特色型酒店受追捧

根据奥维云网（AVC）数据，2024 年 1～6 月，全国新开业酒店 2.3 万家，房间规模 100 万间，接近 2023 年全年开业房间量的 61%。从新开业酒店结构来看，2020～2022 年疫情三年期间，中高端酒店因其品牌和质量优势，在一定程度上保持了较强的市场吸引力，占据较大市场份额。2024 年 1～6 月，国内中高端酒店的新增结构占比赶超 2023 年和 2019 年，中高端酒店依然是酒店市场主力，同时也反映出消费者对于酒店品质和服务需求的不断提升。

2024 年，携程宠物友好型酒店的订单同比增长 23%。酒店不再只是住的场所，也是吃、玩、运动、游戏的综合空间。携程美食林年度榜单中，酒店美食餐厅占比超过 50%。专为电竞迷们设计的电竞主题酒店、主题房，

配备了高性能的电脑和专业游戏设备，2024 年，携程电竞主题房的订单量同比增长近三成，其中 70% 订单来自 90 后和 00 后，8 月国产 3A 游戏的风靡更让电竞酒店订单供不应求。酒店向特色化、主题化、细分化方向发展演变。

（三）北京、成都领跑数量，上海、深圳领跑品质

从城市分布来看，北京、成都、上海、西安、长沙等城市酒店开业量大，东莞开业门店量及房间量增速亮眼。2024 年 1~9 月，从门店量来看，北京、成都、上海酒店开业门店量位居 19 城 TOP3，开业门店量分别为 161 家、128 家、125 家；从增速看，东莞、郑州、昆明等城市增速明显，分别同比增长 170.0%、75.0%、63.0%，天津、苏州等城市酒店开业门店量有所下滑，分别同比下滑 14.3%、10.2%（见图 16）。

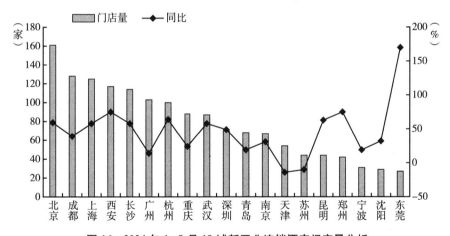

图 16　2024 年 1~9 月 19 城新开业连锁酒店门店量分析

资料来源：奥维云网。

19 城新开业连锁酒店市场中，高端酒店主要集中在上海、深圳等城市，市场份额分别为 16.2%、10.3% 等；中高端酒店主要集中在广州、上海等城市，市场份额分别为 10.3%、9.1% 等；中端酒店主要集中在北京、成都、西安等城市，市场份额分别为 12.2%、8.0%、7.9% 等。

（四）市场格局稳定，锦江、华住持续领跑行业

截至 2024 年第三季度末，头部酒店管理集团规模再创历史新高。锦江酒店已开业酒店 13186 家及客房 125.79 万间；华住集团全球范围内在营酒店 10845 家及客房 106.25 万间、待开业酒店 2899 家；首旅酒店已开业酒店 6748 家及客房 50.88 万间；亚朵集团已开业酒店 1533 家，在营客房 17.51 万间；洲际酒店集团全球已开业酒店 6505 家，客房 96.80 万间；万豪国际集团全球已开业酒店 3802 家，客房 58.50 万间，各大酒店管理集团各具规模优势。从运营质量来看，酒店行业的增长驱动力正在从 ADR（平均房价）转向 OCC（出租率），2024 年第三季度同比上年高基数导致运营质量同比下滑，但整体运营质量仍处高位。

五　公寓市场分析

（一）供需端双侧发力，推动多群体安居

2024~2025 年，一系列政策的出台与优化，推动住房租赁市场朝着更健康、更有序的方向发展，为实现"住有所居"的目标提供了有力支持。党的二十届三中全会提出，"深化城市建设、运营、治理体制改革，加快转变城市发展方式""加快建立租购并举的住房制度，加快构建房地产发展新模式"。

1.供应端：建设绿色、低碳、智能、安全的"好房子"

我国的住房发展已经进入新阶段，从"有没有"转向"好不好"，伴随居民对住房的功能、质量有了新期待，住房和城乡建设部秉承让居民住得健康、让居民住得节能、让居民住得方便、让居民住得放心为发展目标，建设绿色、低碳、智能、安全的"好房子"。配售型保障性住房建设及配租型保障性住房供给齐头并进，2024 年前 7 个月，全国保障性住房和城中村改造安置住房已开工和筹集 235 万套（间），完成投资 4400 多亿元。

2.需求端：精准施策，满足多元需求

首先，多子女家庭关怀升级。2024年，国务院办公厅发文要求住房政策向多子女家庭倾斜。随后，上海等城市响应，将符合条件的多子女家庭纳入住房保障范围，在住房分配上给予照顾。其次，青年人才引力增强。2024年，各地为吸引人才放宽认定范围、减免租金、给予住房租赁补贴，成功吸引青年人才汇聚。再次，困难群体保障兜底。2024年，国家和地方政府为家政服务员、农民工、困难职工家庭等困难群体提供保障性租赁住房，适配他们的经济承受能力，实现住房保障的广覆盖。最后，公积金支持力度加大。2024年，多地优化住房公积金提取条件和流程，提高提取额度、增加提取频次、放宽提取条件，支持公积金直付房租，全方位减轻租房群体经济压力。

（二）住房租赁企业集中，管理规模及开业规模齐升

2024年TOP10住房租赁企业合计开业规模80.16万间，环比增长4.1%，占榜单所有企业开业规模的56.7%，入榜门槛约为4.1万间（见表5）。TOP10住房租赁企业合计管理规模114.9万间，环比增长3%，占榜单所有企业管理规模的56.2%，入榜门槛约为5.5万间。万科泊寓、龙湖冠寓分别以264000间、160000间管理规模遥遥领先（见表6）。

表5 2024年集中式住房租赁企业开业规模10强

单位：间

序号	品牌名称	开业规模
1	万科泊寓	188577
2	龙湖冠寓	124000
3	魔方生活服务集团	83338
4	乐乎集团	79773
5	瓴寓国际	74193
6	百瑞纪集团	67591
7	城发美寓	52208

续表

序号	品牌名称	开业规模
8	自如寓	46911
9	城家	44000
10	上海城方	41034

资料来源：奥维云网。

表6　2024年集中式住房租赁企业管理规模10强

单位：间

序号	品牌名称	管理规模
1	万科泊寓	264000
2	龙湖冠寓	160000
3	城发美寓	132734
4	瓴寓国际	126575
5	魔方生活服务集团	116459
6	百瑞纪集团	99346
7	乐乎集团	79773
8	城家	59000
9	华润有巢	56000
10	朗诗寓	55157

资料来源：奥维云网。

（三）多方开发集中发力，均衡发展

根据迈点研究院数据，从2024年开业房源占比看，地产系企业开业规模54.34万间，占比38.4%；国资系企业开业规模44.05万间，占比31.1%；品牌运营商开业规模43.06万间，占比30.4%。从房源管理规模占比来看，地产系企业管理规模77.80万间，占比38.1%；国资系企业管理规模71.86万间，占比35.2%；品牌运营商管理规模54.68万间，占比26.8%。从企业数量来看，地产系企业有11家，占比22%；国资系企业有29家，占比58%；品牌运营商10家，占比20%。

（四）需求放缓，租金下跌

供给量持续拉高的同时，需求却出现放缓。一些城市租金价格、出租率持续走低。睿和智库数据监测显示，2024年1~11月，全国50城租赁市场平均租金累计下跌2.72%，一线、二线及三、四线代表城市分别下跌2.29%、3.01%、2.38%，可见二线是此轮下跌的重灾区。5只保租房REITs项目的平均出租率，从2023年第二季度到达峰值后开始一路走低，2024年继续下滑，降至96.01%。

六　2025年商业不动产市场展望

2025年，政策将继续保持宽松基调，以促进房地产市场的稳定发展。中央政府将实施更加积极的财政政策和适度宽松的货币政策，以扩大内需和推动经济持续回升向好。具体到房地产行业，政策将围绕"促进需求"和"优化供给"展开，包括加快推进货币化安置城中村改造和危旧房改造，释放增量住房需求；优化核心城市的限制性政策，如降低房贷利率、降低交易税费等，以及完善存量商品房收储政策，盘活商办用房转为租赁住房等。

居民消费的持续复苏将成为2025年经济增长的核心驱动力，预计中国全年有望实现5%左右的GDP增长。这将推动优质零售物业的需求稳步上扬，特别是生鲜和仓储会员店、运动服饰、宠物用品、玩具游戏和奢侈品箱包等业态将表现出色。

其间，投资者情绪的改善和租赁市场的复苏将共同推动大宗物业交易活跃度的提升。随着市场信心的恢复，预计2025年将有更多的投资者进入市场，寻找优质资产的投资机会。

房地产企业将继续探索新的发展模式和业务模式，以应对当前的市场挑战。一方面，企业将推进开发与经营并重，构建轻重并举的业务组合，扩大轻资产业务；另一方面，企业将探索房地产信托投资基金，试水养老地产、产业园区、长租公寓等新业态，以实现多元化发展。

综上所述，2025年商业不动产市场将在政策支持和经济复苏的背景下，呈现租赁需求回升、零售物业需求增长和大宗物业交易活跃等积极趋势。同时，房地产企业也将通过探索新的发展模式和业务模式，实现多元化发展，应对市场挑战。

（一）零售商业市场预测

2025年，全国优质零售商业市场在经历前十年的供应高峰后，未来供应总量进入平稳状态，据世邦魏理仕数据统计，新增供应将从2000年前的431万平方米，回归平稳至387万平方米。全国零售商业市场迈过短期供应小高峰，其中八大主要一、二线城市吸纳量同比增长达10%，加之同期新增供应增速可达16%，空置率也将在2025年末随之小幅升高，但随着市场供应小高峰的逐年回落，空置率也将随之回落。

同期，由于消费补贴主要面向电商渗透率高或租金承付力较低的品类，消费回暖向租户信心和租金预算的传导仍需时间，加上2025年供应小高峰，业主将继续以有竞争力的租赁条件吸引优质租户。因此，预计主要城市购物中心首层租金短期内仍有下调压力，但2025年下半年有望逐步企稳。京沪两大门户城市以及当前空置率较低的杭州和南京，租金跌幅预计在1%以内，而广州、深圳、成都和天津的跌幅也将较2024年显著收窄。

2025年，大力提振消费成为重要的经济任务，年初中央财政已经预下达了2025年消费品以旧换新首批资金810亿元，并将补贴范围扩大至消费电子产品。这一政策举措预计将推动2025年全国社零总额实现约5%的增长。

市场趋势方面，主要更多考虑从"人的需求"角度出发提升对租户与客户的服务，总体如下。

情绪价值与品质消费兴起。中国消费者对商品和服务的需求从性价比转向质价比和心价比，更加注重品质和情绪体验。这一趋势将为零售物业租赁市场带来新的增长动力。未来三年，销售额和面积年均增速领先的业态将集中在生鲜和仓储会员店、运动服饰、宠物用品、玩具游戏和奢侈品箱包等领域。随着二次元经济的快速发展和"谷子店"的扩张,预计2025年二次元业态在一线及年轻人口占比较高的二线城市将保持强劲的租赁需求。

扩张升级与优化整合并行。总体上,零售品牌对中国门店布局保持积极策略,但自2024年下半年以来,租约重组、缩减整合等优化诉求呈上升趋势。一方面,零售商因2024年销售增长不及预期而采取降本增效措施;另一方面,在全渠道生态下,品牌更加注重实体门店的体验和坪效。例如,2024年安踏推出"超级安踏"门店,并开设了40余家,这种新型门店为消费者提供高质价比、全品类、一站式购物体验,从而提升店铺坪效、降低租售比。餐饮业态的门店策略则更倾向于小型化和高坪效。

优化空间效率。业主将重点关注通过优化和升级租户来提升运营表现,对优质租户的招商竞争将成为2025年租赁市场的焦点。优化空间效率是业主提升商场整体租赁表现的重要举措,包括化整为零的切铺和引入快闪店/短租。例如,广州领展中心城于2024年中完成地下一层调改,将家乐福切铺调整为休闲娱乐、餐饮和生活服务商家,投资回报率达到43.8%;2024年上半年,上海静安大悦城主题快闪销售收入突破6000万元。

(二)办公楼市场预测

预计2025年全国主要城市办公楼市场需求有所减缓,需求边际改善,依据世邦魏理仕预测数据,净吸纳量预计增长约10%,但需求复苏进程较为滞缓,市场租赁活动仍以存量租户流动为主,增量需求疲软。企业扩租意愿谨慎乐观,38%的受访企业计划在未来三年增加办公面积,略高于过去三年实际增加办公面积的企业占比。随着增量刺激政策的陆续出台,2025年有望进一步加速国内经济回暖速度、提振企业信心,但由于企业多数仍维持成本控制策略,未来12个月的租赁需求增量仍尚未明确。

租金及需求层面,2025年大部分市场租金继续承压,但跌幅有望收窄。一线城市的租金预计仍将面临下行压力,如仲量联行预测2025年北京甲级办公楼租金预计下调14.8%。租户倾向于利用当前市场条件争取更有利的租约,租赁成本是首要考虑因素,但楼宇配套设施和服务品质、便捷的交通

区位和可持续发展相关属性也具有重要影响。

尽管需求有所改善，但新增供应量较大，市场去化压力依然存在，尤其是短期内快速去化的压力较大。据世邦魏理仕预测，2025 年全国主要一、二线城市办公楼市场或将迎来约 640 万平方米新增供应集中放量，同比增长近七成，受到供应集中放量影响，预计年末全国办公楼市场平均空置率升至26.7%。一线城市的空置率也将面临上升压力，如深圳办公楼市场空置率将进一步走高。

随着人群对健康与环保的需求，智能化和绿色化或将成为写字楼市场的发展趋势。写字楼运营商服务能力亦有待进一步具象化提升，通过差异化定位和提升专业服务能力来应对市场竞争，提供定制化的办公空间设计、专业的 IT 支持以及安全服务等，以满足租户的特定需求并提升物业价值。

（三）酒店市场预测

行业整合加速，连锁化率持续提升。未来连锁化将继续上升，为酒店产品的标准化和专业化提供方向。连锁化的产品将使酒店产品进一步优化，从住宿体验到从业人员的专业度会进一步提升和改观。中端酒店仍是争夺焦点，同时高端度假、生活方式酒店和长租公寓混合业态将崛起。

人工智能与自动化深度融合发展，AI 将在客户服务、预订管理和个性化体验中发挥更大作用。聊天机器人、语音助手和自动化入住/退房系统将更加普及。同时通过大数据与个性化，酒店将利用大数据分析客户行为，提供更个性化的服务，如定制化房间设置、餐饮推荐和本地活动建议。

消费分层加剧，需求多元化，消费升级与降级并存。经济型酒店通过智能化改造提升性价比，高端市场则聚焦"体验溢价"，伴随客群需求的细分化，主题特色化酒店将进一步发展，更多元化的主题内容将形成新趋势，同时伴随旅游市场稳步发展及外籍旅客增加，酒店将提供更多本地化的服务和活动，如烹饪课程、文化 tours 和手工艺工作坊。

（四）公寓市场预测

2025 年是"十四五"保租房筹集计划的收官之年，还会有大量的保租房涌入市场。供应增加、需求疲软的市场现状可能导致租金和出租率进一步下降。

在政策驱动下，保租房供应量的激增，打破了部分重点城市的供需平衡。无论是保租房还是长租公寓都出现租金下跌、空置率上升、爬坡期拉长。这对于毛利较低的租住行业来说，无疑造成了经营性现金流和利润的双重打击。供应增加需求走低，让 2025 年的市场充满不确定性，传统二房东的生意不可持续。2025 年，长租市场的存量虽然仍有机会，但更加考验运营能力和投资眼光。向资管转型，或收缩规模拓展速度，回归经营提效，或寻求错位竞争，转向布局细分赛道。新的解题思路，期待新老主体在狭窄的空间中各显神通。

B.6
2024年住房租赁市场发展报告

程敏敏　梁宇宇 *

摘　要： 2024年，我国住房租赁市场发展呈现"总体平稳、区域分化、提质增效"的特征。中央及地方在住房租赁金融支持体系、存量资产盘活利用，以及行业立法、完善监管制度等方面持续发力，促进住房租赁市场持续、规范、健康发展。住房租赁企业发展稳健，更重视运营模式创新，寻求多元合作，以提升竞争力。但不可忽视的是，住房租赁市场现金流稳定性与回报率不高，产品同质化与需求未完全满足等矛盾与冲突长期存在，需要在动态发展中持续寻找平衡点。鉴于此，建议住房租赁企业从横向、纵向等多维度拓展业务，以实现不同业务板块间的协同反哺；未来发展回归"政府保基本、市场供多元"的住房租赁体系，并进一步健全监管体系，激发行业自律内生动力，推动住房租赁市场持续繁荣发展。

关键词： 住房租赁　租金　保租房　REITs

一　2024年住房租赁市场发展情况

2024年，住房租赁市场发展呈现"总体平稳、区域分化、提质增效"的特征。租赁房源多渠道供给增加，保障性租赁住房（简称保租房）市占率提升，但租金有所下降，区域间出现分化。头部企业通过提升产品力、精细化运营及多元化服务应对竞争。

---

* 程敏敏，中国房地产估价师与房地产经纪人学会研究中心主任，主要研究方向为法学；梁宇宇，博士，中国房地产估价师与房地产经纪人学会研究人员，主要研究方向为房地产经济。

（一）多渠道房源供给增加，保租房市占率提升

1.二手房出租挂牌量增加

2024年，受房地产市场整体调整影响，部分房源由出售转为出租，二手房出租挂牌量有所增加。根据Wind数据，2024年二手房出租全国平均挂牌量指数为194.09，同比增长16.85%。分城市来看，一线城市住房租赁市场较为稳定，挂牌量指数平缓中略有下降，二、三线城市平均挂牌量指数均上涨，上涨幅度分别为26.67%、20.13%。但从9月开始，全国及一、二、三线城市挂牌量指数均有所回落（见图1）。

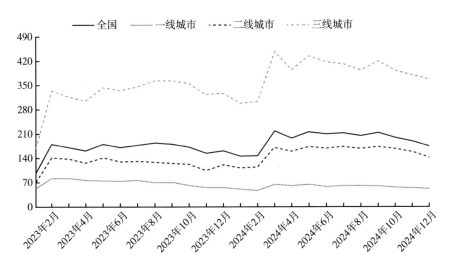

图1　全国及一、二、三线城市二手房出租挂牌量指数情况（以2015年为基期）

资料来源：Wind。

2.保租房持续供应，市占率进一步提升

国家统计局发布的国民经济和社会发展统计公报及公开数据显示，2024年全国配售型保障性住房、保租房和公租房等开工建设和筹集180万套（间），2021~2024年保租房累计入市700多万套（间）。随着保租房大量入市，住房租赁市场供应结构发生变化。克而瑞长租监测数据显示，截至2024年10月，北京、上海、广州、深圳、杭州、武汉、南京、成都等核心

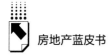

八城集中式公寓房源规模合计112.66万间，保租房规模40.6万间，市场占有率达到36.04%，三年内市占率增加13.69个百分点。① 同时，国企主导的保租房占比增加，市场份额自2023年第二季度以来的9%增加到14%。②

3. 规模化企业房源规模稳健拓展

规模化、机构化住房租赁企业通过新建、改建等方式，持续扩充租赁房源储备。以行业TOP50住房租赁企业为例，根据迈点研究院数据，2024年管理规模、开业规模分别为203.34万间、141.45万间，比2023年分别增长7.76%、13.19%（见表1）。从代表性集中式住房租赁企业管理规模情况来看，龙湖冠寓、华润有巢、上海城方、招商伊敦、中海长租公寓等企业，管理规模与上年持平或有所下降，但大部分企业管理规模有所增长。其中，城发美寓、万科泊寓、瓴寓国际、百瑞纪集团、城家、自如寓、联投新青年等企业，增加规模达1万间以上，城发美寓更是增加31771间，增长幅度超过30%，领先其他集中式住房租赁企业。从开业规模情况看，除两江·知寓、中海长租公寓、安居瑾家、东南公寓等规模保持不变或有所缩减外，大部分企业也呈增长态势。城发美寓、万科泊寓、瓴寓国际、城家、安歆集团、微领地集团、联投新青年等企业开业房源规模增长突出，均在8000间以上（见表2和表3）。

表1 TOP50住房租赁企业近两年开业规模和管理房源规模情况

单位：万间

年份	管理规模	开业规模
2023	188.69	124.97
2024	203.34	141.45

资料来源：根据迈点研究院发布的数据整理。

---

① 《保租房市占率已近四成，核心八城租赁市场分化》，https：//baijiahao. baidu. com/s? id = 1818399569787667617&wfr = spider&for = pc。

② 《克而瑞·2024年上半年住房租赁行业发展盘点》，https：//mp. weixin. qq. com/s? __biz = MzI5MDExNjU2Ng = = &mid = 2649751506&idx = 2&sn = bcfd45e42108f0161be3b37d85364530 &chksm = f507de12620d9d73bb949bb8b54f56f518adc9c424d65cece00453540d3ff16f125bf418a5fe &scene = 27。

表2　2024年代表性集中式住房租赁企业管理房源规模及同比情况

单位：间，%

序号	企业名称	2024年	2023年	增加规模	增长幅度
1	万科泊寓	264000	235825	28175	11.9
2	龙湖冠寓	160000	160000	0	0.0
3	城发美寓	132734	100963	31771	31.5
4	瓴寓国际	126575	104317	22258	21.3
5	魔方生活服务集团	116459	109882	6577	6.0
6	百瑞纪集团	99346	89116	10230	11.5
7	乐乎集团	79773	76223	3550	4.7
8	城家	59000	48330	10670	22.1
9	华润有巢	56000	56000	0	0.0
10	朗诗寓	55157	54500	657	1.2
11	自如寓	55099	45048	10051	22.3
12	雅诗阁	50756	48988	1768	3.6
13	上海城方	47827	50000	−2173	−4.3
14	招商伊敦	46100	46739	−639	−1.4
15	两江·知寓	44000	44000	0	0.0
16	联投新青年	40700	29571	11129	37.6
17	微领地集团	35663	29236	6427	22.0
18	安歆集团	35218	32308	2910	9.0
19	乐璟生活社区	32271	28085	4186	14.9
20	方隅公寓	32000	32000	0	0.0
21	恒泰星寓	26334	26000	334	1.3
22	抱家公寓	25942	22080	3862	17.5
23	金地草莓社区	24941	24111	830	3.4
24	碧家	21755	21067	688	3.3
25	城投宽庭	17778	17778	0	0.0
26	中海长租公寓	15787	16235	−448	−2.8
27	宁巢公寓	15653	11535	4118	35.7
28	乐柚公寓	12284	12078	206	1.7
29	莞寓	8235	6770	1465	21.6
30	新投海瑜公寓	6739	5097	1642	32.2
31	建方长租	6548	3459	3089	89.3

资料来源：根据迈点研究院发布的数据整理。

表3 2024年代表性集中式住房租赁企业开业房源规模及同比情况

单位：间，%

序号	企业名称	2024年	2023年	新增规模数	增长幅度
1	万科泊寓	188577	180223	8354	4.6
2	龙湖冠寓	124000	120000	4000	3.3
3	魔方生活服务集团	83338	76635	6703	8.7
4	乐乎集团	79773	76223	3550	4.7
5	瓴寓国际	74193	57062	17131	30.0
6	百瑞纪集团	67591	59318	8273	13.9
7	城发美寓	52208	30652	21556	70.3
8	自如寓	46911	45048	1863	4.1
9	城家	44000	35888	8112	22.6
10	上海城方	41034	34323	6711	19.6
11	安歆集团	37848	29185	8663	29.7
12	华润有巢	36745	31000	5745	18.5
13	两江·知寓	35000	35000	0	0.0
14	朗诗寓	34760	33036	1724	5.2
15	招商伊敦	32900	28231	4669	16.5
16	乐璟生活社区	32271	28085	4186	14.9
17	雅诗阁	29842	24259	5583	23.0
18	抱家公寓	25942	20684	5258	25.4
19	合肥安居集团·承寓	25854	23000	2854	12.4
20	金地草莓社区	17788	16801	987	5.9
21	联投新青年	17550	8103	9447	116.6
22	宁巢公寓	15653	7789	7864	101.0
23	德信随寓	15000	15000	0	0.0
24	微领地集团	14408	4916	9492	193.1
25	城投宽庭	13549	11968	1581	13.2
26	东南公寓	13000	13000	0	0.0
27	中海长租公寓	12484	12484	0	0.0
28	乐柚公寓	12284	12078	206	1.7
29	莞寓	6609	6098	511	8.4
30	建方长租	6548	3459	3089	89.3
31	安居瑾家	5984	8468	-2484	-29.3
32	新投海瑜公寓	5246	5097	149	2.9

续表

序号	企业名称	2024年	2023年	新增规模数	增长幅度
33	渝地辰寓	4032	4256	−224	−5.3
34	辉盛国际	3719	2996	723	24.1
35	铂顿国际公寓	3227	2901	326	11.2
36	湘江悦家	2728	2439	289	11.8

资料来源：根据迈点研究院发布的数据整理。

（二）租金有所下降，但区域间出现分化

2024年，受房源供应量增加、保租房价格竞争等多重因素影响，租金整体表现出下行趋势。根据中指研究院数据，2024年全国重点50城住宅平均租金累计下跌3.25%，跌幅较2023年扩大2.95个百分点。[①] 从月度变化情况来看，除3月、6月、7月受季节性需求短期因素影响，推动租金出现环比小幅上升外，全年大部分时段租金持续走低（见图2）。

从城市维度来看，租金出现分化，一、二线城市平均租金分别下跌2.97%和1.76%，三、四线城市上涨2.42%，主要受就业、收入以及部分城市人才吸引政策影响，人口由一线城市向三、四线城市流动，使城市间租金出现差异变化。如郑州、杭州、成都、武汉、常州等城市通过出台租房补贴、创业扶持等政策吸引了大量人才，推动当地住房租赁市场繁荣。URI城市租住发布的《2024中国租客群像百态》也显示，杭州市政府为符合条件的人群提供每年1万~1.2万元的租房补贴，大批上海互联网从业者的涌入，带动了杭州新经济开发区周边租赁市场的繁荣。[②]

（三）住房租赁市场发展潜力持续被看好

一是住房租赁企业数量持续增加。尽管宏观经济环境和市场租金出现一

[①] 《全国重点50城房租平均35.4元/平方米/月，同比下降3.25%》，https://finance.huanqiu.com/article/4KyIVmgNDCi。

[②] 《市场调研 | 2025年中国租客群像百态》，https://zhuanlan.zhihu.com/p/21573294226。

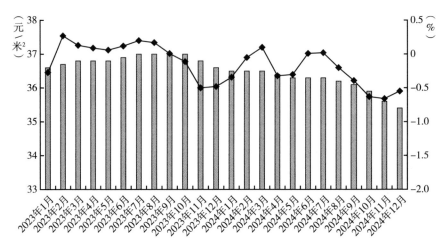

图2 2023~2024年50城住宅平均月租金与环比涨跌幅

资料来源：中国指数研究院。

定下行趋势，但社会仍然看重住房租赁市场发展潜力，住房租赁企业数量继续保持增加态势。截至2024年12月31日，在经营范围中涵盖"住房租赁"、所属行业为房地产且营业状态为存续的企业数量为46.3万家，全年新增约8万家（见图3）。

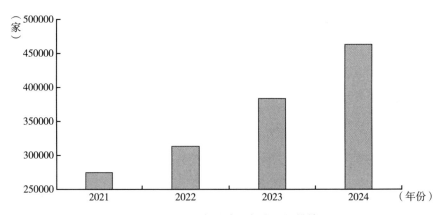

图3 2021~2024年住房租赁企业规模情况

资料来源：企查查。

二是 REITs 项目保持稳健。在当前宏观经济环境下，住房租赁项目资产保持稳健。已上市的 6 单保租房 REITs 第四季度出租率基本上保持在 90% 以上，合计实现收入 1.39 亿元，分红方面合计实现经营性现金流净额 1.13 亿元，可供分配金额 1.01 亿元（见表 4）。

表 4 已上市保租房 REITs 运行情况

名称	发行时间	收入（万元）	出租率（%）	分派（%）
华夏北京保障房 REIT	2024 年	1816.7	94.4	4.5
红土深圳安居 REIT	2022 年	1332.8	92~97	4.2
中金厦门安居 REIT	2022 年	2010.0	99	4.0
招商蛇口租赁住房 REIT	2024 年	2068.6	89（整体）	3.8
国泰君安城投宽庭 REIT	2024 年	4677.7	92.5	4.7
华润有巢 REIT	2024 年	1978.3	95.7（个人租户）	3.5

资料来源：《证券日报》，迈点研究院。

三是住房租赁项目大宗交易逐渐受关注。住房租赁项目市场需求较为稳定，运营管理相对灵活，可以根据市场快速调整租金策略和运营模式，具有较强的抗周期性，加之国家政策利好，增加了退出途径，为一级市场收购项目提供了更为清晰的价值锚点，逐渐成为大宗交易市场关注的业态之一，交易宗数与占比均呈上升态势。据不完全统计，仅 2024 年上半年，中国住房租赁项目大宗交易共计 69 宗，建筑面积超 160 万平方米，整体交易额超过 212 亿元，共涉及超 3.5 万套租赁住房。[1]

（四）企业积极探索新发展模式

2024 年，住房租赁企业不断创新运营模式，寻求多元合作，科技赋能提升运营效率，更重视绿色低碳、承担社会责任等可持续发展理念，以及布

---

[1] 《戴德梁行发布〈中国租赁住房市场：投资潜力与价值洞察〉报告 》，https：//baijiahao.baidu.com/s？id=1815050185813639915&wfr=spider&for=pc。

局住房租赁公募 REITs。

一是重视运营模式创新，寻求多元合作。部分住房租赁企业尝试"长短租"混合经营模式，以适应市场变化。部分企业与国际租住平台、国际知名酒店开展合作，如自如比邻与新加坡国际租住平台 Cove 达成合作，优化产品设计，实现资源共享，将自如比邻的业务模式与 Cove 全球业务扩展相结合。此外，双方还在品牌联动、技术合作、项目投资以及家具供应链管理等方面进行深度合作探索。中海长租公寓携手洲际酒店集团于深圳湾超级总部基地打造住房租赁项目深湾玖序花园，该项目是洲际酒店集团在中国区首个自持住宅合作项目，是国内住宅开发、服务式公寓与国际知名酒店专业化管理资源深度融合、共创共赢发展之路上的探索。

二是重视企业的可持续发展。魔方生活服务集团发布的 ESG 发展报告，用"新生"定义未来租住生活，在为租客打造绿色生活体验上，通过优化设备和调整运营模式，大幅降低单间公寓耗电量。部分项目引入光伏系统，每年减少碳排放量超过 6600 千克。全面使用 E1 级及以上环保材料，确保室内空气质量健康，守护租客的生活安全。在打造智慧社区方面，通过"魔方智联"平台，支持远程门锁管理、无人快递收件等功能，让租客日常生活高效便捷。结合租户画像和大数据分析，动态调整租金价格，提供更具性价比的选择，满足不同租客群体对租住成本的需求。推出宠物友好房型、文创定制产品等服务，满足租户对情感和生活品质的双重追求。华夏北京保障房 REIT 也发布了首份年度 ESG 报告，是其贯彻创新理念、可持续发展理念的实践尝试。

三是积极布局住房租赁公募 REITs。2024 年住房租赁 REIT 的申报项目中存量盘活类型底层资产比例提升。如汇添富上海地产租赁住房 REIT 和华泰紫金苏州恒泰租赁住房 REIT 相继在上交所申报。这两单公募 REIT 的租赁住房运营主体，分别是上海和苏州区域内管理规模最大的国有租赁住房运营企业，其中苏州恒泰租赁住房项目中 87% 为存量盘活改造类项目，为市场上的优质存量资源资产盘活、改建保租房项目提供有益借鉴。

二 2024年住房租赁相关政策

2024年，国家层面的住房租赁政策主要集中在金融领域及支持收购存量商品房用作保障性住房等。地方政策除贯彻落实国家重要部署外，在拓宽租赁住房筹集渠道、完善行业监管制度等方面持续发力，政策出台频次较以往显著增加。

（一）国家出台的重要政策措施

2024年，国家层面已出台的住房租赁支持性政策及后续拟进一步研究出台的支持政策如下。

1. 金融支持体系逐步完善

1月5日，中国人民银行、国家金融监督管理总局发布《关于金融支持住房租赁市场发展的意见》，从加强住房租赁信贷产品和服务模式创新、拓宽住房租赁市场多元化投融资渠道、加强和完善住房租赁金融管理等方面推出17条举措，为住房租赁市场的发展提供强有力的支撑，明确加大住房租赁开发建设信贷支持力度，进一步拓宽住房租赁企业投融资渠道，支持商业银行向依法合规新建、改建长期租赁住房企业发放住房租赁开发建设贷款等内容，精准聚焦住房租赁企业长期面临的融资难困境，极大地改善了融资环境，利于激发市场活力。7月26日，国家发展改革委发布《关于全面推动基础设施领域不动产投资信托基金（REITs）项目常态化发行的通知》，明确市场化租赁住房等资产可申报发行REITs。具体来看，租赁住房领域可申报发行REITs的项目有各直辖市及人口净流入大城市的保租房项目、公共租赁住房项目，由专业机构自持、不分拆单独出售且长期用于出租的市场化租赁住房项目，以及专门为园区入驻企业提供配套服务的租赁住房项目（园区范围与"园区基础设施"的范围要求一致）。

2. 支持收购存量商品房用作保障性住房

党中央、国务院及各部门多次表示收购存量商品房用作保障性住房。6

月 20 日，住房和城乡建设部召开收购已建成存量商品房用作保障性住房工作视频会议，推动城市有序开展收购已建成存量商品房用作保障性住房。住房和城乡建设部同时还发布《关于做好收购已建成存量商品房用作保障性住房有关工作的通知》。中共中央政治局 7 月 30 日召开会议，强调"坚持消化存量和优化增量相结合，积极支持收购存量商品房用作保障性住房"。11 月 8 日，全国人大常委会举行新闻发布会，财政部负责人会上表示，财政部正在配合相关部门研究制定专项债券支持回收闲置存量土地、新增土地储备，以及收购存量商品房用作保障性住房等。在 2025 年 1 月 10 日国务院新闻办公室举办的"中国经济高质量发展成效"系列新闻发布会上，财政部副部长廖岷进一步介绍，正紧锣密鼓推进专项债支持收购存量商品房用作保障性住房的政策，财政部正在配合相关行业主管部门抓紧研究，细化有关措施安排。

3. 保障性住房再贷款政策落地

5 月 17 日，中国人民银行宣布设立 3000 亿元保障性住房再贷款，引导金融机构按照市场化、法治化原则，支持地方国有企业以合理价格收购已建成未出售的商品房，用作配售型或配租型保障性住房，这是房地产市场去库存的一项重要举措。为进一步增强对银行和收购主体的市场化激励，9 月 29日，中国人民银行印发通知，进一步优化政策，保障性住房再贷款政策中中国人民银行出资比例由原来的 60% 提高到 100%。在政策的推动下，各金融机构予以落实，如 2024 年，国开行用好保障性住房再贷款政策，重点支持广西、江苏、河南、吉林、四川等地收购已建成存量商品房用作配售型、配租型保障性住房，带动相关城市消化存量商品房近万套。[①]

（二）地方出台的政策措施

1. 落实收购存量商品房用作保障性住房

结合房地产市场情况，各地积极推进收购存量商品房用作保障性住房工

---

① 《国开行 2024 年支持收购近万套存量商品房用作保障性住房》，https：//baijiahao.baidu.com/s？id=1823092711335875399&wfr=spider&for=pc。

作。截至 2024 年 11 月，全国已有超过 60 个城市表态支持存量商品房收储用于保障性住房，超过 30 个省市落地首批房源征集细则，明确了商品房收储需满足的条件，① 部分省市落地金融支持项目（见表 5）。截至 11 月 25 日，广西已完成协议收购存量商品住房用作保障性住房 2876 套，总面积达 30.13 万平方米。昆明市两次发布《关于征集商品住房用作保障性住房的公告》，两轮报名征集到 28 家企业 34 个项目，可提供住宅房源 13558 套，房源面积约 131 万平方米。

从发布的收储公告等文件来看，各地均从收购主体、拟收购的房源性质、面积、权属等方面做出了要求。从拟收购的房源来看，以现房、商品房为主，面积低于 120m²，大多要求已取得竣工备案手续，权属清晰，可办理不动产权证书，优先按照整栋、整单元收购。也有部分城市要求更为宽松，如合肥收储房源可以为进入司法处置程序的法拍房，沧州则明确房源无查封情况。②

表 5　各地金融机构支持收购存量商品房用作保障房情况

省份	银行	贷款情况
四川	中国农业发展银行四川省分行	2024 年 12 月 3 日,投放住房租赁团体购房贷款 2 亿元,用于支持收购乐山市 2994 套已建成存量商品房用作保障性住房项目建设
	国家开发银行四川省分行	在眉山市发放住房租赁团体购房贷款 4 亿元,用于收购 1963 套已建成存量商品房用作保租房
湖南	中国邮政储蓄银行湖南省分行	2024 年 12 月 10 日,为长沙市政府选定的收购主体发放 1 亿元住房租赁团体购房贷款,期限 30 年,支持其收购 436 套存量商品房用作配租型保障性住房
	交通银行湖南省分行	常德经开区龙潭共享谷项目成功获批 8000 万元住房租赁团体购房贷款授信,首笔贷款 5655 万元已发放,贷款期限为 30 年,涉及存量房源 196 套

---

① 《存量房"收储"加速落地　有何影响？哪些难题有待破解？》，https：//mp. weixin. qq. com/s? __biz=MzA4MDQ2NDYxNg==&mid=2651756015&idx=1&sn=36526ce533f9c0f5dbf 63ac0996fff2b&chksm=8459ea68b32e637ed74dbe2a9c58e6ddd3ca62765b62b5203a30982fd101 e593489a784199c2&scene=27。

② 中国房地产估价师与房地产经纪人学会承担的课题"配售型保障性住房有关问题研究报告"中的分析内容。

续表

省份	银行	贷款情况
湖北	国家开发银行、中国银行、中国建设银行湖北省分行	截至2024年12月19日,分别为武汉市国有企业收购的多个项目提供贷款授信27.5亿元,发放贷款3.4亿元
安徽	中国农业银行、中国银行、中国农业发展银行安徽省分行	为国有企业收购亳州市蒙城县濮水庄园项目865套住宅、六安市舒城县万达公寓项目685套小户型公寓共计提供5.35亿元贷款授信
山东	中国工商银行山东省分行	为济南市政府选定的收购主体"济南城市发展集团"发放省内首笔收购已建成存量商品房用作保障性住房贷款,授信金额1.1亿元,首批到位贷款金额8121万元,期限25年,支持其收购保利中科创新广场公寓项目用作配租型保障性住房,涉及房源531套
浙江	中国工商银行金华市分行	成功发放浙江省首笔支持地方国企收购已建成存量房用作保障性住房的贷款,授信金额7000万元,首笔1600万元贷款已发到位,用于支持金华地方国有企业收购近200套已建成商业房用于保障性租赁住房
天津	国家开发银行天津市分行	发放天津市首笔配售型保障性住房贷款2.16亿元,专项支持红桥区丽水苑二期地块保障性住房项目,将提供约458套配售型保障性住房
江苏	国家开发银行苏州分行	牵头发放银团贷款11亿元,支持地方国有企业收购房企未出售房源,改造为保障性住房
重庆	中国工商银行重庆市分行	支持重庆嘉寓房屋租赁公司、重庆建渝住房租赁基金,共收购了7个项目,合计4207套房源
河南	多家银行	支持郑州累计收购存量商品房项目96个,12万间以上的房源 中信银行郑州分行落地发放全行首笔"卖旧买新"保障性租赁住房项目贷款
福建	多家银行	支持福州收购存量商品房用作保障性租赁住房共9501套
贵州	多家银行	支持贵阳全市收购存量商品房5162套
吉林	多家银行	支持长春已收购存量商品房用作保障性住房6837套
江苏	中国工商银行常州分行	通过组建行外银团方式,完成常州市首单"收购存量商品房用作保障性租赁住房"的项目贷款审批,支持收购存量商品房1240套
江西	中国建设银行江西省分行	向上饶市发放贷款2400万元,期限27年,利率2.95%,支持上饶市政府选定的收购主体收购上饶市尚书苑项目105套存量商品住房用作保障性租赁住房
广西	多家银行	完成收购存量商品住房用作保障性住房2876套,面积30.13万平方米。下一步,广西将加快推动项目落地并做好配租、配售工作,指导各地出台和完善保障性住房政策体系,有效缩短保障房轮候周期,加快优化保障房供给

资料来源:根据各地金融机构官网、公众号相关内容整理。

2.出台住房租赁立法文件

继北京、上海、武汉出台地方住房租赁条例外,2024 年以来围绕住房租赁行业管理、保障性住房运营等,多个城市在住房租赁领域立法,如郑州、贵阳分别发布《郑州市住房租赁管理条例》《贵阳市住房租赁管理条例》,明确出租与承租行为有关内容,并对住房租赁及住房租赁经纪经营进行规范,如要求从事住房租赁经营的,其名称和经营范围应当注明"住房租赁";实行住房租赁企业、房地产经纪机构从业人员实名从业制度等;福建省住房和城乡建设厅等五部门印发《福建省保障性租赁住房运营管理办法》,旨在规范保障性租赁住房的运营管理,明确了保障性租赁住房的定义、适用范围以及房源出租、使用、退出、监督等方面的运营管理规定;嘉兴发布《嘉兴市保障性租赁住房租赁运营管理办法(试行)》,进一步规范保障性租赁住房管理,对保障性租赁住房的总体要求、职责分工、租金标准、租赁期限、租赁终止等方面做出了详细规定。

3.建立健全监管制度

各城市因地制宜,从加强资金和从业人员监管、建立信用评价机制等方面积极构建管理制度,并开展租赁市场违法违规行为整治,规范市场主体行为,保护消费者权益。如北京、广州、郑州加强住房租赁资金监管,杭州发布住房租赁企业"风险名单"和"白名单",上海加强住房租赁备案管理等(见表6)。

表6　各地加强住房租赁行业监管的措施

地区	监管措施
北京	10 月 1 日起施行《北京市住房租赁押金托管和租金监管暂行办法》,引入市资金中心作为第三方独立监管机构;预收超过 3 个月租金的全部存入监管账户,鼓励使用数字人民币进行押金托管和租金监管交易。据北京市住房资金管理中心统计,截至 2024 年 11 月末,以北京市房屋租赁服务平台获取备案数据为基础,获取备案合同 6.6 万笔,累计住房租赁 2.3 亿元押金和租金应纳入监管,其中押金占 99.5%。因租赁合同到期或提前解约,退款 609.9 万元 海淀区针对不按规定登记租住人员信息、出租住房存在治安隐患、单位承租住房未履行安全管理责任以及违反规定出租短租住房等问题进行排查整治,依法处罚违规房东

续表

地区	监管措施
广州	出台《关于开展住房租赁资金监管工作的通知》,住房租赁企业单次收取租金超过3个月或押金超过1个月的,须将资金纳入监管账户;企业需在经营场所、合同及平台公示监管账户信息
成都	住建局指导涉房互联网平台升级改造,实现与成都住房租赁交易服务平台的数据共享及互联互通,开展经纪机构、从业人员以及挂牌房源信息的在线核验工作
上海	洋浦经济开发区国庆期间严格执行房屋租赁登记备案制度;开展租赁房屋安全隐患大排查;规范房地产经纪机构业务承接、房源信息发布,加强房地产经纪行业信用管理。 闵行区对全区近400家长租公寓开展了治理整顿,据闵行区《关于本区开展"非居擅自改建长租公寓"项目治理整顿的工作方案》统计,共有各类集中式租赁住房项目480余个,擅自改建的长租公寓项目共计360余个,约占总量的75%。治理行动将取缔关闭部分低端高风险公寓项目,消除安全隐患
福建	编制了《福建省集中式租赁住房设计导则(征求意见稿)》,向社会公开征求意见
广州	番禺区搭建调研议事平台,构建"政策送达+动态跟踪+问题督导"的监督管理模式,建强宣传服务阵地,加强租赁登记备案宣传管理等工作
安徽	加快整治规范住房租赁市场,要求建立政府住房租赁交易服务平台,严禁操纵经纪服务收费,加大反垄断监管执法力度
深圳	发布了《深圳市住房租赁企业信用管理办法(征求意见稿)》公开征求各界意见。该办法对住房租赁企业信用信息采集与认定、信用评价、信用修复、信用激励和惩戒、监督管理等进行了明确,根据评价总分将住房租赁企业信用等级划分为五个等级,并明确了信用激励和惩戒有关措施
合肥	根据《合肥市住房租赁企业信用信息管理办法(试行)》等文件规定,开展2023年度住房租赁企业信用评价
杭州	发布2024年第四季度住房租赁企业"白名单",共57家住房租赁企业被纳入,其中新增7家,减少3家
太原	明确规定住房租赁中介需参加培训考核方可上岗。拒绝接受培训和考核的从业人员,将按照相关文件要求,停止其互联网平台房屋租赁信息发布权限,对已发布的房源信息、租赁信息予以下架处理;同时加大互联网监控力度,将违规发布租赁信息的企业和人员列入风险名单,在主管部门官方网站定期公示

资料来源:根据各地住房租赁管理部门官网、公众号相关内容整理。

(三)行业组织加强自律管理的举措

2024年,全国及地方住房租赁行业自律组织开展了形式多样、内容丰富的促进行业自律的活动或举措（见表7），主要包括：一是发布自律公约，开展自律承诺活动，促进行业诚信服务；二是结合当前行业发展趋势，适时召开研讨会、交流会等，加强从业人员培训，加强行业服务意识；三是开展便民活动。

表7　行业组织加强自律管理的举措

地区	项目	主要内容
全国	中房学等举办中国住房租赁论坛	联合中国建设报社、湖北联投等，举办主题为"可持续的住房租赁"2024中国住房租赁发展论坛
	中房学召开全国房地产经纪和住房租赁行业组织工作交流会	围绕住房租赁行业及自律管理等内容进行研讨
	中房学加强行业标准体系建设	《住房租赁基本术语标准》公开征求意见；修改完善住房租赁运营流程及服务内容指引
	中房学征集住房租赁典型案例	公开征集典型住房租赁项目案例，并编入2024年《中国房地产发展报告》
	中房学对外委托行业发展课题	对外委托"发达国家和地区住房租赁相关标准建设情况及借鉴研究""配售型保障性住房管理制度研究""保障性租赁住房制度发展及趋势研究""住房租赁承租人居住公约(推荐文本)研究""住房租赁产品和服务评价标准研究""住房租赁企业经营风险识别及监测预警研究"等课题
重庆	重庆市房地产业协会举办《重庆市住房租赁消费风险防范提示》发布暨自律公约签署活动	30家相关企业现场签订《重庆市住房租赁行业自律公约》，承诺按要求公示企业及房源信息、不虚假宣传等
广州	广州市住建局主办，建行广州分行和广州市房地产租赁协会承办广州市住房租赁资金监管系统上线暨住房租赁行业自律倡议活动	"严自律·促发展·惠安居"规范租赁市场秩序与强化租赁企业自律倡议，30余家住房租赁企业响应
北京	北京房地产中介行业协会举办"AI赋能经纪人"主题沙龙	58安居客、众诚易居、壹卓住房租赁、顺益兴、兴商等10余家企业参加了活动
	朝阳区住房租赁中介行业党委2024年度第四次会议	举办行业大讲堂；成立调解中心；开展多场消防安全生产培训。自如、美联、麦田等企业参加

地区	项目	主要内容
北京	北京市住房和城乡建设委员会、共青团北京市委员会、海淀区房管局、共青团北京市海淀区委员会共同指导,清华大学党委研工部提供支持的2024年度"毕业季租房服务进校园"系列活动在清华大学启动	首场活动中,近30家企业进驻现场,推出适配房源以及优惠措施。邀请北京市律师协会律师为同学们解读住房租赁相关政策及法律知识。北京住房公积金管理中心在现场提供了公积金缴存、提取使用等方面的政策普及宣讲及咨询服务

资料来源:根据各住房租赁行业组织官网、公众号相关内容整理。

三　住房租赁市场发展展望

(一)市场端:住房租赁市场将稳中向好发展

从需求来看,住房租赁需求将有所增长。2025年全国两会上,人力资源和社会保障部部长表示,2025年高校毕业生1222万人,较2024年增加43万人,为住房租赁需求带来基础支撑。同时,2025年以来,各地区各部门深入贯彻落实中央经济工作会议精神,实施更加积极有为的宏观政策,促进经济平稳健康发展,经济发展态势向新向好,就业形势也将有所好转,进一步带动住房租赁需求。

从供应上看,在房地产市场消费信心提振下,租赁房源空置率将下降。2024年第四季度以来,房地产市场开始筑底止跌回稳,2025年1~2月延续企稳态势,预计部分租赁房源将转为出售。另外,保障性租赁住房入市节奏减缓对市场化租赁的影响将有所减弱。住房和城乡建设部有关负责人介绍,"十四五"期间,全国计划筹集建设保障性租赁住房870万套。截至2024年底,已累计筹集727.2万套,预计2025年筹集150万套左右,比2024年、2023年、2022年分别减少30万套、60万套、90万套,保障性租赁住房入市节奏趋缓,将为市场化住房租赁释放更多发展空间。

（二）企业端：对AI的运用更加深入有针对性

目前，AI技术在住房租赁领域的运用，主要集中在客服服务、房源客源智能匹配以及推广文案自动生成等方面。随着各行业对AI技术使用的深入，个性化、深度化AI产品逐渐开发。境外住房租赁企业已经开始尝试AI的深度应用，如位于美国休斯敦的J Turner Research公司，利用AI处理和整合客户评价，并分析评价提供的建设性意见。[①] 预计越来越多的住房租赁企业重视AI技术的深度挖掘，包括进行经营成本和收益测算，挖掘细分市场机遇，科学合理确定选址，进而有针对性地调整经营战略；对租金进行合理定价，为业主提供参考，提升交易效率；审核服务合同，优化管理流程；甚至根据成交数据和房源、客源信息，自动形成行业报告，衍生出有价值附属产品或服务等。

（三）管理端：行政监管力度和人员管理将加强

一是系列管理制度将加速构建。继北京、上海、武汉、郑州等城市出台地方性住房租赁条例后，国家层面的住房租赁管理条例也已提交国务院进行审议，立法有望取得实质性进展。聚焦条例的贯彻落实，各地将发布细化文件，加快构建相应管理制度和管理机制，如住房租赁企业和住房租赁经纪机构备案管理、公示信息规范、信息发布规范、租金监测机制等，全方位加强对住房租赁行业的管理。

二是人员资格管理和培训体系形成。2024年住房租赁员作为房地产经纪人下的职业工种纳入职业分类大典，配套的职业标准编制也将提上日程。作为全国性住房租赁、房地产经纪行业组织，中房学一直负责对房地产经纪专业人员职业资格的管理，加强对住房租赁人才的培养，组织机构和专家学者开展相应标准的编制，这也是其积极履行住房租赁行业自律管理职责、完善自律管理体系的体现。

[①] ICCRA住房租赁产业研究院：《AI人工智能改变长租公寓行业的5种方式》，https://m.163.com/dy/article/J6T5G2T105530RXA.html。

四 住房租赁市场发展问题与建议

2015年、2016年，住房和城乡建设部、国务院办公厅先后发布《关于加快培育和发展住房租赁市场的指导意见》《关于加快培育和发展住房租赁市场的若干意见》，提出加快培育和发展住房租赁市场的意见。经过十年的探索和实践，住房租赁取得长足进步，建立了公租房、保障性租赁住房、市场化租赁住房多层次住房租赁体系，形成了私人业主、专业化住房租赁企业、政府等提供，金融保险部门、央国企等深度参与的多元化市场主体，涌现了租赁社区、重资产、中资产、轻资产等多样化业态；住房租赁规模在企业和从业人员数量、管理房源规模等方面实现了大幅增长；不少地方发布住房租赁条例，行业监管和自律管理体系不断建立健全，租赁市场秩序有所改善等，行业发展还面临市场庞大但回报率不高、产品类型丰富但需求尚未满足、行业管理与市场发展不平衡等矛盾与挑战，且将长期存在，需要长时间关注并解决。

（一）市场庞大但回报率不高

1. 问题：政策红利带来规模化企业发展，但回报率低将长期存在

2016年以来，国家在金融、财税、土地等方面发布了多项政策，支持住房租赁市场的发展，部分企业逐渐实现盈利，如万科年报显示，2023年，万科租赁住宅业务（含非并表项目）实现营业收入34.6亿元，泊寓业务在成本法下首次实现整体盈利；龙湖在2021年业绩发布会上，正式对外宣布当年是冠寓整个航道的盈利元年，成为首个正式对外宣布实现盈利的集中式长租公寓；贝壳找房2024年财报显示，其租赁业务的利润贡献率也由亏转盈，从-1%升至5%。但从投资回报率（用租金和房价比粗略计算）来看，自2018年以来，全国平均值为2%左右，且有下行趋势，北京、天津、上海、广州、南京、杭州等城市不到2%，与制造业、零售业、科技行业10%甚至20%以上的投资回报率相比，处于较低水平。

2.发展建议：多元化业务布局，优势互补实现稳健经营

住房租赁具有民生属性与长期现金流稳定特性，决定了从事住房租赁业务难以实现高利润率，但其长期稳定现金流能为其他业务提供源源不断的资金支持，其他业务的收入又反哺住房租赁业务的可持续发展。为此，住房租赁企业要坚持长期主义，并积极拓展多元化业务，利用资源优势形成协同效应，提升企业抗风险能力。从德国、日本等住房租赁企业发展经验来看，其也多以住房为核心，延伸拓展关联业务，如德国最大的住房租赁企业 Vonovia，业务内容包括资产管理和物业管理，前者具体涵盖收租、建设和优化住宅以及并购和出售资产，后者有客户服务、居住环境服务和技术服务，同时还包括金融税务支持、IT 等。① 日本最大的住房租赁企业大东建托，也是日本头部建筑商。国内部分头部住房租赁企业，近年来也积极拓展多元化业务。

借鉴境内外房地产企业的发展经验，住房租赁企业可以从以下几种模式中拓展业务。

一是"开发+租赁经营+物业管理"等上下游拓展，这是具有开发背景的企业普遍采取的方式。房地产企业集团内同时开展开发、租赁、物业等多元化业务，将开发的房屋直接用于租赁，或者将销售情况不佳或闲置的商业等物业改建为租赁房源，提高资源利用效率，如万科将其位于北京顺义的天竺万科中心 D 座、万科 28 街区 2 号楼商务办公项目改建为宿舍型租赁住房②；龙湖集团在"一个龙湖"生态体系下，构建了开发、运营、服务三大业务板块，"1+2+2"五大航道，具体包括地产开发、商业投资、长租公寓、物业管理、智慧营造。③

二是"境外+国内+保洁、装修等其他服务"，典型如自如。作为国内轻

---

① 《转型战略思考："租购并举"的德国之路》，https：//cj. sina. com. cn/article/detail/634850
8660/539989。

② 《顺义首批商务办公楼改建宿舍型租赁房项目获批！》，https：//baijiahao. baidu. com/s? id =
1717364443862683873&wfr=spider&for=pc。

③ 《谷底一年 | 冠寓的关键词》，https：//xueqiu. com/5168112720/273452111? md5__1038 =
eqUxBiD%3DGQitG%3De4GNDQub3xfxQTZO7rCxTD。

资产模式住房租赁企业的代表，自如近年来也积极寻找多元化增长点，如2024年5月，聚焦中国留学生提供海外租房，推出国际租住平台"自如比邻ZABIT"，覆盖中国香港、英国伦敦等境外20余个城市，房源2万余间。同时，自如还将业务触角向外延伸，面向社会广泛提供专业保洁服务，不断扩大品牌影响力。

三是"经纪服务＋租赁经营"，如最大的房地产服务平台贝壳找房。贝壳找房近年来积极拓展开发、租赁业务，并借助其强大的品牌影响力、信息发布平台、链接的规模庞大的房地产经纪机构和从业人员及客户资源，快速占领住房租赁经营领域。根据贝壳找房2024年财报，得益于在管房源规模的快速提升，其租赁业务在2024年全年净收入143亿元，同比增长135%；截至第四季度末，省心租在管房源规模超过42万套。自如于2025年3月，也推出品牌"自如美家二手房"，在二手房买卖领域布局。

（二）产品类型丰富但需求尚未满足

1.问题：同质化产品与部分需求产品不足

在规模化、机构化住房租赁企业发展初期，针对不同客群提供具有一定的区分度和差异性的住房租赁产品，如"自如友家"面向合租群体提供合租住房，魔方聚焦解决都市青年"蜗居痛点"，提供集中式公寓产品，YOU+国际青年社区以"社群运营"为核心，通过公共空间活动吸引刚上班的年轻群体，安歆专注为企业员工提供住宿产品等。随着市场竞争的加剧，住房租赁市场产品不断增多，但各企业在细分市场的界限越发模糊，主流客户群体高度集中于青年群体，增值服务也以家居保洁为主，产品基本趋同。另外，家庭式、改善性租住需求等未能得到有效满足。由清华大学房地产研究中心、自如研究院等发布的《2025中国城市长租市场发展蓝皮书》显示，在全国40个重点城市的租赁市场中，35岁以上的租客占比达到35%以上，较2021年显著增加4.9个百分点，成为租客中占比提升最快的群体；个人业主手中的房源普遍存在"老旧"问题，超50%房源房龄超10年以上，超

20%房源房龄已有20年以上①，无法满足改善性租赁住房需求。

2. 发展建议：加强协作，深耕细分市场

聚焦未来可持续发展，住房租赁企业可以从以下几个方面发力。

一是在青年群体租住上加强协作。当前，面向新市民、青年人群体的租住需求已经得到较好满足，部分区域甚至已经达到饱和，企业可以在保持既有规模的经营并不断优化服务的同时，发挥不同企业资源和专业优势，实现共赢，如华润、武汉联投、安居集团等国央企及民营开发企业，凭借雄厚资金实力拓展房源，乐乎、优客逸家等企业则专注租赁运营服务。

二是在家庭、改善等新的住房租赁细分市场深耕。此类细分市场需求量大、支付能力强，且租住一般为长期需求，未来会有较大空间。同时，考虑到家庭租住群体常涵盖老人与小孩，对家政服务需求逐渐提高。调研显示，2022年有93.8%的消费者使用过家政服务，尤其是对"养老"和"托育"服务有广泛需求。② 从当前家政服务水平来看，痛点诸多，这也正是品牌住房租赁企业切入市场、开拓新盈利增长点的很好机会。

三是特色化或定制式租住产品。如上海建信住房公司推出的"租赁+养老"的趸租模式，通过市场价取得老年人房屋五年的租赁权，以优惠价格向中心城区就业的新市民、青年人和各类人才出租。同时，上海建信住房公司在嘉定等郊区，以趸租五年的形式租赁存量公租房、保租房、社会化租赁房屋，在适老化装修后提供给趸租项目老人使用。③ 另外，"居住+办公"等"灵活租期+共享办公"产品也逐渐兴起，如LIPPO公社，提供长租公寓+联合办公产品；"芳草寓"众创空间，营造"楼上居住+楼下办公"的浓厚创业氛围，皆为租住市场注入新活力。

---

① 《量升价稳！北京住宅租赁市场迎"小阳春"，租客也挑"好房子"》，https://www.toutiao.com/article/7491185649865802279/？upstream_biz=doubao&source=m_redirect&wid=1744198828978。

② 《法制标准缺失 专业程度有限 供需矛盾突出 需进一步加强家政服务行业信用体系建设》，https://www.ndrc.gov.cn/wsdwhfz/202303/t20230315_1350958_ext.html。

③ 《建行上海市分行与上海建信住房联手探索"趸租"养老模式》，https://jrj.sh.gov.cn/YX180/20231101/098a081e9c1543f99015a053bd37bfbd.html。

（三）行业管理与市场发展不平衡

1.问题：管理与市场化发展均需加强

一是资金监管机制尚未建立。在解决住房租赁如租赁关系不稳定、随意涨租等痛点问题方面，国家和地方通过市场整治等方式予以治理，同时建立了企业报备制度、租金监测机制等，但防范企业暴雷卷走业主或承租人租金的资金监管机制尚未全面建立。

二是纠纷调解组织作用未显现，承租人维权成本较高。为加强对住房城乡建设领域民事纠纷诉源治理，住房和城乡建设部和最高人民法院建立了"总对总"在线诉调对接机制及调解平台。据了解，由各级行业组织、住建部门等组建的调解组织入驻平台的约有160家，但因租赁纠纷琐碎、涉及金额不高，申请通过调解组织调解的案件较少，大部分纠纷通过诉讼解决。

三是人才培养机制不足。在对住房租赁从业人员培训上，还主要依托企业，且培训内容较为简单，未引起足够重视，专业人才储备难以满足市场快速发展的需求。

四是保障性和市场化住房租赁界限模糊。近年来，大量保障性租赁房源入市，部分地区保障性住房租赁政策过于追求"应保尽保"，挤占了市场化住房租赁生存空间。同时，发展保障性住房租赁以来，一些市场化住房租赁可能享有的政策红利逐渐向保障性住房租赁倾斜，使后者能以较低租金出租，进一步吸引客源，压缩市场化住房租赁的份额。

2.建议：回归租赁体系构建初心，行政监管和自律管理并重

一是回归"政府保基本、市场供多元"的住房租赁体系。政府立足解决中低收入群体租住问题，通过自建自持或委托市场化租赁企业经营方式，将补企业转为精准补贴蓝领公寓等民生项目，推进保障性住房租赁发展，确保中低收入群体住有所居。对中等收入及以上群体的租赁诉求，则充分释放市场活力，交由市场化的企业来解决，实现住房租赁市场的分层有序供给。

二是完善行业监管。针对住房租赁市场发展中的不规范行为和风险点，从资金监管、房源合规审查、租金监测等方面加大监管力度，营造安全有

序、平稳可持续的住房租赁市场秩序。同时，针对行业存在的经营风险、AI技术运用可能带来的操纵市场租金、个人信息保护等风险，加大研究力度，做好有关监测预警，警惕出现企业暴雷或美国 RealPage 利用 AI 操纵市场引起房租暴涨等扰乱市场的行为。

三是激发行业自律内生动力。在促进住房租赁市场和谐有序发展上，行业组织与行政主管部门一样，发挥着重要作用，如可以加强人员资格管理和培训，提升从业人员素质；构建涵盖租赁住房获取、设计与建设，租赁住房出租与运营等各环节标准体系；化解租赁纠纷及对住房租赁企业和从业人员开展信用评价。

B.7
2024年全国二手房市场分析报告

胡建东　张　波　盛福杰*

摘　要： 2024年，我国二手房市场供需失衡，供应与需求呈反向变化，挂牌量显著增加，而找房热度整体收缩，需求波动幅度收窄。受供求关系影响，挂牌均价呈现下行趋势，市场流动性减弱，挂牌时长延长。市场分化加剧，高能级城市更显稳健。二手房成交占比持续攀升，成为市场主力，其高性价比和成熟配套吸引购房者，但老旧小区因供需不匹配、居住体验不佳等原因需求显著下降。展望2025年，政策将持续宽松，减税降费、金融支持等措施将精准激发市场活力。二手房市场出现结构性分化，次新住宅迎来新机遇，而小户型老旧住宅加速出清。市场秩序强化，交易安全化与信息透明化提升，资金监管全覆盖和人工智能技术应用将为二手房市场健康发展提供保障。

关键词： 二手房市场　供需关系　老旧小区

一　2024年二手房市场供需关系分析

（一）市场供需失衡，供应与需求反向波动

2024年，全国百城二手房月均挂牌量呈现显著增加的态势。与2023年相比，月均挂牌量从1.76万套增至2.2万套，同比增长25.4%（见图1）。从月

---

* 胡建东，58同城副总裁，主要研究方向为房地产行业研究及大数据分析；张波，58安居客研究院首席分析师，主要研究方向为房地产市场；盛福杰，58安居客研究院资深分析师，主要研究方向为房地产市场。

度变化趋势来看，2024 年挂牌量呈现明显的季节性波动和持续攀升趋势。年初 1 月挂牌量为 1.96 万套，随后除 2 月因春节假期影响出现全年最低点 1.78 万套外，整体呈现逐月递增态势。下半年，政策利好频出，特别是 9 月"认房不认贷"全国实施后，进一步释放了置换需求，挂牌量持续攀升，12 月挂牌量更是创下近两年最高纪录，较 2023 年峰值增长 22.1%。此外，2024 年各月挂牌量较 2023 年同期普遍增加，3 月和 12 月分别增长 23.0% 和 22.7%。

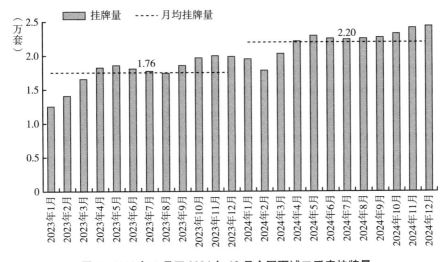

图 1 2023 年 1 月至 2024 年 12 月全国百城二手房挂牌量

注：挂牌量统计口径调整为按房源去重后统计的数量，图中百城二手房挂牌数量月度数据是百城均值。

资料来源：58 安居客研究院，根据平台二手房挂牌情况统计。

2024 年，全国百城二手房找房热度指数①呈现整体收缩与波动幅度收窄的特征。与 2023 年相比，2024 年月均找房热度指数降至 69.5，降幅达 2%（见图 2）。月度极差从 2023 年的 10.8 缩小至 2024 年的 5.3，表明需求波动幅度明显收窄。从月度数据来看，3 月热度指数达全年峰值 72.8，但仍低于 2023 年同期。3 月后找房热度持续下降，3~9 月热度指数累计降幅达

---

① 找房热度指数是指以购房者线上访问数据为基础，从城市、区域、小区、产品等维度对购房者找房情况进行量化评价，衡量购房者需求偏好和对市场的信心。

5.8%。10月受政策利好和"银十"促销影响，热度指数回升至70.9，但次月即回落。12月热度指数同比下降0.7%，环比降幅扩大至3.4%。

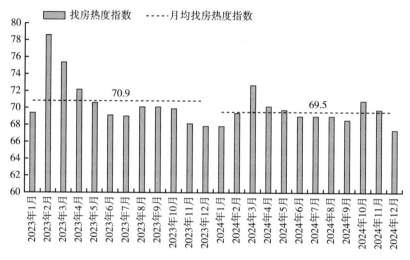

图2　2023年1月至2024年12月全国百城二手房找房热度指数

资料来源：58安居客研究院。

2024年各地二手房供应增速明显超过需求，且呈现城市分化持续加深的特征。超七成城市的二手房挂牌量同比增速快于找房热度同比增速（见表1），多数城市房源供应充沛而购房需求相对不足。市场正处于调整阶段，各城市因人口流动、产业支撑及政策导向等因素差异，逐步形成差异化的供求状态，政策敏感型市场和内生型市场分化特征逐渐显现。

从不同城市来看，一线城市的挂牌量和找房热度均有所上升，其中深圳表现较为突出，其挂牌量增长41.1%，找房热度上升3.8%，市场活跃度相对较高。上海、北京、广州供应和需求增速差保持在5~12个百分点，需求端仍具韧性。新一线城市分化明显，郑州、青岛、西安等城市二手房挂牌量大幅增加，但找房热度下滑，供需关系面临调整压力。成都成为新一线中唯一挂牌量下降且找房热度止跌的城市，供需相对平衡。二线城市中，兰州、徐州、保定等城市挂牌量大幅增长，但找房热度仅微增或下降，供需差异显著。厦门、金华通过挂牌量收缩带动需求企稳，其中厦门挂牌量下降

10.9%而找房热度微增0.3%，展现出较强的市场韧性。三、四线城市呈现结构性亮点，枣庄挂牌量和找房热度双增，济宁、桂林等城市找房热度也有小幅提升，遵义、淮安等城市挂牌量和找房热度双降，而三亚、洛阳等城市则呈现供给增长与需求降温的反向特征。

表1　2024年全国百城挂牌量与找房热度同比增速

单位：%

城市能级	城市	挂牌量同比	找房热度同比	城市能级	城市	挂牌量同比	找房热度同比
一线城市	北京	7.1	1.50	二线城市	哈尔滨	39.3	0.50
	广州	5.3	2.50		惠州	16.9	-2.80
	上海	13.4	1.60		济南	20.9	-2.80
	深圳	41.1	3.80		嘉兴	28.0	-0.30
新一线城市	成都	-6.3	0.00		金华	-17.5	-1.10
	东莞	1.7	1.50		昆明	22.9	0.00
	杭州	50.7	2.70		兰州	92.3	1.20
	合肥	24.0	0.30		南昌	61.0	-1.60
	南京	20.6	-1.10		南宁	44.7	-0.20
	宁波	15.5	-2.20		南通	20.5	1.30
	青岛	66.4	-1.10		泉州	52.4	-1.30
	苏州	17.1	-2.00		厦门	-10.9	0.30
	天津	72.7	-2.60		绍兴	-3.5	-3.90
	无锡	16.8	-1.80		沈阳	53.7	-2.20
	武汉	11.2	-2.00		石家庄	7.6	-2.20
	西安	53.3	-2.70		台州	-25.1	-4.00
	长沙	42.2	-2.40		太原	54.6	-2.00
	郑州	76.5	-3.20		潍坊	39.9	-3.40
	重庆	20.2	-1.00		温州	-8.5	-1.90
二线城市	保定	64.6	-4.20		徐州	81.8	-1.00
	常州	21.8	-6.70		烟台	24.2	0.00
	大连	27.4	-4.10		长春	16.2	-0.70
	佛山	22.5	-0.30		中山	9.6	-3.00
	福州	35.7	-0.30		珠海	56.0	-1.60
	贵阳	21.6	-3.30		海口	38.4	-0.70

续表

城市能级	城市	挂牌量同比	找房热度同比	城市能级	城市	挂牌量同比	找房热度同比
三、四线城市	安庆	−14.4	−2.90	三、四线城市	南充	−2.2	−0.80
	鞍山	57.0	−0.60		南阳	4.3	−3.90
	蚌埠	−16.7	−4.80		秦皇岛	−4.2	−1.30
	包头	26.0	−5.30		日照	−15.9	0.00
	常德	−19.3	−3.10		三亚	29.4	−11.90
	大庆	10.6	−3.20		汕头	−13.5	−7.60
	大同	27.5	−2.00		上饶	−34.8	−1.70
	德阳	−13.3	−2.40		宿迁	14.9	−1.50
	东营	−6.9	−5.10		泰州	2.1	0.20
	赣州	−14.3	−4.30		唐山	−1.2	−4.40
	桂林	12.2	1.30		威海	7.0	−2.90
	邯郸	8.0	−3.30		乌鲁木齐	10.1	−1.70
	呼和浩特	55.5	−1.70		芜湖	−2.7	−4.00
	湖州	3.0	3.40		咸阳	44.1	−0.20
	淮安	−17.4	−4.60		襄阳	6.9	−1.90
	吉林	1.2	−2.40		盐城	2.4	−4.50
	济宁	38.7	1.50		扬州	−10.9	−0.40
	江门	8.9	−1.80		宜昌	34.6	−3.00
	昆山	46.1	−1.30		银川	21.0	−6.60
	廊坊	14.7	−2.10		岳阳	−15.6	−1.50
	连云港	−18.7	−0.90		枣庄	83.3	4.00
	临沂	3.0	−1.30		湛江	−15.9	−5.40
	柳州	−18.2	−4.40		镇江	0.5	−4.00
	洛阳	14.1	−3.70		淄博	20.5	−1.90
	绵阳	3.4	−3.80		遵义	−37.0	−4.50

注：挂牌量反映二手房市场供应，找房热度反映市场需求。

资料来源：58 安居客研究院。

（二）价格下行承压，成交周期拉长

2024 年百城二手房挂牌均价呈显著下行趋势，全年 12 个月挂牌均价均呈环比下降。2024 年全年月度挂牌均价从 2023 年的 14741 元/米^2 降至

13385 元/米²，降幅达 9.2%（见图 3）。从月度走势看，二手房均价自 1 月的 14073 元/米² 持续回落至 12 月的 12729 元/米²，累计跌幅达 9.6%，其中 12 月均价较 2023 年 3 月历史高点回调 15.3%。

　　二手房价格的持续下跌，是供需关系、政策效应、经济环境与市场预期等因素共同作用的结果。二手房市场挂牌量持续攀升，供过于求态势长期存在，去化周期不断延长，房东为加速成交普遍采取降价措施来吸引购房者。尽管第四季度政策推动部分城市房价企稳，但市场整体仍处于筑底阶段。需求端，宏观经济复苏进程中的就业市场波动与居民收入预期的不稳定，促使购房者在决策时更加谨慎，加之部分城市二手房价格大幅回调，进一步强化了"买涨不买跌"的心理。

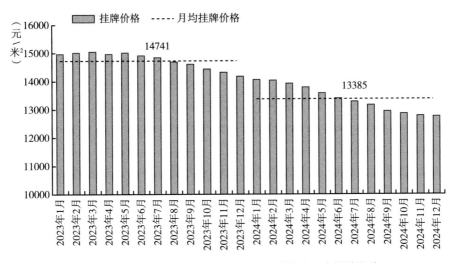

图 3　2023 年 1 月至 2024 年 12 月全国百城二手房挂牌均价

资料来源：58 安居客研究院。

　　2024 年二手房市场流动性面临压力，与 2023 年相比，月均挂牌时长从 80.6 天延长至 89.1 天，同比增加 10.6%（见图 4）。从月度变化看，受挂牌量增多、找房热度降低双重因素影响，3 月后月均挂牌时长持续增加，8 月达下半年峰值 92.1 天，之后 4 个月基本稳定在 90 天左右。2024 年下半年，月均挂牌时长较 2023 年增加 8.7 天。

多数城市二手房挂牌时长拉长，部分城市增幅高达40%，这主要是买卖双方长期博弈的结果。一方面，房东参考最高成交价且不愿大幅下调，另一方面，购房者参考最低成交价，仅当挂牌价低于此价时才考虑购买，延长了谈判周期，增加了房源挂牌时间。同时，挂牌量大幅增加而需求减少，使性价比低、有缺陷的房源交易困难，影响了其挂牌时长。此外，市场上存在大量"无效房源"，不降价也不下架，难以成交，同样导致挂牌时长延长。

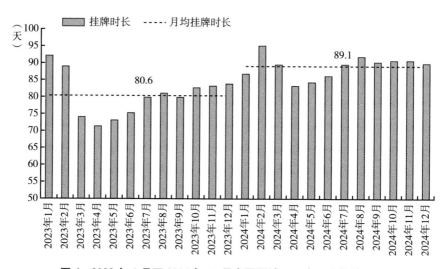

图4　2023年1月至2024年12月全国百城二手房平均挂牌时长

资料来源：58安居客研究院，根据用户在平台找房数据整理。

二　2024年二手房市场主要特征分析

（一）二手房成交占比持续攀升，成市场主力

1.市场表现：2024年全国二手房交易量占比创历史新高，多城占比超过新房

2024年，房地产市场格局持续深刻变化，二手房市场在全国范围内的占比显著提升。与2023年相比，重点城市二手房成交占比均值从53.8%提

升至 61.9%，增加 8.1 个百分点。58 安居客研究院数据显示，2024 年全国 28 个重点监测城市中，25 城二手房成交占比超 50%，较 2023 年新增 6 个（见图 5）。从占比变化看，25 城二手房成交占比上升，仅 3 城下降，二手房市场主导地位持续增强。

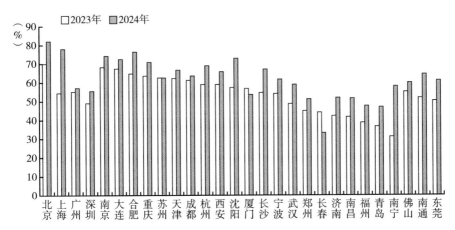

图 5 2023～2024 年全国重点城市二手房成交套数占比

注：二手房成交占比=二手房成交套数/（新房成交套数+二手房成交套数），其中新房指新建商品住宅，二手房即二手商品住宅。

资料来源：国家统计局、58 安居客研究院。

从具体城市来看，一线城市二手房成交占比从 57% 提升至 68.2%，上升 11.2 个百分点，4 个一线城市的二手房成交占比全部在 50% 以上，北京以 82% 高居榜首，上海涨幅最大，较 2023 年提升 24 个百分点。二线城市二手房成交占比从 53.4% 提升至 60.8%，上升 7.4 个百分点，除福州、青岛、长春外，其余城市均超 50%，南宁、沈阳、长沙等 6 个城市的涨幅在 10 个百分点以上，苏州、厦门、长春则持平或微降。监测的 3 个三线城市，佛山、南通、东莞二手房成交占比均超 50%，且都有不同程度的上升。

2. 原因分析：性价比高、配套成熟成为选择二手房的主要原因

（1）二手房房价持续回落，性价比更加凸显

2024 年，二手房成交占比上升，与二手房市场价格的深度调整有着很大关系。2025 年 1 月国家统计局 70 城价格指数显示，2024 年 70 城二手房

价格指数均同比下跌，且跌幅超过新房。相比之下，部分城市如上海、西安的新房价格指数有所上涨。因此，二手房性价比优势更加显著，吸引了众多购房者的关注（见图6）。

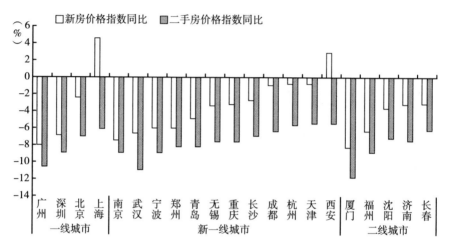

图6 2024年全国部分重点城市一、二手住宅销售价格指数同比变化

资料来源：国家统计局。

以上海为例，2024年上海房地产市场显著分化，二手房与新房市场表现各异。与2023年相比，上海大多数区县二手房挂牌均价下滑，仅崇明因优质房源集中挂牌价格略有上涨，但对整体市场影响有限（见图7）。相比之下，新房市场表现强劲，多数区域成交均价上涨，仅普陀、青浦、松江及崇明等少数区域下跌。长宁区新房价格上涨42%，主要受高价优质项目入市及高成交量推动。细分来看，超过九成板块二手房均价回落，过半板块跌幅超10%。反观新房市场，价格相对稳定，上涨板块多于下跌，其中近三成的板块涨幅在5%以内（见图8）。随着二手房价格的回落，二手房的性价比越发凸显，这在一定程度上影响了购房者的购房决策和购买倾向。

（2）二手房配套成熟，更能满足便捷生活的需求

当前，购房者需求已经发生转变，不再单一追求房产升值，而是更看重居住舒适度与生活品质，房产的居住本质备受关注。配套设施成为衡量居住

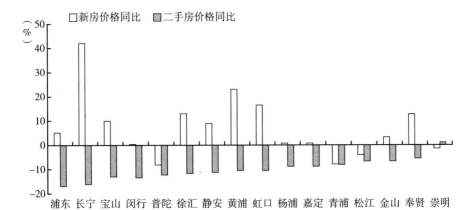

图7　2024年上海各区一、二手住宅销售价格同比变化

资料来源：58安居客研究院。

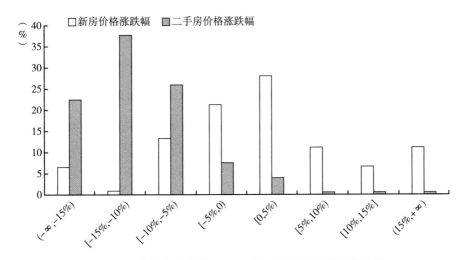

图8　2024年上海各板块一、二手住宅销售价格涨跌幅占比

资料来源：58安居客研究院。

属性的关键，58安居客研究院数据显示，二手房周边的生活配套设施显著好于新房（见图9）。二手房在教育资源上的成熟度是其显著优势。与新房学区的不确定性相比，二手房周边通常拥有更稳定和更优质的学区，这对重视教育的购房者极具吸引力。同时，二手房在交通与医疗设施上也占有明显优势。便捷的交通满足了年轻人对短通勤和个人时间的追求，而完善的医疗设施则

为中老年人提供了紧急就医和日常配药的便利。因此，凭借在生活配套设施上的绝对优势，二手房成为越来越多购房者的选择，成为楼市成交的新动力。

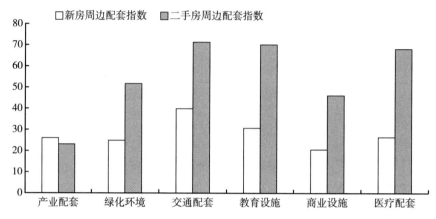

图9　2024年全国重点城市一、二手房周边配套指数

资料来源：58安居客研究院。

（二）市场分化显著，高能级城市更显稳健

供给方面，2024年，各能级城市的挂牌量都有所增加，特别是新一线城市和二线城市的涨幅显著，分别达到31.6%和33.2%，而一线城市及三、四线城市的挂牌量涨幅相对较小，分别为14.5%和8.2%（见图10）。政策传导层面，新一线城市如杭州、武汉放开限售，大量房源集中入市，郑州、长沙增值税免征期缩短，政策差异导致挂牌量变化。市场机制方面，成都、西安等城市通过"卖旧买新"补贴政策激活置换需求，新一线城市改善型需求占比提升。经济动能转换方面，苏州、无锡承接上海外溢产业，带来员工住房置换需求，合肥新能源产业集群吸引技术人才流入。此外，供给结构重构、交易模式创新等也在不同能级城市中呈现不同的发展态势，进一步推动了挂牌量的分化。

需求方面，2024年仅一线城市找房热度微涨2.4%，其余能级城市均有不同程度回落，且回落幅度随城市能级的降低而增大（见图11）。其中，新

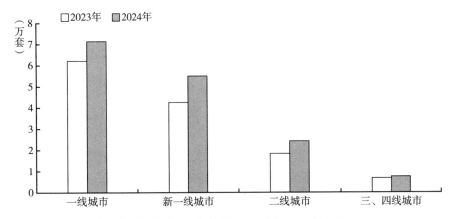

图10　2023~2024年各能级城市二手房月均挂牌量

资料来源：58安居客研究院。

一线城市跌1.2%，二线城市跌1.7%，三、四线城市跌2.6%。从同比变化来看，大多数城市的需求均有所减少，尤其是低能级城市的情况更为显著。

低能级城市需求明显回落，原因在于经济基础薄弱、就业机会有限，导致中高收入群体缩减，购房需求下降。同时，市场预期低促使投资者抛售意愿增强，且抗风险能力较弱，房价深度调整。相比之下，一线城市凭借丰富的就业机会、强劲的经济活力及优质的配套资源，依然能维持其房地产市场的热度。

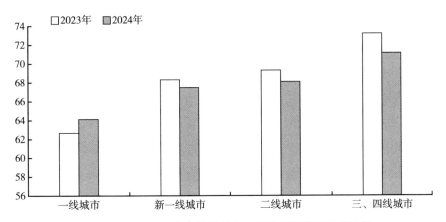

图11　2023~2024年各能级城市二手房月均找房热度指数

资料来源：58安居客研究院。

价格方面，与 2023 年相比，2024 年各能级城市二手房挂牌均价都出现了不同程度的下跌，其中一线城市跌幅较小，为 6%，二线城市跌幅最大，达 11.2%，新一线城市和三、四线城市则分别下跌 9.5% 和 8.5%（见图 12）。政策效果在区域间的不均衡，导致市场修复节奏分化，核心城市在第四季度已有趋稳迹象，而低能级城市，尤其是弱三、四线城市仍在深度调整中。

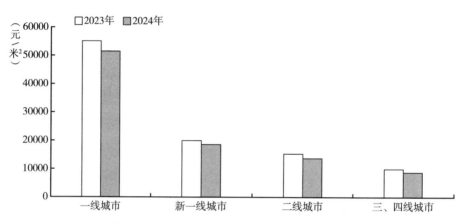

图 12　2023~2024 年各能级城市二手房挂牌均价

资料来源：58 安居客研究院。

（三）老旧小区正在被抛弃，市场需求显著下降

从各能级城市二手房挂牌量的类型分布来看，一线城市中老房龄房源占比较高，特别是 2000 年以前建成的房源，占比高达 48%，几乎占据了二手房市场供应的一半，且其中面积小于 70 平方米的房源又占了一半（见图 13）。由此可见，一线城市的老旧小区①面临更大的抛售压力。

老旧小区被市场冷落，主要体现在该类房源的供需不匹配度上。58 安居客研究院数据显示，2024 年各能级城市小户型老旧住宅和大户型老旧住

---

① 老旧小区指的是 2000 年前建造、维护不善且设施陈旧的住宅区，其中，建筑面积小于 70m^2 的称为小户型老旧住宅，70m^2 及以上则为大户型老旧住宅。2001~2015 年建造的为一般住宅，而 2015 年后建造的则为次新住宅。

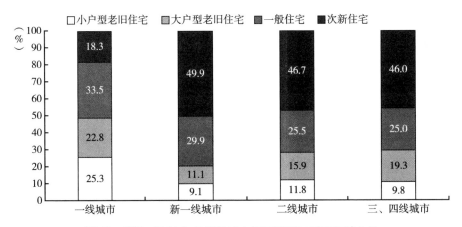

图13　2023~2024年各能级城市不同类型二手房挂牌占比

资料来源：58安居客研究院。

宅的供应占比均显著高于需求占比（见图14）。其中，一线城市的小户型老旧住宅供需不匹配程度最为突出，而新一线城市、二线城市及三、四线城市的小户型老旧住宅也同样面临供应过剩、需求不足的问题。相比之下，房龄较新的房源则成为各城市需求的热点。

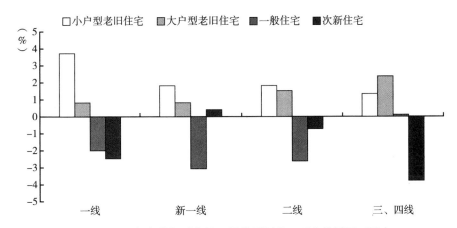

图14　2024年各能级城市按不同类型划分二手房供需不匹配度

注：供需不匹配度＝供应占比－需求占比，其中，供应占比＝某类住宅二手房挂牌量/总挂牌量，需求占比＝某类住宅二手房找房热度/总找房热度，供需不匹配度为正，意味着供大于求，反之则意味着供小于求。

资料来源：58安居客研究院。

以上海为例，2020~2024年小户型老旧住宅连续遭遇抛售，其需求并未同步增加，成交占比逐年下滑。上海老旧小区房源挂牌占比高达54%，其中小户型老旧住宅占33%，与2023年基本持平。同时，小户型老旧住宅成交占比则从2020年的30.78%减少至2024年的26.95%，2024年与2023年相比减少了2.46个百分点（见图15）。

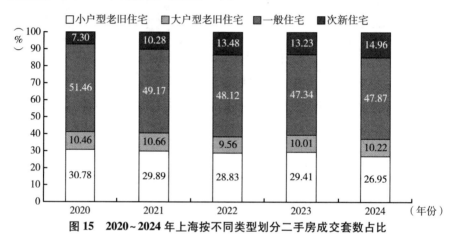

图15　2020~2024年上海按不同类型划分二手房成交套数占比

资料来源：58安居客研究院。

首先，小户型老旧住宅价格跌幅较大，购房者担心购买小户型老旧住宅后资产会贬值，特别是在二手房价格持续下跌的情况下，这种担忧更为强烈。58安居客研究院数据显示，2024年多个城市的小户型老旧住宅价格都有较大幅度的下滑，跌幅在10%左右，能级越低跌幅越大（见图16）。一线城市尤为突出，小户型老旧住宅供应量大但需求相对匮乏，其价格下跌幅度明显超过其他类型房产。在房价全面调整的背景下，抗跌能力更强的房产有望在市场复苏时实现止跌回稳。因此，购房者在买房时会倾向于配置更抗跌的优质资产，谨慎选择小户型老旧住宅。

其次，小户型老旧住宅的房屋老化、设施陈旧等问题导致居住体验不佳，购房者需要投入更多资金进行翻新和维修。这些房屋可能存在电线老化、排水不畅等安全隐患，影响居住安全。小户型老旧住宅房屋多为20世纪80年代、90年代建造，其电线标准低，且负载能力弱，难以支持空调、电磁炉等

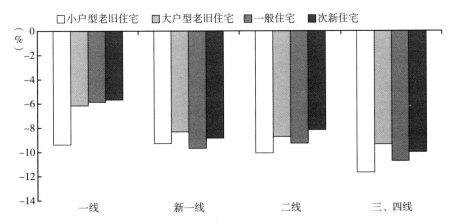

图16　2024年各能级城市按不同类型划分挂牌均价同比

资料来源：58安居客研究院。

大功率电器使用，因此存在重大火灾安全隐患。小户型老旧住宅虽地处城市核心地段，生活配套也很完备，但也存在许多不足，如普遍缺乏电梯，给居民尤其是老年人带来不便。加装电梯通常需承担高昂费用，且低楼层住户反对意见强烈，导致多数加装计划难以推进。随着居民对品质居住需求的提升，小户型老旧住宅因房屋老化、设施落后等问题逐渐被市场边缘化。

最后，小户型老旧住宅的"高单价低品质"特征让不少新进场的买家望而却步。尽管老旧小区总价不高，但单价较高，一线城市核心地段的小户型老旧住宅单价通常超过10万元/米^2，远超郊区新房。然而此类物业普遍存在结构性缺陷，如建筑功能老化、空间规划失当、居住密度超标等，导致价格与价值产生背离，居住体验不佳。以绿化率为例，国家标准为30%，而老旧小区普遍低于15%，部分小区甚至为增车位而破坏本来就小的绿地，这与居民日益增长的好房子需求相违背。

三　2025年我国二手房市场发展趋势与展望

（一）政策持续宽松，精准激发市场活力

全国楼市正处于止跌回稳的关键阶段，仍需政策持续激励以保持市场活

力。近两年，楼市政策频出，2024 年月均出台 73 次，虽略低于 2023 年，但仍保持高位（见图 17）。2024 年上半年，各地实施以旧换新、购房补贴、降低首付与利率、放宽限购等措施，全面激发楼市活力，加速新房与二手房流通。下半年，政策更侧重于二手房市场，通过带押过户、降低存量房贷利率、缩短增值税免征期等方式，有效提升二手房市场流动性。

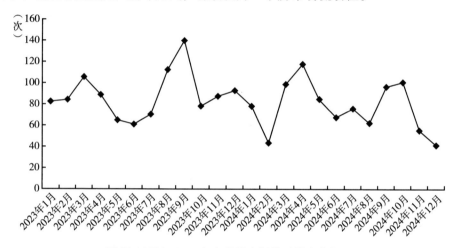

图 17　2023~2024 年各地楼市松绑政策出台频率

资料来源：58 安居客研究院。

预计 2025 年这一趋势将会延续，月均政策频次预计保持在 50 次以上。政策方向从单纯利好新房市场转变为同时刺激一、二手房市场，具体包括如下几方面。

减税降费及财政补贴成为楼市调控重要手段，具体措施涵盖下调增值税免征年限、放宽个人所得税政策及实施契税补贴。在楼市政策调整下，增值税免征年限仍有下调空间。随着普通住宅划分标准的取消，二手房增值税大幅降低。2024 年，一线城市率先行动，将增值税免征年限由 5 年缩短至 2 年，多数二手房因此免税，降低了购房成本，促进了交易，该政策有望全国推广。个人所得税方面也存在调整空间，目前多城仅"满五唯一"房产免税，未来或降低免税标准以减轻购房者负担。多城还通过减税降费及契税补贴，甚至直接给予财政补贴，有效缓解了购房者资金压力，推动了房产交易，稳定了市场，预计 2025 年此类措施将进一步加强。此外，鉴于房地产市场仍在调整恢复中，短期内房产税征收范围扩大的可能性不大，各地首要任务是促进楼市止跌企稳。

金融支持政策得到强化，主要包括推广"带押过户"、"商转公"贷款及"房票"政策延伸。2024 年，各地积极推行二手房"带押过户"，允许卖方未结清贷款即过户给买方，以及"商转公"，让买家能将高息商贷转为低息公积金贷款，这些措施降低了购房者的转让和持有成本，减轻了经济压力，降低了市场风险，预计 2025 年将在更多的城市得到推广。"房票"政策方面，多地在拆迁安置中使用"房票"，既减轻财政负担，又方便动迁户优惠购房。若将"房票"适度扩展至二手房市场，将激发楼市新活力。在置换需求主导下，将"房票"应用于二手房，为动迁户提供优惠购房条件，将提升市场流动性与活跃度。动迁户可用"房票"选购新房或二手房，为二手房市场带来更多潜在客户和交易机会，进而带动整个楼市回暖，形成良性循环，为房地产长期稳定发展奠定基础。

（二）市场策略调整，二手房市场呈结构性分化

当前，二手房已成为房地产市场的交易主力，凭借高性价比和成熟配套吸引大量购房者。相较于新房，二手房价格更亲民，且因挂牌价下跌而更具竞争力，使购房者能在预算内获得更大居住空间或更优环境。在同区位下，二手房定价更合理，有助于更多人实现安居梦想。二手房种类丰富，满足个性化需求，且多位于城市成熟区域，周边交通、购物、教育、医疗等设施完备，为购房者生活带来诸多便利。

次新住宅迎来新机遇，成为置换市场的主流。2024 年，全国百城二手房挂牌量增长超 25%，其中次新住宅占比近四成，为购房者提供多样选择。"房住不炒"政策的深化，促使投资客向市场出售房产，这样既增加了次新住宅源供应，又因投资客退出、自住者进入，提升了次新住宅的入住率。与此同时，超市、学校、医院等公共服务设施因入住率提升而加速入驻或升级，从而优化了小区周边环境，加速了配套设施完善，提升了居住品质。次新住宅在产品上和小区

环境上接近新房，购房者既能享受新房品质，又能获得二手房高性价比。加之二手房过户简便快捷，无须新房漫长的交房等待，对购房者吸引力较强。

小户型老旧住宅房源加速抛售，迎来换房窗口期。2024 年，小户型老旧住宅需求明显下滑，伴随而来的是价格的波动与下跌。业主面对接近预期的报价时，应审慎考虑，把握当前市场机遇优化资产。尤其是无学区资源优势且位于城市边缘的小户型老旧住宅房源，价值低且增值潜力有限，业主或将加速出售以防未来损失。当前二手房交易成本低，为买卖双方创造有利条件。小户型老旧住宅房源在交易过程中往往能够享受免征个人所得税及增值税的政策优惠，这一举措有效削减了其交易成本，增强了市场竞争力，提升了成交概率。

（三）市场秩序强化，交易安全化与信息透明化提升

交易安全化的核心在于强化资金安全，保障买卖双方权益。二手房交易市场采用资金监管全覆盖政策，规定所有交易资金须进入政府监管账户，以防"卷款逃跑"风险。此政策提高了资金安全性和可追踪性，确保交易完成后资金才依程序释放，避免卖方提前收款而不交房。2025 年，该政策将继续保障市场健康，它不仅提升了市场透明度与规范程度，还增进了买卖双方信任，利于市场健康发展。随着人工智能的应用，资金监管将更加智能高效，提供便捷安全交易体验。政府和相关部门也将利用监管数据，加强市场动态监控，应对潜在风险。

信息透明化是二手房市场宏观调控的关键，保障购房者权益，促进健康生态。楼市调整虽带来挑战，但严格执行政策能规范交易、遏制不正当行为。信息透明化确保交易公正、公平、透明，营造高效、安心环境，提升交易体验。随着 AI 技术发展及监管加强，其作用将进一步凸显。大数据、AI等技术使信息收集披露更及时准确，为买卖双方提供全面决策支持。政府和相关部门将持续加强监管，确保政策执行，保障市场的健康发展。这将建立更公平、公正、透明的二手房市场，提升消费者的信心和满意度，推动市场长期繁荣和稳定。

服务篇 ⟫

B.8
2024年房地产投资形势分析
及2025年展望

任荣荣*

摘 要: 2024年,全国房地产开发投资降幅为历史最高,在固定资产投资和GDP中占比继续下降。展望2025年,房地产投资环境中的积极因素增多,有助于提振市场信心、修复企业投资意愿、推进重点方面投资工作,但短期内投资实现恢复性增长仍面临资金端压力,需进一步发挥好房地产融资协调机制作用,推动存量房和存量土地收购等政策落地见效。随着市场逐步向供需再平衡调整,预计2025年房地产开发投资降幅将有所收窄。顺应房地产市场供求关系发生重大变化的新阶段新要求,当前及未来一段时间,房地产开发投资将以满足人民群众不断改善居住条件的新期待为着力点,打开新内涵、释放新空间,推动形成"需求牵引供给、供给创造需求"的更高水平动态平衡。

* 任荣荣,中国宏观经济研究院投资研究所房地产室主任,研究员,主要研究方向为城市与房地产经济学、固定资产投资。

关键词： 房地产市场　房地产开发投资　供需再平衡

一　2024年房地产投资形势

（一）房地产开发投资降幅为历史最高，在固定资产投资和 GDP 中占比继续下降

2024 年房地产开发投资延续下降态势且降幅扩大，1~12 月，房地产开发投资同比下降 10.6%，降幅比上年扩大 1 个百分点，自年初以来降幅逐步扩大（见图 1）。2024 年房地产开发投资降幅为有统计数据以来的历史最高。经过连续三年 10% 左右的下降后，2024 年房地产开发投资在固定资产投资中占比降至 19.5%，下拉固定资产投资增速 2.34 个百分点。以"房地产开发投资－其他费用①"衡量的房地产资本形成在 GDP 中总占比为 4.4%，较上年下降 0.9 个百分点。房地产开发投资仍然是经济增长和固定资产投资的主要拖累因素，2024 年，扣除房地产开发的固定资产投资同比增长 7.2%。

（二）从投资构成看，设备工器具购置投资降幅较大，企业收缩投资的倾向较明显

2024 年，房地产开发投资构成中，建筑工程投资、安装工程投资、设备工器具购置投资和土地购置费占比分别为 55.7%、3.2%、0.7%、35.6%，其中，建筑工程投资和土地购置费占比分别比上年提高 0.1 个和 0.7 个百分点。从投资增速看，2024 年，建筑工程投资、安装工程投资、设备工器具购置投资和土地购置费分别同比下降 10.3%、17.2%、26.6%、8.7%，设备工器具购置投资降幅最大，一定程度上反映出企业收缩投资的

---

① 固定资产投资统计中的其他费用，是指在固定资产建设和购置过程中发生的，除建筑工程、安装工程、设备工器具购置以外的各种应分摊计入固定资产的费用，主要是土地购置费和旧建筑物购置费。

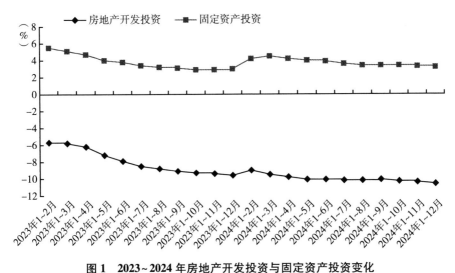

图1　2023～2024年房地产开发投资与固定资产投资变化

资料来源：国家统计局。

倾向较明显（见图2）。从先行指标看，2024年，全国300城各类用地成交规划建筑面积同比下降14.7%，房地产企业房屋新开工面积同比下降23.0%，连续五年下降，也反映出企业投资意愿较低。

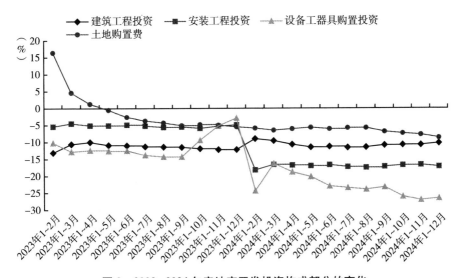

图2　2023～2024年房地产开发投资构成部分的变化

资料来源：国家统计局。

（三）分物业类型看，商业营业用房投资延续较大降幅

2024年，住宅、办公楼、商业营业用房、其他用房投资在房地产开发投资中占比分别为75.8%、4.1%、6.9%、13.1%，其中，住宅投资占比较上年上升0.3个百分点，商业营业用房投资占比较上年下降0.3个百分点，办公楼和其他用房投资占比与上年持平。从增速看，2024年，住宅、办公楼、商业营业用房、其他用房投资分别同比下降10.5%、9.0%、13.9%、9.7%，商业营业用房投资降幅连续三年都是各类物业中最大的（见图3）。这与目前商业营业用房供给量较大以及电商对线下实体店的部分替代有关。

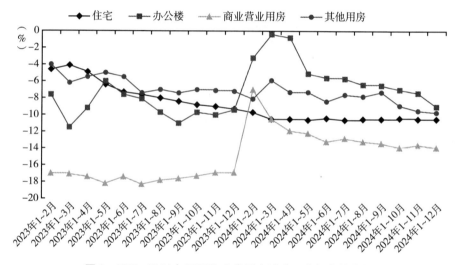

图3　2023~2024年不同物业类型房地产开发投资的变化

资料来源：国家统计局。

（四）分地区看，东北地区房地产开发投资降幅较大

2024年，东部、中部、西部和东北地区房地产开发投资在全国占比分别为60.1%、19.5%、18.1%、2.4%，东北地区占比较上年下降0.3个百分点。从增速看，2024年，东部、中部、西部和东北地区房地产开发投资分别同比下降11.0%、9.4%、8.9%、21.8%，东北地区降幅较大，且连续三

年出现20%以上的降幅，是房地产开发投资调整最明显的区域；东部地区房地产开发投资降幅比上年扩大5.7个百分点，下降较为明显（见图4）。

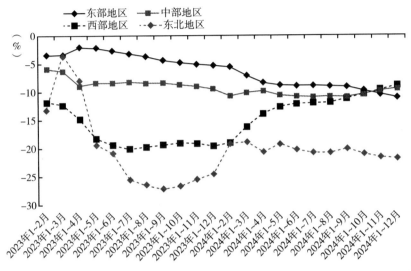

图4　2023~2024年分地区房地产开发投资的变化

资料来源：国家统计局。

（五）房地产开发投资结构持续优化，高品质住房成为新题材

伴随房地产市场从解决"有没有"转向解决"好不好"的发展阶段，建设高品质住房成为房地产开发投资的重要内容。例如，江苏省住建厅组织编制了《江苏省改善型住宅设计与建造导则》，推动安全耐久、功能完善、性能优良、绿色宜居的改善型住宅建设，市场反应积极；苏州市组建住宅产业研究院，制定"智能建造+智慧品质+全生命周期"的新一代住宅建设导则，试点打造"两智一全"项目，推出一批适老、智慧、健康、友好等不同特色产品，满足群众多样化住房需求，2024年苏州市房地产开发投资同比下降3.4%，降幅明显低于全国；济南市围绕高品质住宅建设印发了《济南市住宅品质提升指引（试行）》，健全制度标准，全面提升住宅品质，激发市场供需活力，2024年济南市房地产开发完成投资同比增长4.2%。

二　2025年房地产投资环境分析

（一）9·26会议释放强烈信号，市场信心有效提振

2024年9月26日中央政治局会议提出"要促进房地产市场止跌回稳"，释放出着力稳楼市的强烈信号。之后，相关部门迅速行动抓落实，出台"四个取消""四个降低""两个增加"政策组合拳。其中，"四个取消"包括取消限购、取消限售、取消限价、取消普通住宅和非普通住宅标准，有助于给市场创造更宽松的交易环境；"四个降低"包括降低住房公积金贷款利率，降低住房贷款的首付比例，降低存量房贷利率，降低"卖旧买新"换购住房的税费负担，旨在进一步降低居民购房成本；"两个增加"包括通过货币化安置等方式新增实施100万套城中村改造和危旧房改造、年底前将"白名单"项目的信贷规模增加到4万亿元，前者有助于改善市场供求关系，后者有助于更好满足房地产企业合理融资需求，推动保交房。根据国家统计局数据，2024年第四季度，新建商品房销售面积、销售额同比分别增长0.5%和1.0%，扭转了之前连续下滑的态势；根据住房和城乡建设部网签数据，2024年10~12月，全国新建商品房成交量连续3个月同比、环比出现双增长。伴随需求端的回暖，供给端房企拿地意愿出现积极变化，根据中指研究院统计，2025年1~2月，TOP100房企拿地总额同比增长26.7%，土地市场点状回暖。

（二）宏观政策和行业政策持续宽松，助力企业投资意愿修复

2025年是实现"十四五"规划目标任务的关键一年，宏观政策环境持续宽松，2024年底中央经济工作会议和2025年政府工作报告明确提出，要实施更加积极的财政政策、适度宽松的货币政策、打好政策"组合拳"。在财政政策方面，通过提高赤字率1个百分点、发行超长期特别国债1.3万亿元、发行特别国债5000亿元、安排地方政府专项债券4.4万亿元，合计安排财政资金

总规模达到 11.86 万亿元，比上年增加 1.9 万亿元，财政支出强度明显增加。其中，土地收购和存量商品房收购，是地方政府专项债券支持的重点领域，也将成为推动房地产去库存的有效举措。在货币政策方面，将发挥好货币政策工具的总量和结构双重功能，适时降准降息，保持流动性充裕。其中，优化和创新结构性货币政策工具，更大力度促进楼市股市健康发展，是货币政策的一个重要方面。可见，宏观政策为房地产市场创造了更为宽松的环境。从行业政策看，"持续用力推动房地产市场止跌回稳"，是 2025 年房地产政策的主要目标。中央经济工作会议和政府工作报告从供需两端明确了政策发力方向。一方面，将通过因城施策调减限制性措施，加力实施城中村和危旧房改造，充分释放住房需求潜力；另一方面，将从合理控制新增房地产用地供应、盘活存量用地和商办用房、推进收购存量商品房、有效防范房企债务违约风险等方面，改善住房供给端状况。同时，通过有序搭建相关基础性制度，推动建设安全、舒适、绿色、智慧的"好房子"等举措，加快构建房地产发展新模式。随着宏观经济和房地产供需两端政策效应的持续发力，房地产市场将逐步向供需再平衡调整，推动房企投资意愿回升。

（三）顺应人民群众对改善居住条件的新期待，重点投资工作将加力推进

一方面，将大力实施城中村和危旧房改造。根据全国住房城乡建设工作会议部署，2025 年在新增 100 万套的基础上继续扩大城中村改造规模，消除安全隐患，改善居住条件，并推进货币化安置。此外，围绕老旧小区改造、城中村改造、完整社区建设等民生项目，老旧工业区、老旧街区、历史文化街区等发展项目，地下管网、数字化智能化基础设施等安全项目，城市更新将大力实施。另一方面，将着力推进"好房子"建设。"适应人民群众高品质居住需要，完善标准规范，推动建设安全、舒适、绿色、智慧的'好房子'"要求，已写入政府工作报告，也是 2025 年全国城乡建设工作的重点任务之一。根据中指研究院统计，全国 31 个省区市两会的政府工作报告中，19 个省区市明确提出要建设"好房子"，多地表示要建设更优质项

目满足群众高品质生活需求，部分地方已出台"好房子"建设规划等政策指导文件。例如，2025 年 2 月 13 日，北京发布《北京市平原多点地区"好房子"规划管理相关技术要点（试行）》，在昌平、顺义、大兴等 5 个平原多点新城及通州区进行试点，新建及部分已拿地的住宅小区可以执行。建设"好房子"将成为房地产业转型发展的新赛道，房企将回归产品本身，着力打造迎合购房者需求的好产品，优化市场供给，激发潜在需求。

（四）短期内房地产投资实现恢复性增长仍面临资金端压力

2024 年，在城市房地产融资协调机制等融资政策支持下，房地产企业资金来源中，国内贷款同比下降 6.1%，降幅比上年收窄 3.8 个百分点，自筹资金同比下降 11.6%，降幅比上年收窄 7.5 个百分点，但资金来源中占比超过 45% 的定金及预收款、个人按揭贷款降幅仍大，分别同比下降 23.0%、27.9%，降幅分别比上年扩大 11.1 个、18.8 个百分点，销售回款下降造成的资金压力较大（见图 5）。总体来看，2024 年，房地产开发企业资金来源

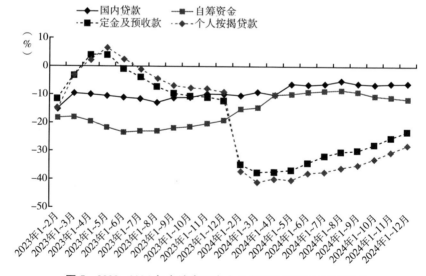

图 5　2023~2024 年房地产开发企业各项主要资金来源增速

资料来源：国家统计局。

总额为 10.77 万亿元，同比下降 17.0%，降幅比上年扩大 3.4 个百分点；以房地产企业"本年资金来源额/开发投资完成额"来衡量的企业资金充裕度降至 1.07，远低于 2003 年以来有统计数据的历史均值 1.34，且 2022 年以来房地产开发企业资金来源降幅持续高于开发投资降幅，企业资金充裕度快速下降并持续处于低位（见图 6），反映出房企短期内仍面临较大的资金压力。

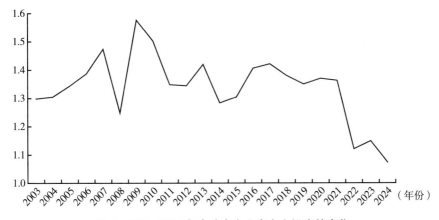

图 6　2003~2024 年房地产企业资金充裕度的变化

资料来源：国家统计局，作者计算。

三　2025年房地产开发投资展望

自 2021 年下半年以来本轮房地产市场已持续调整三年半的时间，其间，供给端的调整幅度明显高于需求端，显示出市场已处于主动去库存状态。从国际比较看，我国当前无论是住宅投资在固定资产投资中占比还是住宅投资在 GDP 中占比，均处于较低水平。随着城市房地产融资协调机制的走深走实、存量房和存量土地收购政策的落地见效、城中村和危旧房改造货币化安置的推进以及"好房子"项目的加速落地，房地产市场将逐步向供需再平衡调整，预计 2025 年房地产开发投资降幅将有所收窄，人口流入、产业聚集等基本面因素支撑较强，同时库存去化周期较合理的城市将率先实现恢复性增长。

（一）房屋新开工面积已连续三年低于销售面积

本轮房地产市场调整以来，房地产开发企业房屋新开工面积自 2020 年以来连续四年负增长，且调整幅度持续高于商品房销售面积，2022 年以来，房屋新开工面积绝对值持续低于商品房销售面积，累计形成 5.5 亿平方米的差值，表明市场已处于主动去库存状态。2024 年，房屋新开工面积同比下降 23.0%，降至 7.39 亿平方米，较 2019 年峰值下降 67.5%；商品房销售面积同比下降 12.9%，降至 9.74 亿平方米，较 2021 年峰值下降 45.7%；房屋新开工面积与销售面积之间的差值扩大至 2.3 亿平方米，带动房地产可售库存规模下降（见图 7）。

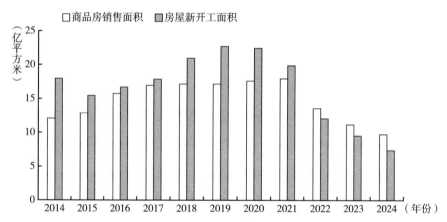

图 7　2014～2024 年房地产开发企业房屋新开工面积与商品房销售面积对比

资料来源：国家统计局，笔者计算。

（二）房地产开发投资已调整至较低水平

经过 2022 年以来连续三年 10% 左右的负增长，2024 年，房地产开发投资规模已降至 10 万亿元，其中，住宅投资规模降至 7.6 万亿元，在全社会固定资产投资中占比降至 14.6%。从国际比较看，以 1990～2020 年 30 年数据为样本，美国住宅投资在固定资产投资中占比均值约为 20%，日本住宅投资在固定资产投资中占比约为14.4%，从固定资产投资结构的角度看，我国当前房地产开发投资已降至较低水平。按照资本形成的口径，以"房地产开发投资－其他费用"衡量房地产业资本形成，2024年，房地产开发投资（资本形成）在GDP中占比降至4.4%，较上年继续下降0.9个百分点（见图8）。按照近五年住宅开发投资在房地产开发投资中占比约75%估计，则按照资本形成口径估算的住宅投资在GDP中占比约为3.3%。同样以1990~2020年30年间美国和日本为样本，其住宅投资在GDP中占比的均值分别为4.2%和3.9%，这表明，从国民经济产出构成的角度，我国当前房地产开发投资也已降至较低水平。

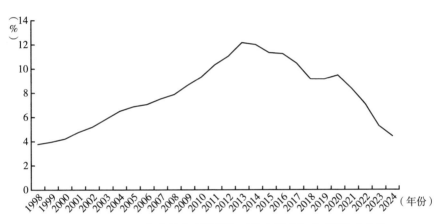

图8　1998~2024年房地产开发投资（资本形成）在GDP中占比

资料来源：国家统计局，笔者计算。

四　相关建议

（一）发挥好城市房地产融资协调机制作用，继续做好保交房工作

在城市房地产融资协调机制以及"交房即交证"等政策支持下，保交房工作取得阶段性进展，对维护购房人权益和改善市场预期起到积极作用。截至2024年底，商业银行房地产"白名单"项目贷款金额为5.03万亿元，"白名单"机制已经支持了1400万套住房建设交付。但随着保交

房工作持续深入推进，当前很多问题项目面临更大的资金和利益平衡难题，房地产融资协调机制尚需进一步优化。一方面，各地政府对不同问题、不同困难、不同历史欠账的项目要强化分类指导，有效隔离企业风险和项目风险，严格落实"一项目一策"，提高政策的针对性、精准性和有效性；另一方面，各部门要加强协同，进一步明确金融机构"白名单"项目贷款实操规范和尽职免责细则，优化项目放款条件，打消银行顾虑，加大"白名单"贷款投放力度，按照应进尽进、应贷尽贷要求，充分保障项目建设交付。此外，商业银行等金融机构要在城市房地产融资协调机制基础上，系统摸排梳理房企即将到期的债务，做好贷款展期等相关安排，有效防范房企债务违约风险。

（二）推动存量房和存量土地收购政策实质性落地，统筹做好房地产去库存与优结构

过去很长一段时间，我国房地产发展形成了"重买卖轻租赁""重市场轻保障"的供给格局。在当前房地产库存较高的情况下，通过存量房收购后用作保障性住房或租赁住房，存量闲置土地收回收购后调规再出让等政策举措，可以在推动房地产去库存的同时，补齐住房保障和住房租赁短板，实现住房供给结构的优化。2025年，存量房和存量土地收购是地方政府专项债券支持的重要方面，因此，各地要用好用足专项债和拓宽保障性住房再贷款使用范围等支持政策，结合本地住房供需情况，因地制宜在收购主体、价格和用途方面行使自主权，打通存量房收购中的卡点堵点；在摸排存量闲置土地情况的基础上，尽快发布收购闲置存量土地的征集公告，形成拟用专项债收购存量土地的具体项目名单及价格，加快推动专项债收购政策落地见效。

（三）鼓励地方因地制宜优化土地供应，提高增量住房供给品质

短期内，去库存仍将是房地产政策的重要方面，因此，各地的土地供应需按照严控增量、提高质量的原则推进，切忌为增加土地财政而盲目供地。

一方面，要指导各地结合各区县近年来土地供应情况、已供项目开工率、批而未供和闲置土地处置情况、房地产库存水平及去化情况、市场需求变化等多项指标，分类管控供地计划及节奏，实施有节制的供地机制；摸排社会企业有竞买意向的地块，合理确定入市地块产品类型，防止对在建或在售项目形成冲击。另一方面，要鼓励地方探索实践高品质住房示范项目，加快从"产品力"角度出台适合当地实际的"好房子"标准，并在土地、金融、财税等方面给予更大支持，鼓励企业真正建设符合市场需求的"好房子"。

（四）以大力实施城市更新为抓手，有序推进城市功能和存量房屋改造提升

城市更新是顺应城市发展需要，通过对城市建成区的物理空间形态、结构和人居环境质量改造提升，实现城市可持续发展和治理现代化的一项综合性战略行动。各地应从城市高质量发展的角度，深化城市建设、运营、治理体制改革，建立可持续的城市更新模式和政策法规。一方面，要积极探索"平台+专业运营公司+融资"的合作实施机制，促进市场运营主体与市属（区属）国企和地方平台联动的运作模式，不断提升平台公司和国有企业对公共资源和市场化资源的整合能力，并通过获取片区整体资源溢价和投资增值收益，实现城市建设投融资良性循环；另一方面，要整合利用目前与城市更新相关的各类中央财政专项资金、中央预算内投资、省级与地方财政配套资金、地方专项债券等，建立城市更新综合资金池，为项目提供低息贷款、资本金支持、资金奖补，提高社会资本参与积极性。鼓励各类金融机构积极推动探索创新金融产品，出台城市更新配套税费优惠支持政策，推动建立"投、融、建、运"城市更新一体化投融资模式，广泛吸引金融机构、更新企业等各类社会资本、资源进入城市更新赛道。

B.9
2024年个人住房贷款市场分析及展望

蔡 真[*]

摘 要： 2024年，在个人住房贷款市场政策持续优化，个人住房贷款利率大幅下调的情况下，由于住房市场销售低迷和提前还贷问题，我国个人住房贷款余额仅为37.68万亿元，同比下降1.3%，个人住房贷款余额连续两年负增长。从市场结构看，截至2024年上半年，六家国有大型商业银行个人住房贷款余额合计为26.19万亿元，占全国金融机构个人住房贷款余额总量的69.3%，依然是我国个人住房信贷市场的主力军。展望2025年，政策方面，为持续用力推动房地产市场止跌回稳，预计政府部门会进一步改善和优化个人住房贷款市场政策。数量方面，随着住房市场交易活跃度改善和新旧房贷利差的缩小，个人住房贷款余额规模有望重回正增长。价格方面，个人住房贷款利率还会进一步下行，以更好地支持居民家庭住房需求的释放。风险方面，需要重点关注商业银行个人住房贷款不良率、不良余额持续上升问题和负资产住房问题。

关键词： 个人住房贷款 利率下调 负资产住房

一 个人住房贷款市场政策情况

（一）下调个人住房贷款最低首付款比例

2024年，全国商业性个人住房贷款最低首付款比例，从2023年首套和

---

* 蔡真，中国社会科学院金融研究所副研究员，兼任国家金融与发展实验室房地产金融研究中心主任，主要研究方向为房地产金融与风险管理。

二套房贷最低首付款比例分别不低于20%和30%，分两次下调至首套和二套房贷最低首付款比例均不低于15%，已经降至历史最低点。2024年5月17日，中国人民银行和国家金融监管总局，将首套住房商业性个人住房贷款最低首付款比例调整为不低于15%，二套住房商业性个人住房贷款最低首付款比例调整为不低于25%。2024年9月24日，中国人民银行和国家金融监管总局进一步优化个人住房贷款最低首付款比例政策，商业性个人住房贷款不再区分首套、二套住房，最低首付款比例统一为不低于15%。

降低个人住房贷款最低首付款比例，可以减轻购房者的首付压力，降低购房门槛，从而推动住房市场需求的释放；而且在当前改善性住房需求为主的市场形势下，更大幅度地降低二套房贷最低首付款比例，可以更好地释放已经无贷款或还贷压力较小居民家庭的改善性住房需求。

（二）推动商业性个人住房贷款利率下降

2024年5月17日，中国人民银行和国家金融监管总局，取消全国层面首套住房和二套住房商业性个人住房贷款利率政策下限。各地可根据辖区内房地产市场形势及当地政府调控要求，自主确定是否设定住房贷款利率下限水平，也可不再设置利率下限；银行业金融机构应根据各省级市场利率定价自律机制确定的利率下限（如有），结合本机构经营状况、客户风险状况等因素，合理确定每笔贷款的具体利率水平。另外，作为个人住房贷款利率主要定价基准的5年期及以上LPR在年内累计下调了60个基点（2024年2月、7月和10月分别下调了25基点、10个基点、25个基点）。全国层面个人住房贷款利率政策下限的取消及LPR的大幅下调，推动了商业银行个人住房贷款平均利率水平在2024年内大幅下调。

目前，我国大多数居民家庭购买住房均需要使用个人住房贷款，利息成本是影响居民家庭购房决策的重要因素。大幅降低商业性个人住房贷款利率水平，可以降低购房成本，从而增加住房市场有效需求。2024年末，全国首套、二套住房贷款的平均贷款利率分别为3.09%（LPR减51个基点）、3.16%（LPR减44个基点），较2023年末下降了79个基点、126个基点；

与 2021 年最高时首套住房贷款 5.75% 的利率、二套住房贷款 6.00% 的利率相比，分别下降了 266 个基点和 284 个基点。以使用 100 万元首套房贷款为例，假设贷款期限为 30 年，选择等额本息还款，以 2024 年 12 月利率贷款的月还款额为 4265 元，比 2021 年高利率时期贷款的月还款额减少 1571 元（减少 26.9%），30 年利息总额减少 56.56 万元（减少 51.4%）。

（三）推动存量房贷利率再度批量下调

中国人民银行在 2023 年 8 月推动存量首套房个人住房贷款利率下调之后，2024 年 9 月再度推动存量房贷利率批量下调，将存量房贷利率批量下调至不低于 LPR-30 个基点或城市房贷利率加点政策下限，预计房贷利率平均下调约 50 个基点。推动存量房贷利率再度下调，一方面可以切实减轻借款居民的利息负担；另一方面也可以缩小新旧房贷利差，降低商业性个人住房借款人提前还贷动机。

另外，中国人民银行进一步完善了商业性个人住房贷款利率定价机制，取消了房贷利率重定价周期最短为一年的限制，允许商业性个人住房贷款借款人可与银行业金融机构协商约定重定价周期（可以选择按 3 个月、按 6 个月、按 12 个月重定价），使存量房贷利率能够更及时反映定价基准（LPR）的变化，以此避免新旧房贷利差持续扩大。

二　个人住房贷款市场运行情况

（一）总量运行情况

个人住房贷款，通常也被称为个人住房按揭贷款，指商业银行等金融机构向在城镇购买、建造、大修各类型住房的自然人发放的贷款，借款人必须以购买、建造或已有的住房产权为抵押物或其他抵押、质押、保证、抵押加阶段性保证等担保方式提供担保。

从中国人民银行公布的数据来看，截至 2024 年末，我国个人住房贷款余额为 37.68 万亿元，同比下降 1.3%，个人住房贷款余额连续 2 年负增长（见表 1）。2024 年末，个人住房贷款余额占金融机构人民币各项贷款余额的比例为 14.74%，较 2023 年末减少了 1.33 个百分点，表明个人住房贷款余额的同比增速大幅低于金融机构各项贷款余额的同比增速。

表 1 1998~2024 年个人住房贷款市场情况（年度）

单位：万亿元，%

年份	个人住房贷款余额	个人住房贷款余额同比增长率	金融机构各项贷款余额	个人住房贷款余额占总贷款余额比例
1998	0.07	271.58	8.65	0.81
1999	0.14	94.05	9.37	1.49
2000	0.33	142.34	9.94	3.32
2001	0.56	67.47	11.23	4.99
2002	0.83	48.56	13.13	6.32
2003	1.20	45.28	15.90	7.55
2004	1.60	35.15	17.74	9.02
2005	1.84	15.80	19.47	9.45
2006	2.27	19.00	22.53	10.08
2007	3.00	33.60	26.17	11.46
2008	2.98	10.50	30.34	9.82
2009	4.76	43.10	39.97	11.91
2010	6.20	29.70	47.92	12.94
2011	7.14	15.50	54.79	13.04
2012	8.10	13.50	62.99	12.86
2013	9.80	21.00	71.90	13.63
2014	11.52	17.50	81.68	14.10
2015	14.18	23.20	93.95	15.09
2016	19.14	35.00	106.60	17.95
2017	21.90	22.20	120.13	18.23
2018	25.75	17.80	136.30	18.89
2019	30.07	16.70	153.11	19.64
2020	34.44	14.60	172.75	19.94
2021	38.32	11.30	192.69	19.89
2022	38.80	1.20	213.99	18.13
2023	38.17	-1.60	237.59	16.07
2024	37.68	-1.30	255.68	14.74

资料来源：《中国货币政策执行报告》《金融机构贷款投向统计报告》；Wind。

从个人住房贷款余额季度同比增速来看，2024年的四个季度分别为
-1.90%、-2.10%、-2.3%和-1.3%，同比增速已经连续7个季度为负（见
图1）。个人住房贷款余额在2024年净减少了4900亿元；与2023年3月峰
值时的38.94万亿元相比，个人住房贷款余额规模已经累计缩水1.26万亿
元。虽然2024年个人住房贷款余额同比增速仍持续为负，但是随着商业性
个人住房贷款利率政策下限的取消、首套二套住房贷款最低首付比例统一下
调至15%、存量房贷利率的再次披露下调等一揽子政策的实施，以及住房
市场交易有所回暖、个人住房贷款提前还款规模的下降，个人住房贷款余额
在2024年第四季度开始止跌回升。2024年第四季度，虽然个人住房贷款余
额同比增速仍为负，但是环比增速转为正，个人住房贷款余额较2024年第
三季度净增加了1200亿元。

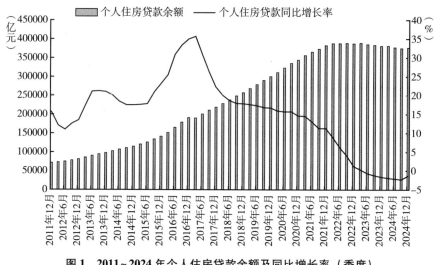

图1　2011~2024年个人住房贷款余额及同比增长率（季度）

资料来源：Wind。

（二）市场结构情况

国有大型商业银行是个人住房贷款业务的开拓者和主力军，我国最早一
笔个人住房贷款就是由中国建设银行于1985年发放的。截至2024年上半

年，中国工商银行、中国农业银行、中国银行、中国建设银行、交通银行、中国邮政储蓄银行六家国有大型商业银行个人住房贷款余额合计为 26.19 万亿元，占全国金融机构个人住房贷款余额总量的 69.3%（见图 2）。虽然六家国有大型商业银行个人住房贷款余额占全国金融机构个人住房贷款余额总量的比例在 2017 年达到 75.1%的峰值之后有所下降，但是该比例近年来仍稳定维持在 69%以上的高位，这就表明国有大型商业银行依然是我国个人住房信贷市场的主力军。

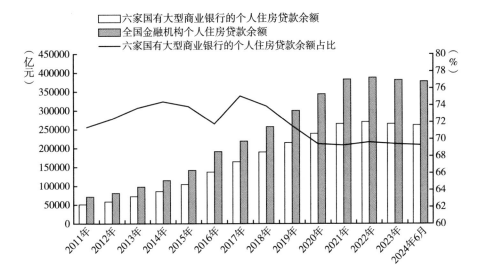

图 2　2011 年至 2024 年 6 月六家国有大型商业银行的个人住房贷款余额及其占全国金融机构个人住房贷款余额总量的比例

资料来源：Wind。

从六家国有大型商业银行的个人住房贷款余额同比增速来看，2016 年之后，六家国有大型商业银行的个人住房贷款余额同比增速呈不断下降趋势，与全国个人住房贷款余额同比增速的走势基本保持一致。2024 年 6 月，六家国有大型商业银行的个人住房贷款余额同比增速为-2.4%，连续两年为负（见图 3），远低于同期六家国有大型商业银行贷款总余额 10.1%的同比增速。从贷款业务结构来看，六家国有大型商业银行个人住房贷款余额占六

家国有大型商业银行贷款总余额的比例在 2019 年达到 31.5%的峰值后开始持续下降；2024 年 6 月末，六家国有大型商业银行个人住房贷款余额占六家国有大型商业银行贷款总余额的比例下降至 22.7%，较上年末下降 1.8 个百分点，较峰值下降 8.8 个百分点（见图 3）。

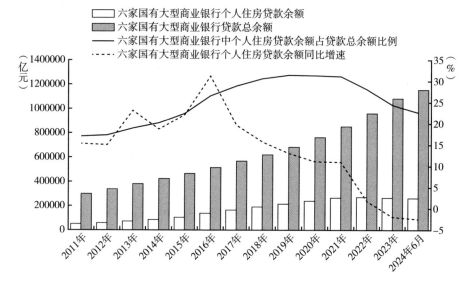

图 3　2011 年至 2024 年 6 月六家国有大型商业银行个人住房贷款余额情况

资料来源：Wind。

从截面数据来看，六家国有大型商业银行 2024 年半年报显示，中国建设银行个人住房贷款规模最大，为 6.38 万亿元，占该行贷款总额的 25.1%，较上年末下降了 2.0 个百分点；中国工商银行个人住房贷款余额为 6.17 万亿元，占该行贷款总额的 22.1%，较上年末下降了 2.0 个百分点；中国农业银行个人住房贷款余额为 5.07 万亿元，占该行贷款总额的 20.8%，较上年末下降了 2.1 个百分点；中国银行个人住房贷款余额为 4.75 万亿元，占该行贷款总额的 22.5%，较上年末下降了 1.5 个百分点；中国邮政储蓄银行个人住房贷款余额为 2.36 万亿元，占该行贷款总额的 27.3%，较上年末下降了 1.4 个百分点；交通银行个人住房贷款余额为 1.46 万亿元，占该行贷款总额的 17.7%，较上年末下降了 0.7 个百分点（见图 4）。虽然受个人住房贷款余额增速负增长的影响，六家国有大型商业银行的个人住房贷款余额及占贷款总额的比例在 2024 年均较 2023 年有所下降，但是六家国有大型商业银行的个人住房贷款业务的占比仍均是最高的，远高于制造业以及交通运输、仓储和邮政业等行业贷款业务的占比，个人住房贷款依然是六家国有大型商业银行最重要的贷款业务。

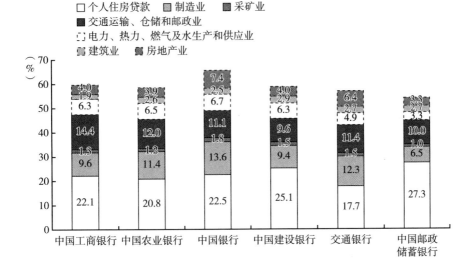

图 4 2024 年六家国有大型商业银行主要贷款业务占比情况（2024 年半年报）

资料来源：Wind。

（三）个人住房金融服务情况

优化住房金融服务，更便捷地满足居民家庭合理住房信贷需求，对促进房地产市场的健康平稳发展至关重要。从个人住房贷款放款周期情况来看，2024 年末，全国百城个人住房贷款平均放款周期为 28 天，个人住房贷款的放款周期稳定在 4 周左右，较 2023 年末的 19 天有所延长。其中，一线城市的平均放款周期为 34 天；二线城市的平均放款周期为 29 天（见图 5）。

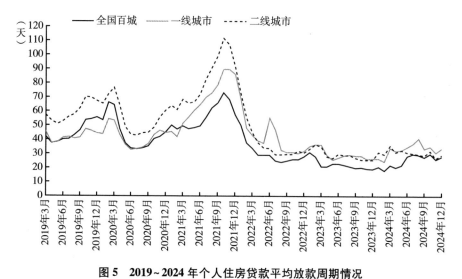

图5　2019~2024年个人住房贷款平均放款周期情况

注：图中的一线城市包括北京、上海、广州、深圳，二线城市包括天津、重庆、西安、南京、合肥、成都、佛山、东莞。

资料来源：贝壳研究院。

三　个人住房贷款利率走势情况

（一）全国个人住房贷款平均利率情况

2024年，全国层面个人住房贷款利率政策下限的取消及5年期及以上LPR的持续下调，推动了个人住房贷款平均利率水平的大幅下调。从中国人民银行公布的数据来看，2024年12月，新发放个人住房贷款利率同比下降了90个基点。

从50个样本城市个人住房贷款的平均利率来看，2024年末，全国首套住房贷款的平均贷款利率约为3.09%（LPR减51个基点），较2023年末下降了79个基点；全国二套住房贷款的平均贷款利率约为3.16%（LPR减44个基点），较2023年末下降了126个基点（见图6）。全国首套、二套住房贷款的平均贷款利率均出现较大幅度的下调，而且二套住房贷款利率平均下调幅度更大。2024 年末，首套、二套住房贷款之间的平均利差仅为 7 个基点，较 2023 年末缩窄了 47 个基点。值得一提的是，在 2024 年 10 月，样本城市中绍兴、温州的首套住房贷款利率低至 2.8%（比同期住房公积金贷款低 5 个基点），广州的首套、二套住房贷款利率均为 2.85%（与同期住房公积金贷款利率相同）；部分城市的个别商业银行个人住房贷款利率更是低至 2.6%，这就导致商业银行个人住房贷款利率与住房公积金贷款利率出现了"倒挂"的情形。为维持住房公积金贷款作为政策性住房金融工具的低利率优势，地方金融监管机构通过窗口指导要求商业银行将个人住房贷款利率调整至不低于住房公积金贷款利率。在此之后，绍兴、温州首套住房贷款利率调整至 3.1%，广州的首套、二套住房贷款利率分别调整为 3.0%、3.1%。截至 2024 年末，50 个样本城市的个人住房贷款利率最低为 3.0%。其中，广州、南京、成都、合肥、郑州、苏州、珠海、佛山、惠州、洛阳、绵阳、芜湖 12 个城市的首套住

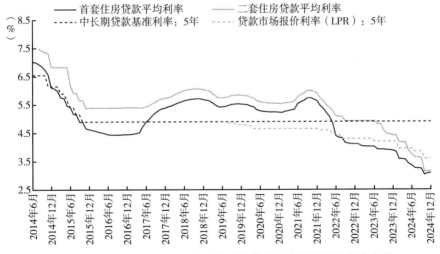

图 6　2014~2024 年全国 50 个样本城市首套住房贷款平均利率走势

注：个贷利率统计的 50 个样本城市包括北京、常州、成都、大连、东莞、佛山、福州、广州、贵阳、哈尔滨、杭州、合肥、呼和浩特、惠州、济南、嘉兴、昆明、兰州、廊坊、洛阳、绵阳、南昌、南京、南通、宁波、青岛、泉州、厦门、上海、绍兴、深圳、沈阳、石家庄、苏州、太原、天津、温州、无锡、芜湖、武汉、西安、徐州、烟台、银川、长春、长沙、郑州、中山、重庆、珠海。

资料来源：贝壳研究院，中国人民银行；Wind。

房贷款利率为3.0%，仅比同期住房公积金贷款利率（2.85%）高15个基点；合肥、珠海、佛山、惠州、洛阳、芜湖6个城市的二套住房贷款利率为3.0%，与首套住房贷款利率相同。

（二）部分城市个人住房贷款利率情况

从四个一线城市的个人住房贷款利率走势情况来看，2024年，北京、上海、广州、深圳四个城市的个人住房贷款利率均持续下降。2024年末，北京首套、二套住房贷款利率分别为3.15%和3.35%，均高于全国平均水平；首套、二套住房贷款利率分别下调了105个基点和140个基点，首套、二套住房贷款的利差由上年末的55个基点缩窄至20个基点。上海的首套、二套住房贷款利率与北京相同，分别为3.15%和3.35%；首套、二套住房贷款利率分别下调了95个基点和105个基点，首套、二套住房贷款的利差由上年末的30个基点缩窄至20个基点。广州首套、二套住房贷款利率分别为3.0%和3.1%；首套、二套住房贷款利率分别下调了110个基点和140个基点，首套、二套住房贷款的利差由上年末的40个基点缩窄至10个基点。深圳首套、二套住房贷款利率分别为3.15%和3.55%；首套、二套住房贷款利率均下调了95个基点，首套、二套住房贷款利差仍为40个基点（见图7）。

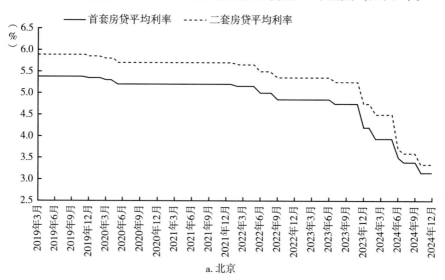

a. 北京

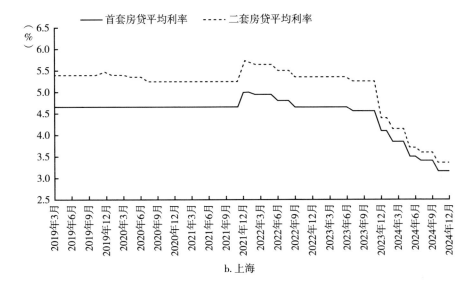

b. 上海

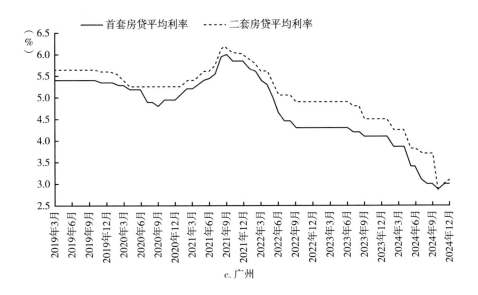

c. 广州

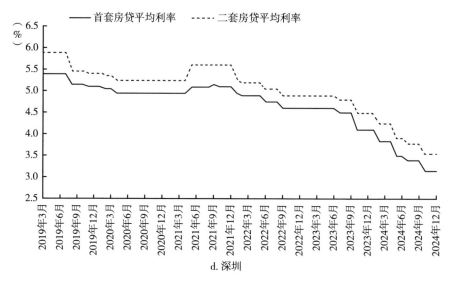

d. 深圳

图7　2019~2024年四个一线城市个人住房贷款利率走势

资料来源：贝壳研究院；Wind。

从四个样本二线城市个人住房贷款利率情况来看，2024年，南京、杭州、武汉和重庆四个二线城市首套、二套住房贷款的利率均大幅下调。2024年10月，南京、杭州、武汉的最低住房贷款利率均低于3.0%，因为与住房公积金贷款利率（2.85%）之间的利差过小，而略有上调。2024年末，南京首套、二套住房贷款利率分别为3.00%和3.30%；首套、二套住房贷款利率分别下调100个基点和120个基点，首套、二套住房贷款的利差由上年末的50个基点收窄至30个基点。杭州的首套、二套住房贷款利率均为3.1%；首套、二套住房贷款利率分别下调90个基点和130个基点，首套、二套住房贷款的利差由上年末的40个基点收窄至0。武汉首套、二套住房贷款利率分别为3.10%和3.33%；首套、二套住房贷款利率分别下调70个基点和108个基点，首套、二套住房贷款的利差由上年末的60个基点收窄至23个基点。重庆首套、二套住房贷款利率均为3.2%；首套、二套住房贷款利率分别下调80个基点和120个基点，首套、二套住房贷款利差由上年末的40个基点收窄至0（见图8）。目前，杭州、重庆的首套、二套住房贷款已经执行相同的利率，以此来更好地释放城市居民家庭改善性住房需求。

（三）存量房贷利率调整情况

中国人民银行在 2023 年 8 月推动存量首套房个人住房贷款利率下调之后，2024 年 9 月再度推动存量房贷利率的批量下调，将存量房贷利率批量

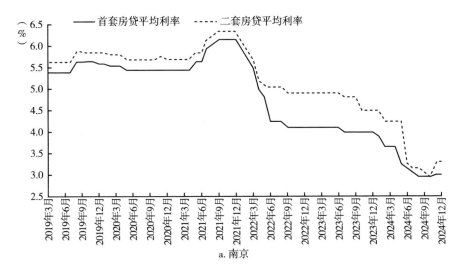

a. 南京

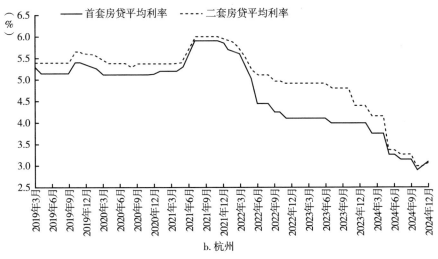

b. 杭州

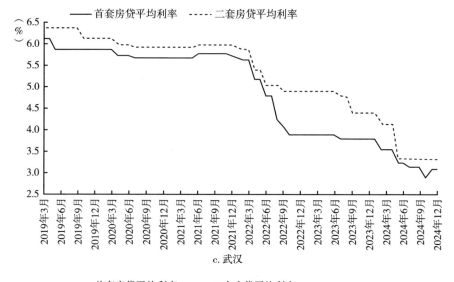

c. 武汉

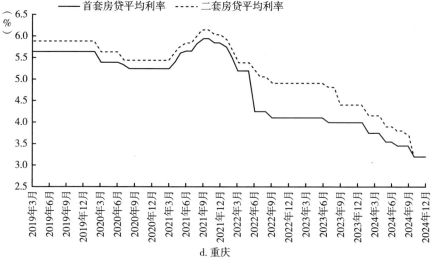

d. 重庆

图8　2019~2024年四个样本二线城市个人住房贷款利率走势

资料来源：贝壳研究院；Wind。

下调至不低于LPR-30个基点或城市房贷利率加点政策下限，预计房贷利率平均下调约50个基点。

从各商业银行关于开展存量个人住房贷款利率调整的公告来看，存量房贷在 2024 年 10 月批量下调至 LPR–30BP 或城市房贷利率加点政策下限，而且不同重定价日的存量房贷下调幅度会有所不同。例如，对于重定价日为每年 1 月 1 日的存量房贷，房贷利率将被下调至 3.9%（4.2%减 30 个基点，2024 年 1 月 1 日 LPR 为 4.2%），并于 2025 年 1 月 1 日重定价后调整至 3.3%（3.6%减 30 个基点，2025 年 1 月 1 日 LPR 为 3.6%）；而对于重定价日为 10 月 21 日及之后的存量房贷，房贷利率将被下调至 3.3%（3.6%减 30 个基点，2024 年 10 月 21 日的 LPR 为 3.6%）。存量房贷利率的下调，切实减轻了我国借款居民家庭的房贷利息负担。从中国人民银行公布的数据来看，本次存量房贷利率调整惠及超 5000 万户家庭 1.5 亿人口，每年减少借款人房贷利息支出 1500 亿元。另外，存量房贷利率的下调，可以缩小新旧房贷利差，降低商业性个人住房借款人提前还贷动机。

四　个人住房贷款市场风险状况分析

（一）商业银行个人住房贷款不良率和不良贷款余额持续上升

贷款不良率是衡量商业银行贷款质量和风险的重要指标；相应地，个人住房贷款不良率是对个人住房贷款风险的度量指标，它是一个事后指标。从 16 家样本商业银行的个人住房贷款不良率数据来看，2024 年上半年，样本银行个人住房贷款不良率为 0.16% ~ 1.33%，均值为 0.67%、中位数为 0.59%，不同银行间差异较大，但是平均来看仍远低于同期商业银行平均 2.22% 的不良贷款率。从商业银行的经营视角来看，个人住房贷款仍是风险最低的贷款业务。因此，也就不难理解个人住房贷款位居各商业银行贷款投向之首了。

从近年来样本商业银行个人住房贷款不良率和不良余额的变化情况来看，样本商业银行个人住房贷款不良率（不良率均值和中位数）及不良贷款余额均持续上升。其中，个人住房贷款不良率的均值从 2019 年的 0.24% 持续上升至 2024 年上半年的 0.67%，上升了 0.43 个百分点；个人住房贷款

不良率的中位数从 2019 年的 0.25% 持续上升至 2024 年上半年的 0.59%，上升了 0.34 个百分点；个人住房贷款不良贷款余额从 2019 年的 534.4 亿元持续上升至 2024 年上半年的 1396.0 亿元，上升了 161%。具体来看，2024 年上半年，仅邮储银行、郑州银行和渝农商行的个人住房贷款不良率较 2023 年末略有下降，下降幅度分别为 0.05 个、0.05 个和 0.06 个百分点；而农业银行、交通银行、工商银行、建设银行、浦发银行、民生银行、招商银行、苏州银行、杭州银行、上海银行、成都银行、重庆银行、青农商行个人住房贷款不良率和不良余额较 2023 年末有所上升，不良率上升幅度在 0.03~0.31 个百分点区间（见表 2）。

（二）一线城市居民购房时使用财务杠杆水平大幅提高

贷款价值比（Loan to Value Ratio，LTV）指贷款金额与抵押品价值（抵押品评估价值或交易价格两者中的较小者）的比例，是一个国际通用的贷款风险评估指标，多见于抵押贷款，可以用于衡量抵押品价值对贷款的保障程度。个人住房贷款价值比具体计算公式为：贷款价值比＝个人住房贷款金额/住房市场价值。相关研究表明，住房贷款价值比与个人住房贷款违约率呈显著正相关性，即贷款价值比越高，说明借款人购房时使用自有资金的比例越低，个人住房贷款的违约风险就会越大。原因是当房价波动使作为抵押品的住房市场价值小于待偿还的个人住房贷款金额时（即贷款价值比大于 1 时），其会对理性的贷款人产生违约激励，使贷款违约风险增加。住房贷款价值比除了作为风险监测的指标，也可以作为房地产调控的政策工具。降低住房贷款价值比（提高最低购房首付款比例要求），会提高购房首付门槛，减少住房需求，并降低住房贷款违约风险；提高住房贷款价值比（降低最低购房首付款比例要求），可以降低购房首付门槛，释放潜在的住房市场需求，但也会增加住房贷款违约风险。

从一线和部分二线城市新增二手住房贷款价值比来看，2024 年末，一线城市中北京的平均新增二手住房贷款价值比为 56%，上海的平均新增二手

表2 部分样本商业银行个人住房贷款不良率及不良余额情况

单位：%，亿元

证券简称	金融机构类型	个人住房贷款不良贷款率						个人住房贷款不良贷款余额					
		2019年	2020年	2021年	2022年	2023年	2024年6月	2019年	2020年	2021年	2022年	2023年	2024年6月
农业银行	国有大型商业银行	0.30	0.38	0.36	0.51	0.55	0.58	123.9	176.6	188.7	272.6	285.3	296.0
交通银行	国有大型商业银行	0.36	0.37	0.34	0.44	0.37	0.48	40.4	48.5	50.8	67.3	54.6	70.7
工商银行	国有大型商业银行	0.23	0.28	0.24	0.39	0.44	0.60	116.8	162.1	154.6	253.9	278.3	371.0
邮储银行	国有大型商业银行	0.38	0.47	0.44	0.57	0.55	0.50	64.9	90.4	94.1	128.8	127.9	118.3
建设银行	国有大型商业银行	0.24	0.19	0.20	0.37	0.42	0.54	124.8	113.2	129.1	238.5	268.2	342.8
浦发银行	股份制商业银行	0.27	0.34	0.40	0.52	0.62	0.75	19.8	28.7	36.7	45.7	51.7	62.2
民生银行	股份制商业银行	0.21	0.22	0.26	0.50	0.67	0.83	8.8	11.1	15.7	28.8	36.8	44.7
招商银行	股份制商业银行	0.25	0.29	0.28	0.35	0.37	0.40	27.5	37.6	38.2	49.0	51.2	55.2
郑州银行	城市商业银行	0.11	0.52	0.96	1.65	1.17	1.12	0.3	1.9	3.9	6.2	3.9	3.6
苏州银行	城市商业银行	0.12	0.04	0.15	0.24	0.17	0.27	0.2	0.1	0.5	0.8	0.6	1.0
杭州银行	城市商业银行	0.04	0.07	0.05	0.11	0.13	0.16	0.2	0.5	0.4	0.9	1.2	1.6
上海银行	城市商业银行	0.16	0.14	0.09	0.16	0.26	0.35	1.5	1.8	1.5	2.7	4.2	5.5
成都银行	城市商业银行	0.25	0.25	0.25	0.41	0.45	0.63	1.5	1.8	2.1	3.6	4.1	5.8
重庆银行	城市商业银行	0.34	0.29	0.27	0.52	0.77	1.08	0.9	1.0	1.2	2.2	3.1	4.3
青农商行	农村商业银行	0.23	0.27	0.41	0.75	1.15	1.33	0.5	0.8	1.3	2.4	3.4	3.8
渝农商行	农村商业银行	0.33	0.31	0.46	0.77	1.11	1.05	2.4	2.8	4.7	7.5	10.2	9.4
16家样本商业银行个人住房贷款不良贷款余额合计								534.4	678.7	723.5	1110.9	1184.8	1396.0

资料来源：商业银行财务报告；Wind。

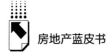

住房贷款价值比为 58%，均处于合理水平；广州的平均新增二手住房贷款价值比为 70%，深圳的平均新增二手住房贷款价值比为 69%，均处于相对较高水平。二线城市方面，成都的平均新增二手住房贷款价值比为 66%，合肥的平均新增二手住房贷款价值比为 67%，南京的平均新增二手住房贷款价值比为 64%，天津的平均新增二手住房贷款价值比为 66%，均处于合理水平；西安的平均新增二手住房贷款价值比为 68%，重庆的平均新增二手住房贷款价值比为 69%，东莞的平均新增二手住房贷款价值比为 74%，佛山的平均新增二手住房贷款价值比为 74%，处于相对较高水平（见图 9），但平均首付比例亦在三成左右。总体来看，2024 年，受首套、二套住房贷

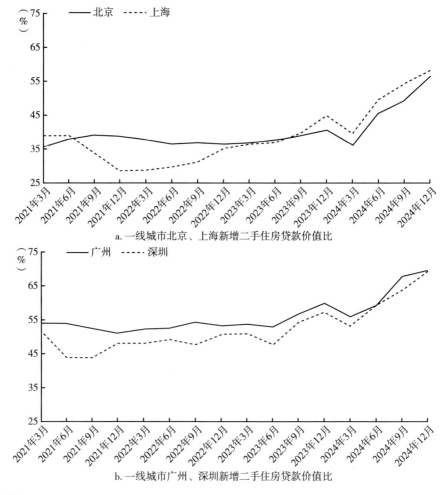

a. 一线城市北京、上海新增二手住房贷款价值比

b. 一线城市广州、深圳新增二手住房贷款价值比

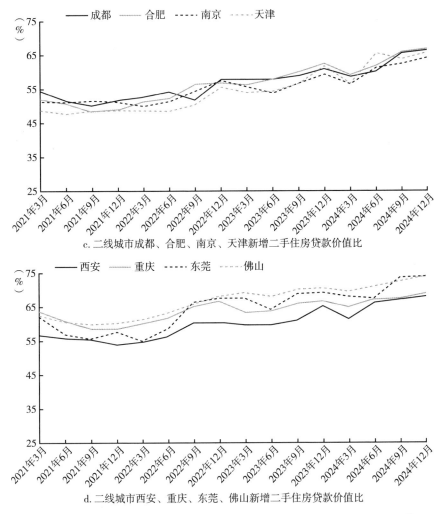

c.二线城市成都、合肥、南京、天津新增二手住房贷款价值比

d.二线城市西安、重庆、东莞、佛山新增二手住房贷款价值比

图9 2021~2024年一线和部分二线城市新增二手住房贷款价值比（LTV）情况

资料来源：贝壳研究院。

款最低首付比例下调和个人住房贷款利率大幅下降的影响，样本城市的新增二手房住房贷款价值比均比2023年同期高，居民购房使用财务杠杆水平有所提高，个人住房贷款违约风险上升；其中，一线城市居民购房使用财务杠杆水平提高幅度最大。

（三）住户部门债务收入比、房贷收入比均在回落

住户部门债务收入比（Debt to Income，DTI）是指住户部门债务余额与可支配收入的比值，用于衡量住户部门的债务水平。因为住户部门债务中占比最高的是个人住房贷款，所以 DTI 成为多数发达经济体和部分新兴市场经济体实施房地产宏观审慎管理的重要工具之一。从该指标的分子分母的含义来看，分子为住户部门债务（主要为住户部门的消费贷款和经营贷款），是一个存量指标；分母为可支配收入，是住户部门偿还债务的主要资金来源，它是一个流量指标。住户部门债务与名义可支配收入的比值，可以用于反映住户部门债务负担水平。

从住户部门债务收入比数据来看，从 2021 年开始，住户部门债务收入比上升趋势显著放缓；2024 末，住户部门债务收入比为 142.4%，与 2023 年末相比下降了 2.5 个百分点。住户部门债务收入比继 2008 年之后，再次出现下降的情形。从房贷收入比[①]数据来看，2024 年住户部门房贷收入比为64.8%，与 2023 年末相比下降了 4.3 个百分点；受个人住房贷款余额同比增速持续下滑影响，住户部门房贷收入比从 2022 年开始持续回落，截至2024 年末已累计下降 12.5 个百分点（见图 10）。虽然一线和部分样本二线城市的新增二手住房贷款价值比在上升，居民新增购房的财务杠杆水平有所提升，但是由于部分家庭提前偿还存量个人住房贷款规模较大和住房销售疲软，住户部门房贷收入比连续三年下降。总体来看，2024 年受就业和收入增长预期较弱、房价持续下跌影响，住户部门举债意愿明显不足，债务收入比、房贷收入比均在回落。虽然住户部门债务收入比、房贷收入比的下降，降低了住户部门的偿债压力和债务风险，但是这也意味着住户部门消费、购房、投资等行为均更为谨慎，会对房地产市场止跌回稳和宏观经济稳中向好形势产生负面影响。

---

① 即个人住房贷款余额与居民可支配收入的比值。

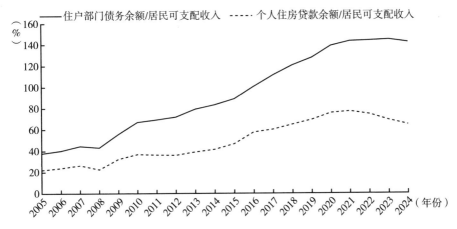

图10　2005～2024年我国住户部门债务收入比和房贷收入比

注：住户部门债务为居民贷款，数据来自中国人民银行《金融机构本外币信贷收支表》，包括消费贷和经营贷；个人住房贷款数据来自中国人民银行《中国货币政策执行报告》《金融机构贷款投向统计报告》；居民可支配收入数据采用国家统计局公布的年度人均可支配收入与年末总人口数量相乘得到。

资料来源：国家统计局，中国人民银行。

（四）个人住房贷款市场大规模提前还贷问题得到有效缓解

2024年，个人住房贷款余额继续负增长，年内净减少了4900亿元。提前还贷仍然是个人住房贷款余额下降的重要原因。从已发行RMBS的基础资产的早偿率情况来看，2024年末，个人住房贷款的早偿率（年化）为14.8%；低于2023年末的15.4%，但是仍高于2016～2022年10.3%的平均水平。分季度来看，2024年第一、二、三、四季度个人住房贷款的早偿率（月度年化）分别为48.0%、20.2%、12.6%、14.8%。2024年第一季度个人住房贷款的早偿率（月度年化）达到了48.0%，为近年来的次高值。新旧房贷利差的持续扩大是个人住房贷款市场存在大规模提前还贷问题的重要因素，为解决新旧房贷利差较大问题，中国人民银行于2024年9月29日发布公告，完善商业性个人住房贷款利率定价机制，并引导存量房贷利率再次批量下调。个人住房贷款的早偿率（月度年化）随着存量房贷利率的再次下调而有所下降，2024年末个人住房贷款的早偿率（月度年化）虽然仍高

于 2016~2022 年的平均水平，但是已经大幅低于 2023 年 9 月时 59.7% 的峰值和 2024 年 3 月时 48.0% 的次高值，个人住房贷款市场大规模提前还贷问题已经得到有效缓解（见图 11）。

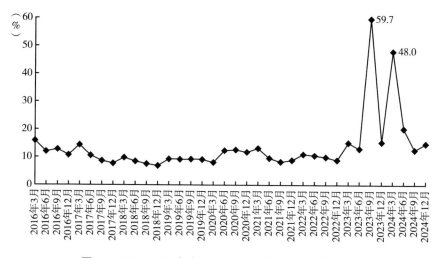

图 11　2016~2024 年个人住房贷款早偿率（月度年化）

资料来源：Wind。

（五）房价的持续下跌导致部分住房成为负资产

目前，我国大多数居民家庭购买住房使用了个人住房贷款。房价的持续下跌，会使作为个人住房贷款抵押品的住房市场价值也随之下降。如果房价下跌幅度较大，则会使借款人住房成为负资产，即借款人未偿还个人住房贷款余额超过住房的市场价值。住房成为负资产，会增加借款人主动债务违约的动机，导致个人住房贷款违约率的大幅上升。

自 2021 年第三季度开始，我国房地产市场进入下行调整期。从房价数据来看，2021 年 9 月，70 个大中城市商品住宅销售价格环比出现拐点，房价结束了六年半的持续上涨，转而开始下跌。截至 2024 年 12 月，我国 70 城新建商品住房价格已经累计下跌 9.1%，二手住房价格已经累计下跌 15.7%，二手住房价格下跌幅度远大于新建商品住房价格的跌幅。其中，温州（−19.0%）、金华（−17.3%）、岳阳（−17.2%）、湛江（−17.0%）、秦皇岛（−17.0%）、哈尔滨（−16.4%）、常德（−16.2%）、厦门（−15.5%）、泸州（−15.4%）9个城市的新建商品住房价格自2021年9月以来已经下跌超过15%；牡丹江（−25.4%）、泉州（−23.2%）、金华（−22.8%）、丹东（−22.5%）、哈尔滨（−22.4%）、唐山（−21.9%）、温州（−21.5%）、武汉（−21.2%）、襄阳（−21.2%）、南宁（−20.8%）、呼和浩特（−20.6%）、厦门（−20.3%）、吉林（−20.3%）13个城市的二手住房价格自2021年9月以来已经下跌超过20%。另外，由于房地产市场分化加速，城市核心城区的老旧住宅、远郊、核心城市卫星城的房价出现了更大幅度的下跌。如环京的燕郊和涿州、邻近深圳的惠州等城市房价下跌超过五成；即使北京、上海、广州、深圳等一线城市中核心城区的老旧住宅及远郊房源中，房价跌幅超过30%的房源数量也有很多（较房源所在小区成交价峰值）。因此，房价的持续下跌已经导致部分住房成为负资产。

目前，我们没有境内负资产住房的相关统计数据，但是可以从中国香港的相关统计数据来分析负资产住房问题。根据CEIC中国香港的房屋价格指数，2024年末，中国香港的房屋价格较2021年9月时的峰值房价下跌了27%。中国香港的负资产住房数量（负资产住宅按揭贷款宗数）从2021年9月时的3宗，上升至2024年末的3.84万宗；负资产住宅按揭贷款金额从2021年9月时的0.09亿港元，上升至2024年末的1950.7亿港元；负资产住宅按揭贷款占整体住宅按揭贷款数目的比例从2021年9月时的约为0，上升至2024年末的6.5%；负资产住宅按揭贷款占未偿还贷款总额的比例从2021年9月时的约为0，上升至2024年末的10.4%。虽然截至2024年末，中国香港负资产住宅按揭贷款的违约率（未还款超过3个月）仅为0.15%，但是负资产住房问题仍会给借款人家庭经济行为和住房市场带来很大的负面影响。第一，负资产住房导致借款人家庭资产负债表大幅恶化，给借款人家庭带来较大经济和心理负担，并抑制借款人家庭消费需求。第二，负资产住房会对贷款人产生主动违约激励，而且相关研究表明负资产住房叠加借款人家庭收入下滑时（如失业）会大幅增加个人住房贷款的违约率，增加金融

系统风险。第三，负资产住房问题会对购房者的信心打击极大，会降低住房市场潜在需求。第四，大规模负资产住房债务违约后，商业银行收房、拍卖处置作为抵押品的住房，可能会使房价陷入通缩螺旋，即房价下跌—负资产住房—个人住房贷款违约—银行收房—折价拍卖—房价进一步下跌—更多的个人住房贷款违约。

五　2025年个人住房贷款市场展望

展望 2025 年，政策方面，为持续用力推动房地产市场止跌回稳，我们认为政府部门会进一步改善和优化个人住房贷款市场政策，如进一步下调 LPR、加大个人住房贷款投放力度、支持个人住房贷款纾困等。数量方面，个人住房贷款余额规模有望重回正增长，原因有二：第一，随着一揽子房地产政策的落地实施，房地产市场交易有望持续活跃，个人住房贷款市场需求也会随之改善；第二，随着新旧房贷利差的缩小，个人住房贷款提前还贷动机也在减弱。价格方面，个人住房贷款利率还会进一步下行，原因有三：第一，2025 年中国人民银行将实施适度宽松的货币政策，适时降准降息，LPR 会继续下行，个人住房贷款利率将随之继续下降；第二，利息成本是影响居民家庭购房决策的重要因素，为更好地支持居民家庭住房需求的释放，仍需进一步降低个人住房贷款利率，而且个人住房贷款利率下降幅度可能会超过 LPR 下调幅度；第三，随着存量房贷利率重定价周期的缩短，存量房贷利率也将更好地随 LPR 下调而下调。风险方面，2025 年，需要继续重点关注商业银行个人住房贷款不良率、不良余额持续上升问题和负资产住房问题。

B.10
2024年房地产经纪行业发展报告

王明珠*

摘　要：　2024年，我国房地产市场政策以止跌回稳为主基调，两部门《关于规范房地产经纪服务的意见》持续落实，市场政策持续优化、行业执业环境不断改善；在存量为主、改善性需求为主的市场环境下，房地产经纪服务的重要作用日益凸显，行业总体佣金规模稳中有升，但面临市场集中度增加、经纪机构和从业人员规模下降、对高素质人才吸引不足等问题；借助新媒体平台，行业已出现先付费后服务新模式、单边代理新趋势。未来，随着房地产市场的重要转变及AI等新技术的加持，行业将由"劳动密集型""信息中介"逐步向"知识密集型""顾问式服务"转变，个体价值、品牌经纪人员将崛起，行业生态将更加多元化，"售前美化"业务有望快速发展；监管层面，主管部门对房地产自媒体乱象的治理将加强，对房地产经纪的全过程监管将不断完善。

关键词：　房地产经纪　规范服务　新媒体　单边代理　售前美化

房地产经纪（俗称房地产中介）①，本质是房地产流通服务，以促成房

---

* 王明珠，中国房地产估价师与房地产经纪人学会研究中心助理研究员，主要研究方向为房地产经纪。

① 本报告中房地产经纪等同于房地产中介，但二者内涵有时可能略有差别，需根据实际情况具体分析。例如，根据《中华人民共和国城市房地产管理法》，"房地产中介服务机构包括房地产咨询机构、房地产价格评估机构、房地产经纪机构等"，则房地产中介>房地产经纪；根据《中华人民共和国民法典》，中介=居间，根据《房地产经纪管理办法》，房地产经纪是指房地产经纪机构和房地产经纪人员为促成房地产交易，向委托人提供房地产居间、代理等服务并收取佣金的行为，则房地产经纪>房地产居间=房地产中介。

地产交易为主要目标任务。作为房地产市场的重要组成部分，近年来面临房地产市场由增量为主转为存量为主、由刚需为主转为改善需求为主、由直接购买为主转为置换为主、由卖方市场转为买方市场等重大趋势性变化，叠加数字化、人工智能（AI）、直播短视频等新技术、新媒体的兴起，带来房地产经纪服务模式、方式、规则的重大变化。[①] 与此同时，房地产经纪在房地产市场中的作用也越来越重要，如何利用自身专业优势，在促进房地产市场平稳健康发展中发挥更大的积极作用，从而带动行业实现转型升级和高质量发展，成为当前房地产经纪行业需要思考的问题。

一　房地产经纪行业发展的总体情况

2024 年，房地产经纪行业整体处于调整期：得益于经纪服务渗透率的持续提升，全国房地产经纪行业佣金规模在 1900 亿元左右，保持稳中有升态势；经纪行业整体竞争加剧，经纪门店及经纪人员总量均下降，代表性企业规模普遍下降，个别企业规模逆势上涨；深耕行业的成熟门店和专业人员在市场调整期表现出色，但行业对新人尤其是高素质人才的吸引不足，行业竞争以存量（存量门店、存量经纪人员）竞争为主；依托新媒体平台的房地产经纪群体快速增加。

（一）佣金规模

根据国家统计局数据，2024 年全国新房[②]销售金额约 9.7 万亿元；根据中国房地产估价师与房地产经纪人学会（简称中房学）测算，2024 年全国二手房成交额约 7 万亿元。[③] 按新房经纪服务渗透率 50% 左右、二手房经纪

---

① 《柴强：适应环境变化，做好经纪服务，助力止跌回稳》，https://mp.weixin.qq.com/s/QjWrHzT8vQXPxhL7eIkbkQ。
② 本报告中新建商品房简称新房。
③ 根据代表性机构二手房成交金额估算。

服务渗透率85%以上测算①，2024年通过房地产经纪服务完成的房地产交易额约10.8万亿元，较2023年增长8%；按平均佣金费率1.8%测算，2024年佣金规模约1900亿元，较2023年增长约6%（见图1）。整体来看，在房地产交易量减少、经纪服务渗透率日益提高等因素综合作用下，2024年全国房地产经纪行业营业收入整体保持稳中有升，二手房业务规模约为新房业务规模的1.2倍。

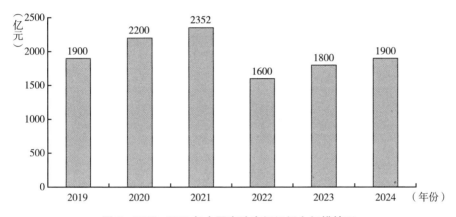

图1　2019~2024年全国房地产经纪佣金规模情况

资料来源：2019~2021年资料来源于贝壳研究院；2022~2024年资料来源于中房学。

（二）机构规模

1. 房地产机构规模总量下降，新注册机构减少三成

2024年，房地产经纪机构总量及新注册机构数量均有不同程度的下滑。据中房学房地产经纪行业信息库统计，截至2024年12月31日，全国工商登记且存续的房地产经纪机构（含分支机构）约38.9万家，较2023年底缩减近1万家，降幅约2%（见图2）。2024年新注册机构约4.5万家，较2023年下降约30%（见图3），新注册机构规模不足2021年高点（约9.7万家）的一半。

---

① 经纪服务渗透率指通过房地产经纪服务完成的房地产交易占全部房地产交易的比重。新房、二手房经纪服务渗透率根据代表性城市调研估算。

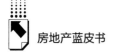
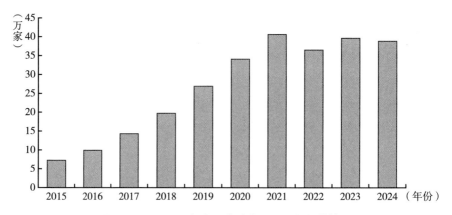

图2　2015～2024年全国房地产经纪机构规模情况

资料来源：中房学房地产经纪行业信息库。

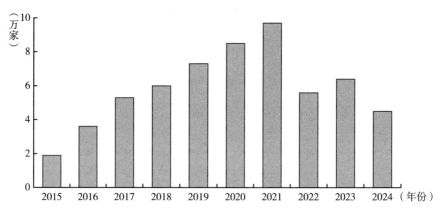

图3　2015～2024年全国新注册房地产经纪机构情况

注：统计口径未剔除已注销、吊销等异常状态的机构。

资料来源：中房学房地产经纪行业信息库。

2. 新注册机构以小型机构为绝对主力，占比接近90%

据中房学房地产经纪行业信息库统计，2024年全国新增房地产经纪机构中，小型机构（注册资本在100万元以下）占比显著提升，从2023年的70.10%提升至88.78%，增加18.68个百分点；中型机构［注册资本在100万（含）～300万元］占比显著下降，从2023年的24.55%下降至不足10%；注册资本在300万元及以上的大型机构数量显著下降，2024年占比仅为1.26%（见图4），反映出为提高市场竞争力，经纪机构普遍采取降低单店规模的策略，通过自身降本增效、压缩运营成本，以灵活应对市场变化。

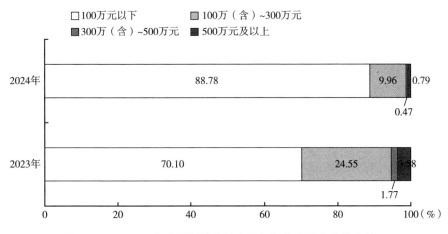

图4　2023~2024年全国新增房地产经纪机构注册资本分布情况

资料来源：中房学房地产经纪行业信息库。

3. 超四成机构经营年限在5年以上，成熟机构占比显著提升

据中房学房地产经纪行业信息库统计，2024年全国成熟（经营年限5年以上）房地产经纪机构数量超过16万家，占机构总量的41.18%，较2023年提升8.47个百分点；其中，经营年限5~10年（含）、10年以上的机构占比分别提升6.66个百分点、1.81个百分点。经营年限3~5年（含）的机构占比与2023年基本持平。而经营年限1~3年（含）、1年及以下的机构占比较2023年均有不同程度的下降（见图5）。反映出成熟机构通过多年深耕社区，在面对市场调整期时呈现更强的生存能力。

4. 传统机构规模普遍下降，新媒体经纪群体快速发展

（1）代表性机构规模普遍下降，个别机构规模逆势增长

2024年，除贝壳找房、优居、乐有家、小牛看房（常居）外，多家代表性平台企业和经纪机构规模出现下降。具体来看，截至2024年底，贝壳找房平台链接门店数超过5万家、经纪人员数近50万人，较2023年分别增长了17.7%、16.9%；贝壳找房旗下加盟品牌德祐和直营品牌链家的门店

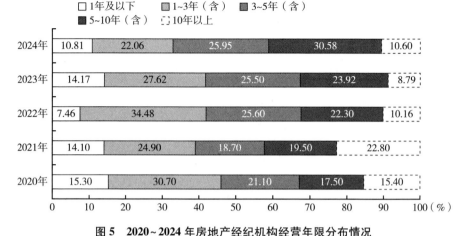

图 5　2020~2024 年房地产经纪机构经营年限分布情况

资料来源：中房学房地产经纪行业信息库。

数、经纪人员数均有不同程度的增长。加盟品牌优居门店数、经纪人员数分别增至 8300 余家、4.5 万人，规模已接近 21 世纪不动产。深圳本地直营品牌乐有家门店数、经纪人员数分别增至 3800 家、2.3 万人，门店数量已超过我爱我家。同样实现逆势增长的还有常州本地加盟品牌小牛看房（常居），门店数和经纪人员数均有所增长。而 58 安居客、我爱我家、到家了等多家代表性平台企业和经纪机构的门店数和（或）经纪人员数指标均有不同程度的下降。其中，儒房地产和鲁房置换（门店数减少近三成、经纪人员数减少三成以上）、到家了（门店数减少四成、经纪人员数减少 1/4）等区域型头部经纪机构规模收缩明显（见表 1）。

表 1　2022~2024 年代表性房地产经纪机构和平台企业规模变化情况

序号	房地产经纪机构和平台企业	年份	经纪人员数（万人）	门店数（家）	进入城市数（个）
1	58 安居客	2024	54.8	13.6 万	352
		2023	60	14 万	771
		2022	66	14.7 万	824

续表

序号	房地产经纪机构和平台企业	年份	经纪人员数（万人）	门店数（家）	进入城市数（个）
2	贝壳找房	2024	近50	51573	—
		2023	42.8	43817	—
		2022	39.4	40516	——
	德祐	2024	21.6	23800	—
		2023	20.3	23149	—
		2022	18.4	21057	—
	链家	2024	11.4	5600	—
		2023	10.3	5524	29
		2022	9.7	5765	—
3	21世纪不动产	2024	6.1	10015	165
		2023	6+	10000+	165
		2022	6.2	10039	174
4	优居	2024	4.5	8367	241
		2023	4.2	7919	227
		2022	4.1	7229	216
5	儒房地产和鲁房置换	2024	3.1	6287	386
		2023	4.8	8736	362
		2022	6.5+	7000+	700+
6	我爱我家	2024	3.1	2202	9
		2023	3.4	2889	11
		2022	3.9	4409	35
7	乐有家	2024	2.3	3800	26
		2023	1.8	3500	20
		2022	1.5	2900	15
8	中原地产	2024	1.2	639	65
		2023	1.6	663	30
		2022	1.9	824	39
9	中墅	2024	0.95	2321	17
		2023	0.97	2074	15
		2022	0.84	1871	13

续表

序号	房地产经纪机构和平台企业	年份	经纪人员数（万人）	门店数（家）	进入城市数（个）
10	到家了	2024	0.9	675	1
		2023	1.2	1133	3
		2022	1.1	1119	4
11	象盒找房	2024	0.73+	800+	7
		2023	0.8+	800+	9
		2022	1+	900+	13
12	小牛看房（常居）	2024	0.51	1030	1
		2023	0.33	839	1
		2022	0.23	537	1
13	麦田房产	2024	0.44	600+	—
		2023	0.55	311	—
		2022	0.65	304	—
14	唐山千家	2024	0.35	389	1
		2023	0.41	442	2
		2022	0.32	394	2
15	宏辉	2024	0.24	205	3
		2023	0.30	208	3
		2022	0.28	226	3
16	包头联邦置业	2024	0.11	143	—
		2023	0.13	148	6
		2022	0.12	158	5

注：排名根据2024年房地产经纪人员数；儒房地产和鲁房置换均为容客集团下的经纪品牌，因此作为整体统计；我爱我家2024年门店数和进入城市数未统计加盟。麦田房产仅为北京麦田房产经纪有限公司数据，2024年门店数包括加盟和直营。

资料来源：中房学根据调研数据整理。

（2）依托新媒体平台的房产主播和用户规模快速增长

2024年，抖音、快手等新媒体平台房产主播及房产内容用户数均实现快速增长。具体来看，根据抖音房产公布数据，2024年其CPS业务已落地36座城市，新增合作服务商63家，新增合作达人超过3.5万人；合作达人粉丝数量超过 1.8 亿人，较 2023 年增长 488%；成交 GTV 较 2023 年增长 8 倍。[①] 截至 2024 年第三季度，快手理想家已经覆盖全国超 140 个城市，拥有房产主播数量超 18 万人。[②]

新媒体获客占比不断增加。根据中房学调研，代表性经纪机构获客渠道[③]中，新媒体获客占比普遍在 10% 以上，部分机构甚至达到 20%。目前经纪人员使用较多的新媒体平台主要有抖音、快手、小红书、微信视频号以及闲鱼等。但各新媒体平台在不同城市的用户基数以及各经纪机构自媒体运营主攻方向均有不同，导致新媒体获客情况在区域间、机构间的差异较大，如贵阳某机构通过不同新媒体渠道的获客占比为抖音 50%、视频号 30%、其他 20%；深圳某头部经纪机构为小红书 50%、抖音 20%、视频号 20%、其他 10%；唐山某头部经纪机构则为抖音 50%、快手 38%、小红书 10%、视频号 2%。

（三）人员规模

截至 2024 年 12 月 31 日，全国房地产经纪从业人员（简称从业人员）约有 177 万人，取得全国房地产经纪专业人员职业资格（简称专业人员）的有 43 万余人，取得全国房地产经纪专业人员职业资格并办理登记的人员（简称登记人员）约有 15 万人（见图 6）。

1. 从业人员总量有所减少

根据中房学对 16 家代表性房地产经纪机构和平台企业调研测算结果，2024 年全国房地产经纪从业人员约有 177 万人，较 2023 年减少约 2 万人（见图 7）。据中房学房地产经纪行业信息库统计，截至 2024 年 12 月 31 日，取得全国房地产经纪专业人员职业资格并办理登记的人员约 15 万人。

---

① 《抖音房产 CPS 业务助力行业新增长，已落地全国 36 座城市》，https：//baijiahao. baidu. com/s？id=1821481346233686189&wfr=spider&for=pc。
② 《快手理想家边丽：AIGC 已对房产行业转型提效产生实质价值》，https：//baijiahao. baidu. com/s？id=1827477982250168706&wfr=spider&for=pc。
③ 获客渠道分为门店、传统线上渠道（端口、自营网络平台等）、新媒体、其他（转介绍、回头客）等。

图6 2024年中国房地产经纪人员规模

资料来源：从业人员数来源于中房学对代表性企业调研测算结果，专业人员、登记人员数来源于中房学房地产经纪行业信息库。

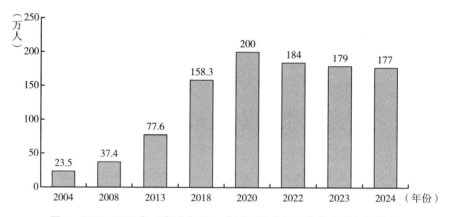

图7 2004~2024年（部分年份）全国房地产经纪从业人员变化情况

资料来源：2004年、2008年、2013年、2018年资料来自国家统计局公布的全国经济普查数据；2020年资料来源于贝壳研究院；2022~2024年资料来源于中房学对代表性企业调研测算结果。

2. 专业人员平均年龄为37岁，30岁以上的占比超过八成

据中房学房地产经纪行业信息库统计，2024年房地产经纪专业人员[①]平均年龄为37岁，较2023年提升1.2岁，专业人员平均年龄继续保持增长态势。分年龄段来看，31~35岁占比最大，为30.9%，其次是36~40岁，占

---

① 房地产经纪专业人员分为"房地产经纪人"和"房地产经纪人协理"。

比为28.3%。30岁以上的合计占比为86.1%，较2023年提高8.8个百分点，说明长期深耕行业的房地产经纪专业人员在市场调整期表现出了较好的适应能力，大量的房地产经纪专业人员在市场更迭中沉淀下来（见图8）。具体来看，2024年房地产经纪人平均年龄为38岁，房地产经纪人协理平均年龄为36岁，年龄分布均主要集中在31~40岁（见图9）。

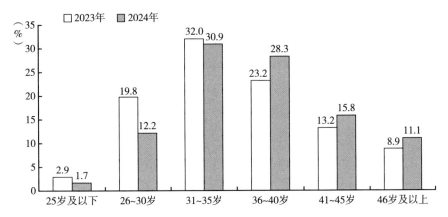

图8 2023年、2024年房地产经纪专业人员年龄结构情况

资料来源：中房学房地产经纪行业信息库。

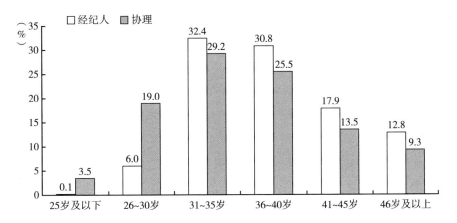

图9 2024年房地产经纪人、房地产经纪人协理年龄结构情况

资料来源：中房学房地产经纪行业信息库。

从专业人员、从业人员对比情况来看，从业人员平均年龄明显低于专业人员。从业人员中，年龄在30岁及以下的年轻人占比为28%，这一比重约为专业人员的两倍。在31~35岁、36~40岁、41~45岁、46岁及以上年龄段的占比中，从业人员均不同程度低于专业人员（见图10）。

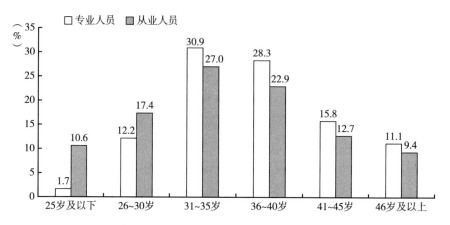

图10 2024年房地产经纪专业人员、从业人员年龄结构对比情况

资料来源：房地产经纪专业人员数据来自中房学房地产经纪行业信息库；房地产经纪从业人员数据为中房学对16家代表性机构调研测算结果。

3. 专业人员、从业人员高中及以下学历占比均有所增加

据中房学房地产经纪行业信息库统计，2024年房地产经纪专业人员整体依旧以大专及以上学历为主，但占比较2023年下降6.1个百分点，主要是高中及以下学历占比提高、本科学历占比下降导致，高中及以下学历占比提高至近20%（见图11）。据中房学对16家代表性机构调研测算结果①，房地产经纪从业人员以大专及以下学历为主，占比为84.7%，其中高中及以下占比接近六成，且高中及以下的低学历占比有所增加（见图12）。整体来看，专业人员学历水平远高于从业人员，但二者高中及以下低学历占比均有所增加，反映出行业对高素质人才的吸引力下降。

---

① 仅统计了传统房地产经纪机构，不包括依托新媒体平台开展业务的企业及其人员。

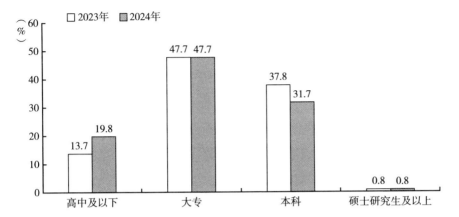

图11 2023年、2024年房地产经纪专业人员学历结构情况

资料来源：中房学房地产经纪行业信息库。

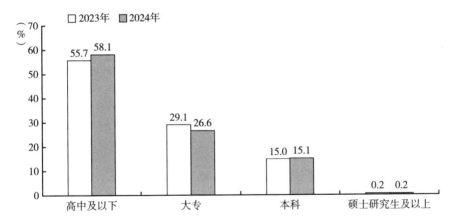

图12 2023年、2024年房地产经纪从业人员学历结构情况

资料来源：中房学对16家代表性机构调研测算结果。

4. 职业资格报考面临一定压力，全年报考人数下降两成

2024年，房地产经纪专业人员职业资格两次考试（含房地产经纪人、房地产经纪人协理两个级别）分别于5月25~26日、10月26~27日举行，全年报考人数约8.3万人，同比下降21%，合格人数约3.1万人，整体合格率约为38%。其中，房地产经纪人报名人数约5.1万人，合格人数约

1.6 万人，合格率约为 31%；房地产经纪人协理报名人数约 3.2 万人，合格人数约 1.5 万人，合格率约为 48%（见图 13、图 14）。截至 2024 年 12 月 31 日，取得全国房地产经纪专业人员职业资格的有 43 万余人，其中房地产经纪人 18.9 万人、房地产经纪人协理 27.3 万人。①

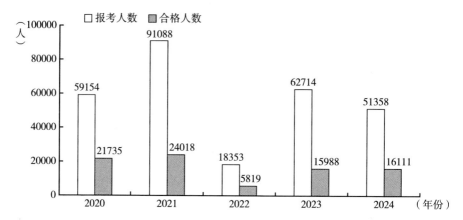

图 13　2020~2024 年全国房地产经纪人报名人数及合格人数

资料来源：中房学房地产经纪行业信息库。

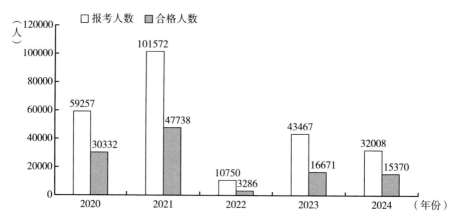

图 14　2020~2024 年全国房地产经纪人协理报名人数及合格人数

资料来源：中房学房地产经纪行业信息库。

---

① 约 2.6 万人既取得了房地产经纪人资格又取得了房地产经纪人协理资格。

二 房地产经纪行业发展的新环境

（一）政策环境

1. 国家明确"止跌回稳"主基调，房地产市场政策持续优化

2024年9月26日，中央政治局会议首次提出"要促进房地产市场止跌回稳"，明确了房地产市场调控的主基调。此后住房和城乡建设部等相关部门指导各地迅速行动，抓存量政策落实，抓增量政策出台，打出了"四个取消、四个降低、两个增加"一系列"组合拳"。此后，中央经济工作会议、全国两会、全国住房城乡建设工作会议等多个重要会议中均强调了"持续用力推动房地产市场止跌回稳"。① 房地产市场政策不断优化，限制性措施逐步调减，为房地产经纪行业可持续健康发展提供了宽松的政策环境。

房地产经纪行业持续落实党中央、国务院以及住房和城乡建设部的决策部署，助力推动房地产市场止跌回稳。2024年10月，中房学与中国房地产业协会共同组织开展"方便看房"活动，帮助购房人了解优质房源信息，看好房、买好房，形成良好的市场氛围。活动得到地方房地产经纪行业组织及代表性房地产经纪机构的积极响应，据中房学统计，仅10月19~20日活动期间，全国就有近9000家房地产经纪机构、12.6万名房地产经纪人员参与了活动，带看量达12.4万次，成交4194套。11月15日，中房学在北京举办主题为"房地产发展新模式下的经纪服务"的2024中国房地产经纪年会，有关主管部门负责人、代表性房地产经纪机构和平台企业负责人以及专家学者等各方代表共同探讨如何以专业化、品质化的房

---

① 2024年12月12日，中央经济工作会议确定，2025年要持续用力推动房地产市场止跌回稳，充分释放刚性和改善性住房需求潜力；2024年12月24~25日，全国住房城乡建设工作会议指出，2025年要持续用力推动房地产市场止跌回稳，推动构建地产发展新模式；2025年3月5日，国务院政府工作报告明确，2025年要持续用力推动房地产市场止跌回稳，因城施策调减限制性措施，充分释放刚性和改善性住房需求潜力。

地产经纪服务，更好满足群众多样化、多层次住房需求，加快构建房地产发展新模式。

2. 两部门意见持续落实，房地产经纪行业管理日益规范

2024年，地方持续落实住房和城乡建设部、国家市场监督管理总局于2023年4月27日联合印发的《关于规范房地产经纪服务的意见》（简称《意见》）要求。据不完全统计，自《意见》发布至2024年底，全国共有近50个省市相继发布落实文件，其中2024年有19个省市级主管部门或行业组织发布了相关落实文件（见表2），既有从主体管理、服务行为、服务收费等提出全方位规范要求，也有聚焦经纪机构信用评价、存量房交易资金监管、房源核验与信息发布、经纪行业"自媒体"账号管理、禁止收取贷款返佣等重点方面，提出相应管理要求。《意见》的落细、落实，行业管理的日益完善，为房地产经纪机构持续健康发展提供了良好的环境。

表2　2024年地方落实《意见》的相关政策

序号	地区	政策	政策要点
1	上海市	8月，上海市银行同业公会发布《关于进一步加强上海银行业个人住房贷款业务自律的通知》	对房屋合作机构等及其从业人员索取佣金的行为，各会员单位有权利及义务向房地产主管部门举报
2	江苏省	7月31日，江苏银行业协会发布《关于禁止个人住房按揭贷款返佣共同维护银行业公平竞争秩序的倡议》	对房屋机构及其从业人员索取佣金的行为，各银行业金融机构有权利及义务向房地产主管部门举报
3	浙江省	4月7日，《浙江省住房和城乡建设厅　浙江省市场监督管理局关于进一步规范房地产经纪管理的实施意见》	从主体备案、人员实名管理、服务内容与收费标准、存量交易资金监管、违法违规行为整治等11个方面，加强房地产经纪行业管理。其中，从业人员实名管理要求全省范围内实行统一的工作牌、信息卡；机构备案要求不少于3人的执业资格证明；资金监管方面，除房屋交易价款外，鼓励房地产经纪机构将经纪服务费用纳入交易资金监管范围

序号	地区	政策	政策要点
4	福建省	8月1日,福建省住房和城乡建设厅印发《福建省房地产经纪机构信用综合评价办法》	明确了综合信用评价的职责分工、信用信息采集、信用评价程序、信用等级、评价结果应用及信用修复、监督管理等方面内容。各类房地产经纪机构(包括分支机构或门店、加盟机构或门店)均纳入综合信用评价范畴,将依据信用等级对经纪机构分类实施差异化管理
5	新疆维吾尔自治区	10月14日,《新疆维吾尔自治区房地产经纪机构和从业人员信用评价管理办法(修订)》	明确了信用管理机制,增加了行业协会作为信用评价的主体,进一步理顺了信用评价流程
6	哈尔滨市	6月11日,哈尔滨市住房和城乡建设局等多部门联合印发《关于规范房地产经纪机构及从业人员管理工作的通知》	要求加盟机构、直营连锁机构、商标使用机构及其渠道、营销代理机构纳入机构备案范围
		6月11日,哈尔滨市住房和城乡建设局与哈尔滨市市场监督管理局联合发布《关于进一步规范房地产经纪机构信息公示和经纪服务有关工作的通知》	在房地产经纪机构信息公示、经纪服务内容和收费、加强个人信息保护等方面提出规范要求。其中信息公示方面,明确了经纪机构品牌、商标使用标准,并要求房地产互联网平台对房源信息发布机构及其从业人员相关信息进行确认
		6月,哈尔滨市住房和城乡建设局联合市委宣传部、市委网信办、市公安局等部门开展房地产领域网上虚假信息专项整治工作	重点整治内容包括:传播房地产领域虚假不实信息、谣言;随意篡改、歪曲解读房地产政策;以舆论监督为幌子,恶意炒作敲诈房企等方面问题
7	南京市	7月30日,南京市房地产经纪行业协会发布《关于禁止收取个人房地产按揭贷款返佣,共同维护房地产经纪行业良好秩序的倡议》	强调严格规范与银行业金融机构的合作行为,不得以任何形式向银行业金融机构收取佣金或权益、变相收取佣金或权益
8	连云港市	9月13日,连云港市住房和城乡建设局印发《关于进一步规范房地产经纪管理的通知》	提出从业主体备案、从业人员实名管理、房源信息发布核验、建立信用考评标准、加强行业自律管理等方面的要求

续表

序号	地区	政策	政策要点
9	杭州市	10月28日,杭州市住房保障和房产管理局等3部门印发《杭州市存量房交易资金监管办法(试行)》	明确资金监管模式(政府监督指导,交易当事人、房地产经纪机构、商业银行等各方参与,交易当事人自愿选择、无偿服务),强化监管账户信息共享,保障存量房交易资金安全
10	铜陵市	6月12日,铜陵市住房和城乡建设局、铜陵市市场监督管理局联合印发《关于进一步规范房地产经纪服务的通知》	从加强从业主体管理、规范经纪服务内容、规范经纪服务行为、规范信息发布、规范服务收费行为、加强个人信息保护、加大违法违规行为整治力度、加强行业自律管理等8个方面提出规范要求
11	泰安市	12月27日,《泰安市房地产中介行业信用评价管理办法》	明确了房地产中介机构及从业人员信用信息的归集、共享、应用及管理;推行从业人员"一人一卡一号"实名登记制度
12	郑州市	1月15日,郑州市住房保障和房地产管理局发布《房地产经纪机构服务规则》	提出了16项规则要求
13	长沙市	4月1日,《长沙市住房和城乡建设局等7部门关于进一步规范存量房交易秩序的通知》	从完善存量房交易管理、规范存量房交易合同(网签)备案、规范存量房交易资金监管、规范房地产经纪行业管理、强化存量房交易信息共享制度、加大房地产经纪违法违规行为查处力度等方面规范市场秩序。要求将存量房交易资金、佣金均纳入监管范围
		4月10日,长沙市住房和城乡建设局与长沙市市场监督管理局联合发布《关于进一步加强房地产经纪行业管理的通知(试行)》	包括加强从业主体与服务行为管理、强化监督检查、建立信用体系等方面内容。要求通过互联网提供房地产经纪服务的机构也要备案。明确对房地产经纪机构开展业务承接、房源发布、交易撮合、合同网签备案、协助登记等业务实施全过程闭环管理
		5月,长沙市房屋交易管理中心发布《关于对已失效房源数据进行清除的通知》	要求各房地产信息发布平台、各房地产经纪机构应对挂牌的房源交易信息及时更新,对多次挂牌的房源或挂牌时间过长的房源履行必要的审查义务,设置挂牌期限,及时撤销超过3个月未维护的房源交易信息

续表

序号	地区	政策	政策要点
14	广州市	9月19日,广州市房地产中介协会发布《关于规范存量房房源信息发布的通知》	在房地产互联网平台发布房源信息的房地产中介机构应是在房地产行政主管部门办理机构备案的公司,发布的存量房房源出售信息应附有经房地产行政主管部门房源核验系统核验后的房源编码
15	成都市	8月26日,成都市房地产经纪协会发布《关于进一步规范全市经纪行业"自媒体"账号运营管理的通知》	通知对象为各房地产经纪机构及从业人员,对工作内容及工作要求提出具体方向,要求加强审核、管理机制,健全违规曝光机制
16	遂宁市	3月12日,遂宁市住房和城乡建设局发布《关于进一步加强房地产经纪行业管理的通知》	明确监管职责,规范机构与人员管理、服务行为等,建立信用体系
17	昆明市	5月28日,《昆明市住房和城乡建设局关于进一步加强房地产经纪管理规范存量房房源核验的通知》	从机构及从业人员管理、信息发布主体管理、存量房买卖房源核验、房源信息发布行为、网络平台主体责任、交易合同网签备案、经纪服务收费行为等10个方面提出了规范要求。包括要求通过互联网提供房地产经纪服务的机构均要备案,对备案的机构给予发放网签权限;网络平台要建立发布者资格审核机制,不得允许未备案或未实名的从业人员发布房源信息
18	宝鸡市	4月2日,宝鸡市住房和城乡建设局发布《关于进一步加强房地产经纪行业管理规范房地产经纪服务工作措施的通知》	强化机构备案、信息公示、人员管理等,提升行业规范度
19	乌鲁木齐市	3月29日,乌鲁木齐市住房保障和房产管理局印发《关于进一步强化房地产经纪机构备案以及从业人员实名登记工作的通知》	要求严格落实机构备案工作,全面开展从业人员实名登记工作,做好机构及从业人员监督管理工作。要求房地产经纪机构及其分支机构、加盟机构、互联网经纪机构及其渠道、房地产信息咨询机构、营销代理机构等均应备案

资料来源:中房学根据公开资料整理。

3. 地方持续推动"以旧换新",经纪行业深度参与

为加强一、二手房市场联动,释放改善群体置换需求,畅通置换链条,2024年开展住房"以旧换新"(或称"卖旧换新""卖旧买新")的地方范

围继续扩大。根据央视新闻报道，截至 2024 年底，全国已有超过 150 个市（区、县）陆续推出住房"以旧换新"活动，包括北上广深等一线城市，以及郑州、南京、杭州、长沙等重点二线城市均已实施。目前各地探索的住房"以旧换新"模式主要有三类。一是旧房收购模式：满足条件的旧房由房地产开发企业或地方国企、事业单位等回购，回购价格由第三方评估，售房人用售房资金或房票购买指定新房。二是优惠补贴模式：政府对"以旧换新"交易给予契税、贷款利率、贷款额度等优惠或补贴。三是房地产经纪机构与房地产开发企业、购房人"三方联动"模式：购房人向开发企业交付定金锁定新房后，旧房由房地产经纪机构挂牌出售，若旧房在约定时限内卖出则购房合同生效，反之退还定金。房价相对较高的一、二线城市住房"以旧换新"活动主要采用"三方联动"模式（见表3）。

就实施效果来看，目前各类"以旧换新"模式均存在一定堵点。旧房收购模式，存在旧房估值定价与业主预期错位、收购资金来源不足、收购规模有限、换新房源不足等堵点；优惠补贴模式，部分地方没有实施，给予优惠补贴的地方，也存在政策限制性较强、补贴力度有限、与其他政策配合不足等问题。"三方联动"模式，则面临二手房交易周期长、参与主体配合度不高等问题，需要进一步发挥房地产经纪服务在促进房地产流通上的作用，通过高品质经纪服务助力换房群体旧房卖得快、卖得好，新房找得到、找得准，打通换房群体交易堵点。

表3　2024 年部分城市住房"以旧换新"活动情况

序号	城市	文件或活动名称	主要内容	模式
一线城市				
1	北京市	2024 年 7 月 19 日,北京市房地产业协会、北京市房地产中介行业协会主办的北京市商品住房"以旧换新"活动正式启动	首批参加活动的新建商品房项目共 31 个,涉及房源 9000 余套;房地产经纪机构 11 家。主要针对下半年计划出售二手住房并购买新建商品住房的购房居民。活动覆盖了旧房出售、购买新房、过渡居住、家居家电等换房全链条,提供服务和优惠,助力居民改善性置换需求	"三方联动"模式

续表

序号	城市	文件或活动名称	主要内容	模式
一线城市				
2	上海市	2024年5月27日,上海市住房城乡建设管理委、市房屋管理局、市规划资源局、市税务局等四部门联合印发《关于优化本市房地产市场平稳健康发展政策措施的通知》	对符合条件的"以旧换新"居民家庭,给予住房置换期间过渡租房、装修搬家等适度补贴。自政策推出以来,已有20余家房地产开发企业和近10家房地产经纪机构参与活动,首批参与活动的项目有30余个,主要分布在嘉定、松江、青浦、奉贤、临港等区域	"三方联动"模式
3	广州市	2024年5月15日,广州市房地产行业协会、广州市房地产中介协会正式推出全市住房"以旧换新"活动倡议书	活动首批共发动全市122个房地产项目和12家房地产中介机构参与,主要面向所有计划出售二手商品房并在花都区范围内购买新建商品房的购房人群。活动时间为2024年5月15日至2025年5月14日	"三方联动"模式
		2024年1月27日,广州市人民政府办公厅印发《关于进一步优化我市房地产市场平稳健康发展政策措施的通知》	放开120平方米以上的户型限购,支持"租一买一""卖一买一"。居民家庭和个人,将名下住房按要求出租或挂牌计划出售的,购买住房时相应核减名下住房套数	
4	深圳市	2024年4月23日,深圳市房地产业协会和深圳市房地产中介协会发布《联合开展我市商品住房"换馨家"活动》	首批参与"换馨家"活动的有21家中介机构和13个房地产项目。房地产开发企业对换房人意向购买的新房设定一定期限的"解约保护期",以确保换房人的权益。中介机构将优先推动换房人旧房交易,缩短交易周期,提高交易效率	"三方联动"模式+旧房收购模式
		2024年5月6日,深圳市住房和建设局发布《关于进一步优化房地产政策的通知》	支持在本市有开发项目的房地产开发企业以及相关房地产中介机构开展商品住房"收旧换新"和"以旧换新"工作。对于实施"收旧换新"的房地产开发企业,收购换房人旧房时不受本市关于企事业单位、社会组织等法人单位购房政策的限制	

续表

序号	城市	文件或活动名称	主要内容	模式
二线城市				
5	西安市	2024年6月3日,西安市房地产行业协会、西安市房地产中介行业协会联合发布《西安市住房"以旧换新"活动倡议书》	首批参与西安市住房"以旧换新"活动的有房地产开发企业60余家,房地产经纪机构11家,商业银行6家。房地产经纪机构通过线上线下聚焦,优先推广旧房,缩短旧房出售周期;"以旧换新"的经纪机构,应给予不低于八五折优惠的中介费;换房人出售旧房并签订新房《商品房买卖合同》的,如需租赁住房周转,经纪机构对首次租赁可以免费提供中介服务	"三方联动"模式
6	杭州市	2024年9月26日,杭州市房地产中介行业协会发布《关于组织开展商品住房"以旧换新"活动的通知》	鼓励拟换房人、开发企业与经纪机构签订三方服务协议,锁定新房房源并设定一定期限的"免责期","免责期"内若旧房售出,则新房购买继续进行;若旧房未售出,则房地产开发企业无条件解除认购协议	"三方联动"模式
7	成都市	2024年8月20日,成都市启动住房"以旧换新"活动	在旧房销售环节,房产中介以更低的二手房佣金收取标准,主推活动房源,帮助客户快速售卖旧房。在购买新房环节,62个在售商品房项目,将给予不同优惠。参与活动的购房者可享受定额、契税、增值税等财政补贴和消费券等形式的优惠政策支持	"三方联动"模式+优惠补贴模式
8	郑州市	2024年3月28日,郑州市住房保障和房地产管理局等六部门联合发布《郑州市促进房产市场"卖旧买新、以旧换新"工作方案》	自政策出台以来,郑州市房屋以旧换新政策得到了有效落实,截至2024年12月31日,郑州市通过国有平台公司收购模式完成签订二手房协议5085套,通过市场化交易模式完成"卖旧买新、以旧换新"5731套,两项合计10816套,超额完成市政府确定的全年10000套目标任务	旧房收购模式+优惠补贴模式
9	南京市	2024年4月27日,南京宣布启动存量房"以旧换新"活动	由南京安居建设集团收购市民的存量住房,"以旧换新"首批试点限额2000套。对换房人可购买的新房项目有较严格约束,普遍限定在收购主体的新房房源,目标收购套数不足1000套	旧房收购模式

序号	城市	文件或活动名称	主要内容	模式
二线城市				
10	长沙市	2024年4月18日,长沙市住房和城乡建设局印发《关于支持居民购买改善住房的通知》	全市范围内"以旧换新"购买新房的,可按照"认房不认贷"政策,享受首套房首付比和按揭利率优惠。其中"以旧换新"政策主要以鼓励各市场主体根据政策要求,结合自身经营计划按市场化原则组织实施,可参照以下两种方式:①开发企业单独推出"以旧换新"购房方案;②开发企业联合中介机构共同推出"以旧换新"购房方案	优惠补贴模式+"三方联动"模式
11	青岛市	2024年6月24日发布通知,明确支持开发企业推行"以旧换新"政策	符合条件的旧房可以通过市场评估确定价格,居民在购买新房时可以享受购房优惠和交易补贴。此外,青岛还鼓励房企和经纪机构通过各类优惠政策让利给居民,进一步刺激住房消费	优惠补贴模式+"三方联动"模式+旧房收购模式
12	贵阳市	2024年7月18日,贵阳市住房和城乡建设局等6部门印发《进一步促进贵阳市房地产市场平稳健康发展若干措施》	贵阳市"以旧换新"主要通过两种方式进行。一是直接收购模式:收购主体直接收购换购人旧房,促成换购人"以旧换新"购买改善性新建商品住房。二是"三方联动"模式:换购人、房地产开发企业在房地产经纪机构的参与下,通过市场交易出售旧房、购置新房,实现"以旧换新"	"三方联动"模式+旧房收购模式
三线城市				
13	漳州市	2024年5月8日,漳州市住房和城乡建设局等三部门发布《漳州市区家庭住房"以旧换新"实施方案》	存量住房产权人申请"以旧换新",并与运营主体签订旧房的《预购买协议书》,由平台合作的中介机构提供"优先卖"等服务,同时存量住房产权人选择意向房源。"以旧换新"的旧房需满足产权面积≤70平方米,评估单价不高于9000元/米^2	"三方联动"模式
14	滁州市	2024年5月23日,滁州市房地产工作联席会议发布《关于进一步优化调整房地产政策若干措施》	发放购房补贴、延续换购住房税收优惠政策、支持"卖旧买新"	"三方联动"模式+优惠补贴模式+旧房收购模式

续表

序号	城市	文件或会议名称	主要内容	模式
			三线城市	
15	泰安市	2024年4月11日，为进一步促进房地产市场平稳健康发展，拉动房地产消费，泰安市精准分析不同购房群体需求，出台多项惠民利企措施	支持"以旧换新"，可以享受以下优惠：在泰安市主城区已有住房再购买二手住房的，给予购房款1%的奖励；国有企业、房地产中介机构试行市场化"房票"方式开展住房"以旧换新"业务收购有换购需求居民的旧房，按购房款的1.5%给予奖励	优惠补贴模式+旧房收购模式
16	海宁市	2024年6月13日，浙江省海宁市房地产开发有限公司、海宁市城投集团资产经营管理有限公司推出商品房"以旧换新"试点活动	换购人在选择新房时，存量住房评估总价占换购新房总价的比例不得高于60%。换购新房存在至少40%的剩余价款，需以现金或按揭贷款方式支付	旧房收购模式

4.法律明确房地产经纪机构的反洗钱义务

2024年11月8日，十四届全国人大常委会第十二次会议表决通过修订后的《反洗钱法》。该法明确提供房屋买卖经纪服务的房地产中介机构，应当履行特定非金融机构反洗钱义务；明确了特定非金融机构履行反洗钱义务，参照金融机构相关规定，根据行业特点、经营规模、洗钱风险状况执行；明确了特定非金融机构的法律责任，对违反《反洗钱法》规定的特定非金融机构，最高可处5万元以上50万元以下罚款，有关负责人最高可处5万元以下罚款。此举标志着我国首次在法律层面明确房地产中介机构的反洗钱义务和法律责任，对房地产经纪机构内部管理、业务流程、服务标准等都将产生重要影响。为及时宣传贯彻上述要求，2024年11月29日，中房学在北京举办"宣传贯彻《反洗钱法》"主题公益讲座，指导房地产经纪机构和从业人员在提供房地产经纪服务时更好地履行反洗钱义务。

（二）市场环境

1.房地产市场全面进入存量为主市场

2024年，我国二手房市场表现整体好于新房，市场已全面进入存量为主市场。根据中指研究院数据，2024 年全国重点 30 城①二手房交易同比增长 6.6%，而新房交易同比下降 21%，二手房成交套数占总成交套数比重达62.3%，较 2023 年提高 7.4 个百分点（见图 15）。一线城市二手房交易占比更高，如 2024 年北京二手房成交套数约为新房的 3.5 倍，深圳二手房成交套数约为新房的 2 倍。

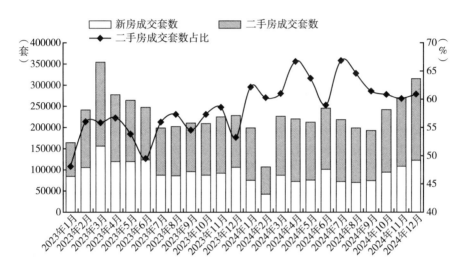

图15 2023~2024 年 30 个代表城市新房、二手房月度成交套数走势

资料来源：中指数据 CREIS。

2. 改善性需求已超过刚需成为主要需求

根据贝壳找房数据，改善性购房群体（35~45 岁群体）占比逐年提升，2020 年、2021 年、2022 年改善性购房群体占比分别为 26%、28%、30%；其中，北京、天津、厦门 2022 年改善性交易量均在刚需群体交易量（30 岁以下购房群体）的 1.5 倍以上。② 根据中指研究院开展的 1.2 万份居民置业

---

① 30 个代表城市包括：北京、上海、广州、深圳、杭州、南京、成都、苏州、厦门、西安、宁波、宿迁、青岛、大连、无锡、南宁、西宁、温州、北海、常州、佛山、惠州、烟台、金华、遵义、清远、扬州、淮北、衢州、渭南。

② 《住房需求洞察系列研究之改善性购房需求专题报告》，https：//www.ccn.com.cn/Content/2023/01−28/1447440444.html。

意愿问卷调查结果，2024 年改善性需求占比达到 29%，刚需占比降至 22%，改善性需求已超过刚需，成为主要购房需求。[①] 清华大学等联合调查[②]结果同样显示，当前改善性需求（包括首次改善、再次改善）已超过首次购房，成为第一大购房需求来源。

房地产市场由增量为主、刚需为主转为存量为主、改善需求为主的背后，隐含的是消费者购房需求从单一价格维度拓展至与居住品质相关的多个维度（包括面积、楼龄、户型、小区环境、周边配套、物业服务、通勤距离等），服务链条从直接购买拓展至一买一卖或一买多卖（先卖再买或先买后卖），无疑对房地产经纪的服务品质、经纪人员的综合能力提出了更高要求。

三　房地产经纪行业发展的新情况

（一）单边代理发展趋势成为行业共识

长期以来，居间模式中"一手托两家"存在的利益冲突被视为阻碍房地产经纪服务高质量发展的关键因素。随着房地产市场步入存量市场，改善需求群体对经纪服务提出更高要求，传统居间模式、成交思维的经纪服务已经无法满足。为此，行业内已经出现了先付费后服务、一对一服务的新模式，以及独立经纪人的新趋势，这些创新多借助新媒体平台展开。对于这一发展趋势，在 2024 中国房地产经纪年会对话中，与会嘉宾基本达成共识：单边代理是房地产经纪行业未来发展的必然方向，无论企业规模大小，都应聚焦如何更好地服务单边客户；先付费后服务的单边代理模式，关键在于通

---

① 《2024 年 1 月居民置业意愿调研报告》，调查中将置业目的分为换房改善、刚需、学区房、投资、养老、为子女购房、度假、其他等，https://mp.weixin.qq.com/s/VxUkaqVwoP6rEE7fPGq4Aw。

② 清华大学等联合调查结果包括：清华大学与抖音、建工社联合开展的全国范围居民购房意愿与住房需求调研结果，样本量 5085 份问卷；清华大学与贝壳找房联合开展的"经纪人眼中的好房子"问卷调查结果，样本量 2905 份问卷。

过专业咨询服务为客户创造价值，取得客户信任；短视频、直播方式不只提供了获客渠道，更为行业提供了与客户互动、获取客户信任的可能。根据中房学对 96 家代表性经纪机构的问卷调查，48% 的受访机构有提供代理服务（接受客户委托代理买卖房产），35% 的受访机构有提供咨询服务（为客户买卖房产提供咨询并收取服务费）。

北京、深圳等城市已率先迈出步伐，探索单边代理模式的新路径。深圳自 2021 年起，通过上线新版二手房交易网签系统，持续推动单边代理模式。北京房地产中介行业协会于 2024 年 6 月 21 日联合麦田房产，率先开展了全国首批"购房咨询师"认证工作。此举旨在应对当前房源多、置换多、需求多的挑战，购房咨询师将凭借丰富的房地产专业知识、市场经验和服务技能，为委托人排忧解难，提供定制化的购房解决方案。此次活动的举办，正是对行业发展趋势的积极响应。在此之前，即 2024 年 6 月 5 日，北京房地产中介行业协会已举办了一场"顾问式"经纪服务培训交流会，与会者纷纷建议协会加速推进基于单边代理的联卖机制研讨工作。

与此同时，传统经纪机构也在积极探索买方市场下如何更好地服务业主。例如，苏州链家推出了业主专项服务，旨在让业主省心高效地出售房屋，并设定了一系列高标准服务要求，如"房源在录入带看信息后 24 小时内必须给予反馈""每月至少交付并详细讲解一次销售报告"等。深圳乐有家针对业主快速且高价售房的核心需求，推出了新媒体私域推广、高管置业规划等一系列增值服务，全方位满足业主的多样化需求。为提高交易效率，到家了、优居等机构则不断发力房源联卖，到家了推出"小店联卖"，凭借较低的管理费吸引中小经纪机构加入，目前联卖门店数量已达 1400 家；针对中小经纪公司房源不足、效率低的问题，优居发起跨城联卖联盟，通过整合资源、搭建平台，已成功联结 3000~4000 名经纪人员。

（二）行业高度关注 AI 带来的变革性影响

伴随 AI 大模型技术的迅猛跃进与 DeepSeek 等 AI 工具的迅速崛起，AI 对房地产经纪行业所带来的颠覆性影响，以及如何利用 AI 工具为行业及经

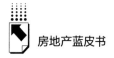

纪人员注入新动力，已成为业界聚焦的核心议题。现阶段，AI 在房地产经纪领域的运用广泛而深入，尤其是在加速房客匹配、升级客户体验、实现精准定价及创新房源营销等方面展现出巨大潜力。例如，借助 AI 深度挖掘客户行为与偏好，实现个性化房源推荐；运用 AI 驱动的 VR、AR 虚拟看房技术①，以及智能客服系统，即时响应客户需求，细致记录业主反馈，全方位提升客户在看房、咨询环节的满意度；同时，AI 还能根据房源特性自动生成吸引人的标题、描述等推广素材，乃至创作 AI 讲房视频，极大丰富了营销手段。②

企业层面，领先平台正凭借 AI 技术，对房源管理、营销推广、客户获取、交易流程等全链条进行全面赋能，推动行业由"人海战术"向"智能服务"的战略转型，不仅提升了运营效率，也优化了用户体验，构筑起更为坚固的竞争壁垒。例如，贝壳找房基于其居住领域语言大模型 ChatHome 和居住领域图像大模型 DreamHome 推出的 Bella 一站式智能平台，全方位应用于消费者端、服务者端以及内部提效等多个方面；中原地产基于阿里大模型搭建自有 AI 系统，开发语音摘要、数字员工、智能合同审核等工具；快手理想家通过提升官方工具组件和互动能力，帮助房产主播使用 AIGC 数字人技术，通过虚拟人形象、24 小时智能运营、智能直播、自定义问答以及创意内容，助力高效获客。中小机构需探索差异化竞争策略，以应对这一变革。

经纪人员个体层面，AI 可以承担重复性和低价值工作，使经纪人员能专注于高附加值的活动，如定价、匹配、资产配置和谈判策略。这不仅能够增加经纪人员的相对收入，还能显著减少工作时间，提高幸福感。顶尖房地产经纪人员已率先将 AI 工具嵌入客户服务流程，综合运用各种 AI 工具已成为他们日常工作的重要场景。掌握数据分析技能与 AI 工具应用能力，成为从传统"信息中介"向"顾问型经纪人员"转变的关键。

---

① 《引领变革、被行业效仿，贝壳的 VR 看房到底有什么不一样？》，http：//www.xfrb.com. cn/article/zx/08430462315540.html。

② 《58 同城、安居客打造 AI 应用"智能小安"，赋能经纪服务升级》，http：//www.xinhuanet. com/tech/20241119/a33fad18501f49f18cdd7ee113db8818/c.html。

（三）头部房地产经纪平台企业被指垄断

随着信息技术及平台经济的快速发展，房地产经纪行业加快转型升级，由传统的线下经纪服务转向线下线上相结合，并形成了全国性大型房地产经纪领域平台企业。平台的出现在提升房地产交易工作效率的同时，也引发了房地产经纪资源的集中以及机构无序扩张等问题，质疑房地产经纪行业存在垄断的声音也逐渐出现。有关这一话题的讨论，主要集中于微博、微信、论坛、抖音、小红书、微头条等自媒体平台，网民通过讲述自身经历指出垄断现象及危害，呼吁相关部门加强监管，整治垄断行为，积极维护房地产市场环境；2024年全国两会期间，某全国人大代表也指出，伴随巨大资本的进入和推动，房地产交易服务平台迅速形成垄断优势，严重影响市场正常有序竞争，建议强化管理房地产交易市场的垄断行为，建立有效的竞争机制和公平的竞争秩序，从而营造良好的生存环境。

平台垄断一旦形成，将导致房源信息和客户信息不透明，房地产经纪人员无法全面了解市场动态和客户需求，无法提供个性化的服务，甚至需要支付高昂的平台费用，增加交易成本，降低利润。垄断行为的存在，实际上是一种市场失效的表现。它将扭曲市场价格机制，损害消费者权益，抑制中小企业的发展，甚至可能导致行业创新力的衰减。在这种情况下，加强监管，防范和破除垄断，不仅是市场的呼声，更是时代的必然选择。

四　房地产经纪行业发展的新趋势

（一）短期趋势

1. 对行业自媒体活动的监管将加强

近年来，随着信息技术的快速发展，短视频、直播、社交等新媒体平台迅速崛起，并逐渐渗透到包括房地产在内的多个领域。短视频等新媒体已经成为个人主播、房地产经纪机构和从业人员、新房销售有关人员等发布房产

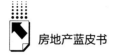

信息、吸引客流的重要方式。但因短视频等新媒体高度开放，没有进入门槛，任何用户均可在此类平台上发布短视频内容，在流量的刺激下，出现一些利用虚假房源信息误导、欺骗消费者等不规范行为，社会反响强烈，国家和地方也日益重视，探索可行管理方案。如中央网信办于2024年4月发布通知，启动"清朗·整治'自媒体'无底线博流量"专项行动。部分地方主管部门积极响应，对通过自媒体开展房地产经纪活动的规范管理进行了有益探索。以成都市为例，当地建立了网信、公安、住建等部门间联动协调机制，共同开展专项整治工作。网信部门依托网络舆情监测系统，发现疑似问题线索即转至住建部门。住建部门则根据房地产政策规范，对信息源的真实性和规范性进行核实，并确认发布者的身份和机构隶属关系。对于涉嫌违法犯罪的，公安部门将依据《治安管理处罚法》《刑法》等法律法规进行处置。未来，随着专项整治行动的纵深推进，实施部门联合监管的地方范围和合作模式进一步畅通，借助自媒体进行经纪活动的管理势必会进一步加强。

2. 行业全产业链发展将进一步加强

作为房地产产业链的重要一环，早期的房地产经纪机构主要聚焦于各自细分的市场领域，近年来呈现全产业链发展趋势。一方面，传统的二手房经纪品牌为了应对房地产市场的长期调整，亟须寻找新的业务增长点；另一方面，凭借长期以来积累的渠道优势、丰富的房客资源及交易信息，房地产经纪将业务范围扩展至新房交易、租赁托管、房屋装修、社区服务，乃至新房开发领域，也有天然优势。以贝壳找房为例，自实施"一体三翼"战略以来，其家装家居、租赁（省心租）、贝好家（房地产开发）等非经纪业务取得了显著增长，根据贝壳找房财报，2024年家装家居业务总交易额为169亿元，较2023年增长27.3%；截至2024年底省心租在管房源数量突破42万套，2023年同期仅超过20万套；2024年12月15日，贝好家在北京首个合作楼盘北京长安华曦府项目2.5小时内首推所有房源开盘即售罄。同样，我爱我家也在不断拓展服务边界，依托庞大的门店网络和经纪人员队伍优势，推出社区专享好物平台"爱家帮帮选"，通过打造新服务、新产品，探索新的社区服务模式。优居试点装修、租赁等衍生业务，与装修公司、家电卖场合作，低成本共享场地，减少固定支出，同时为经纪人员提供流量入口。儒房则围绕房产合作探索金融支付和直播等新型业务，以应对规模不断下滑的挑战。预计未来品牌房地产经纪机构将进一步围绕房屋交易进行资源整合，开展多元化业务。这不仅有助于它们拓展新业务领域，增强客户黏性，还能通过打通全产业链，为客户提供一站式、多元化、高品质的居住服务，满足客户的多样化需求。

3. 二手房"售前美化"有望快速发展

2025年3月1日，自如宣布开展二手房买卖新业务——"自如美家二手房"，引起了行业的广泛关注。[①] 自如计划通过焕新好房、清水好房、心舍好房三大产品，帮助业主卖房；开展房源全网联卖，向全网认证的合作伙伴开放自如美家房源；推出买卖佣金特惠政策，买卖佣金八折。实际上，过去售前装修美化业务在三、四线城市已经非常普遍，以成立于2018年的秒卖房为例，其业务范围已覆盖全国150个城市，秒卖房先和售房业主约定房屋销售底价，然后垫付资金对房源进行美化和营销（主要通过与经纪机构合作），最终赚取售价与底价之间的差额。[②] 自如是否同样采取与秒卖房相同的业务模式，目前尚不知晓。

售前装修美化业务的快速发展，源于我国老房子数量持续攀升，[③] 其品质已难以满足当前市场需求，销售难度日益加大。为加速老旧房屋流通，越来越多的房地产经纪机构开始介入存量房售前美化业务，通过与装修公司合作或成立自有装修团队对房源进行装修美化，再对外推广，助力业主顺利售房。随着房地产市场全面步入存量为主、改善需求为主的市场，售前装修美

---

① 《自如内部信宣布，开干二手房买卖！要和中介抢生意？》，https：//mp. weixin. qq. com/s/YpXvnCpttRmatFlowq8U8A。

② 《二手房"装修代卖"火了，逆市赚钱的新赛道？》，https：//mp. weixin. qq. com/s? __biz = MzA3MjM3MDcyNQ = = &mid = 2651126231&idx = 1&sn = 76adc728e9db8bae715ee827c44181db&scene = 21#wechat_redirect。

③ 根据国家统计局数据，我国城镇住宅中有63.3%为2009年之前建成，其中32%为2000~2009年建成，31.3%为1999年之前建成。即我国城镇存量住宅中，有近2/3的住宅房龄超过15年，近1/3的住宅房龄超过25年。

化业务范围由中小城市逐步拓展至一线城市，并上升为国家政策议题，如2024 年前后，北京的美房易售、上海的享有家等相继成立；在 2025 年十四届全国人大三次会议民生主题记者会上，住房和城乡建设部部长倪虹强调，不仅要把新房子建成"好房子"，也要结合城市更新，采取多种方式，把老房子想办法改造成"好房子"。预计未来随着头部企业的进入、市场需求的爆发、政策层面的呼吁等综合因素驱动，二手房"售前美化""装修代卖"业务有望快速发展。

（二）长期趋势

1. 行业实行准入管理呼声不断提高

房地产经纪作为知识密集型行业，又事关老百姓居住服务需要，对其实行准入管理，既符合行业发展的客观规律，也是主管部门维护好房地产市场秩序的必然要求，社会高度呼吁对房地产经纪行业，尤其是对房地产经纪从业人员实行准入管理。

首先，应推动严格执行房地产经纪从业人员实名登记制度，这一制度的落实关键在于全面，即只要参与房地产经纪服务的具体环节，承担某种或几种特定任务，就应该定义为房地产经纪从业人员，包括代办贷款、过户的人员和新媒体经纪人员，均应按要求实名从业。

其次，应在全面推行实名从业的基础上，推动房地产经纪专业人员职业资格由水平评价类转为准入类。过去增量时代，房地产市场调控以管好房地产开发企业为主。进入存量时代，二手房和住房租赁的市场主体是数量多、分布广、情况杂的老百姓，主管部门无法直接监管到交易当事人，只有管理好房地产经纪人员才能管理好房地产市场。借鉴国外经验，也是通过职业资格和准入来管理好房地产经纪行业，以此来规范市场。[①]

最后，实行准入管理，也有助于从根本上解决房地产经纪领域自媒体乱象。当前，金融、教育、医疗卫生、司法等实施准入管理的行业，通过对所

---

① 引用北京房地产中介行业协会秘书长赵庆祥在 2024 年中国房地产经纪年会上的发言。

属领域"自媒体"账号实行资质认证管理，要求房源发布主体在账号主页展示其服务资质、职业资格、专业背景等认证材料名称，加注所属领域标签，有力地缓解了各领域自媒体乱象问题。

2.房地产经纪全过程监管不断完善

2024年全国住房城乡建设工作会议指出，要完善房地产全过程监管，整治房地产市场秩序，切实维护群众合法权益。过去我国已经建立起较为全面的房地产经纪管理制度，包括人员实名登记、机构备案、房源信息发布、明码标价、交易合同网签备案、交易资金监管以及信用管理制度。但在地方执行层面，由于多种因素制约，部分制度并未全面落地，如部分机构担心"阴阳合同"被处罚，对撮合的房屋交易不通过机构端口进行交易合同网签备案；部分地方主管部门没有提供官方的交易资金监管途径，选择交易资金监管的当事人主要通过经纪机构的关联机构（投资、入股、战略合作等方式）进行，存在资金挪用风险。此外，行业监管还面临数据安全、个人信息保护、行业垄断、平台责任不明确、缺乏对不同类型机构的管理措施等新情况、新问题。

未来，随着《城市房地产管理法》《房地产经纪管理办法》等全国层面法律法规的修订完善，整治房地产市场秩序的持续推进，以及地方立法、主管部门、行业组织等好的经验做法逐步推广，对房地产经纪行业的全过程监管将日益完善。例如，为解决互联网虚假房源问题，北京、上海、武汉等地方均已在出台的地方租赁条例中明确了互联网信息平台的责任，包括互联网信息平台对发布房源信息、推荐房源的，要尽到发布者主体审核、房源信息真实性审核、对虚假房源进行删除等责任；广州、长沙、哈尔滨、昆明、乌鲁木齐等多地发布通知，要求通过互联网提供房地产经纪服务的机构也要备案，这些规定有望上升到全国层面。

3.行业生态向多元化、差异化方向演进

我国房地产经纪行业经历了从早期单一型线下门店，到直营连锁机构与特许加盟体系并行的规模化发展阶段，最终形成了当前传统机构、线上平台、信息端口、新媒体经纪群体共存的多维竞争格局。未来，随着房地产市

场重大转变、直播短视频以及 AI 工具的运用推广等叠加因素影响，行业生态将加速向多元化、差异化方向演进。

一是品牌经纪人员崛起。越来越多的头部经纪人员依托直播短视频、私域流量构建个人 IP，当个人 IP 价值大于机构品牌价值时，其有可能脱离经纪机构约束发展为独立经纪人员，通过雇佣交易助理处理标准化流程（带看、签约文件准备、权证办理等），也可能与经纪机构建立起新的组织或合作关系。

二是平台在标准化服务方面将更具优势。头部平台企业凭借构建的行业基础设施，在标准化服务、团队培训、运营管理以及供应链整合（如新媒体资源、金融与数据服务、家居家装等）等方面将更具规模优势。

三是细分领域品牌崛起。为避免同质竞争，中小机构、个人 IP 团队将精耕特定区域、垂直领域、延伸场景，通过提供个性化、定制化、差异化服务，实现细分突围。例如，当前市场已发展出深耕旅居地产、高端豪宅、养老地产、法拍房、历史建筑以及跨境服务等垂直领域及衍生服务的专业机构。

B.11
2024年房地产估价行业发展报告

宋梦美　刘朵*

摘　要： 2024年，面对纷繁复杂的国内外形势以及日趋激烈的市场竞争，房地产估价机构规模持续缩减，注册房地产估价师人数有所增加；一级估价机构业务量减少，经营收入出现普遍性下滑。为应对外部环境带来的冲击，房地产估价机构主动求变、积极转型，围绕国家重大战略和重点领域持续拓展业务领域。2025年，房地产估价行业进入转型升级的关键期，预计房地产估价行业整体将继续保持平稳，房地产估价行业标准体系将日趋完善，行业监管力度不断加强。进入新的历史起点，房地产估价机构应注重提升管理水平和治理能力，拥抱AI助力提高估价效率和准确性，面向未来、科学准确评估，推动房地产估价行业高质量、可持续发展。

关键词： 房地产估价　数字化转型　AI　高质量发展

一　2024年房地产估价行业发展总体情况

2024年，在外部压力加大、内部困难增多的复杂严峻经济形势下，房地产估价机构规模总量持续缩减，但一级机构数量保持平稳增长态势。职业资格制度改革后新考取的房地产估价师陆续申请注册，注册房地产估价师人数明显增加。房地产估价业务量、经营收入均呈现下降趋势。

---

* 宋梦美，中国房地产估价师与房地产经纪人学会研究中心助理研究员，主要研究方向为房地产经济；刘朵，中国房地产估价师与房地产经纪人学会研究中心高级工程师，主要研究方向为房地产信息化。

（一）房地产估价机构情况

1. 估价机构规模总量持续缩减，一级机构数量保持增长态势

根据中国房地产估价师与房地产经纪人学会（简称中房学）房地产估价行业信息库统计，截至 2024 年 12 月 31 日，全国房地产估价机构及其分支机构共 5630 家，同比减少 1.0%，降幅比 2023 年减少 0.3 个百分点。其中，一级估价机构 1132 家，同比增长 3.9%；二级估价机构 2335 家，同比增长 0.8%；三级估价机构 1183 家，同比减少 6.7%；一级估价机构分支机构 980 家，同比减少 3.4%（见图 1、图 2）。

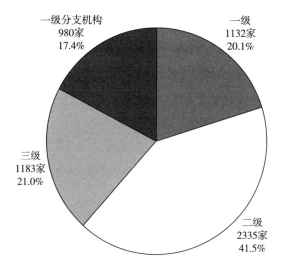

图 1　2024 年全国不同类型房地产估价机构情况

资料来源：中房学房地产估价行业信息库。

2. 广东、山东、江苏等省估价机构规模缩小

从区域发展情况来看，据中房学房地产估价行业信息库统计，全国 14 个省份的估价机构（不包含分支机构）规模有所缩小。其中，估价机构规模前三的省份均出现数量下降情况，广东、山东、江苏分别减少了 10 家、8 家、2 家，辽宁省估价机构减少数量最多，减少了 15 家（见图 3）；估价机

图2　2019～2024年各级房地产估价机构规模情况

资料来源：中房学房地产估价行业信息库。

构规模居中的湖南、陕西、北京、内蒙古等省份估价机构数量有所增加；估价机构规模靠后的广西、海南、上海、西藏等省份估价机构数量略有下降。

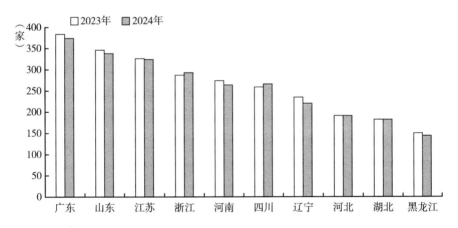

图3　2023年和2024年规模靠前的省份房地产估价机构数量

资料来源：中房学房地产估价行业信息库。

3. 超过一半的省份分支机构规模下降

为应对外部环境及宏观形势的挑战，估价机构持续调整经营策略，通过适度整合、减少估价师数量、缩小或搬迁办公场地、精简成本支出等措施降

本增效、开源节流。据中房学房地产估价行业信息库统计，2021~2024年分支机构规模持续下降，年均下降2.6%（见图4）。从区域分布情况看，2024年全国54.8%的省份分支机构规模下降，其中，广东省分支机构减少数量最多，减少了11家（见图5）。

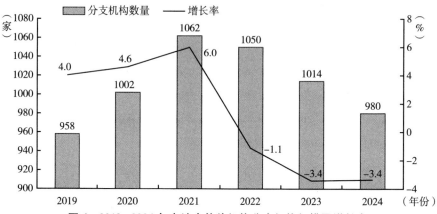

图4 2019~2024年房地产估价机构分支机构规模及增长率

资料来源：中房学房地产估价行业信息库。

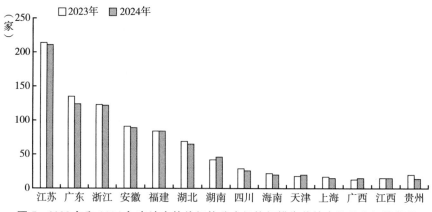

图5 2023年和2024年房地产估价机构分支机构规模靠前的省份分支机构数量

资料来源：中房学房地产估价行业信息库。

4. 超七成估价机构注册估价师人数不超过10人

从估价机构注册估价师人数来看，据中房学房地产估价行业信息库统计，2024年约25%的估价机构减少了聘用的估价师人数。截至2024年底，全国房地产估价机构平均注册房地产估价师人数近9人，其中，74.1%的估价机构注册估价师人数不超过10人，22.2%的估价机构注册估价师人数在11～20人，仅有3.7%的估价机构注册估价师人数在21人及以上（见图6）。

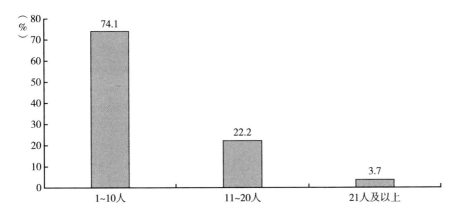

图6　2024年房地产估价机构注册房地产估价师人数情况

资料来源：中房学房地产估价行业信息库。

（二）人员情况

1.考试报名人数及合格人数有所减少

2023年为新职业资格制度实施以来的首次全国统一开考，考试报名及合格人数达到高峰。2024年房地产估价师职业资格考试报名人数、参考人数分别为32168人、25618人，同比减少11.6%、15.3%。其中，考试合格人数为3455人，考试合格率13.5%（见图7）。

2.注册房地产估价师人数增加明显

2024年全面完成了2021年房地产估价师职业资格制度实施后新的房地产估价师注册工作，确保新老房地产估价师注册工作有序衔接、顺利开展。据中房学房地产估价行业信息库统计，2024年注册执业人数显著增至2912

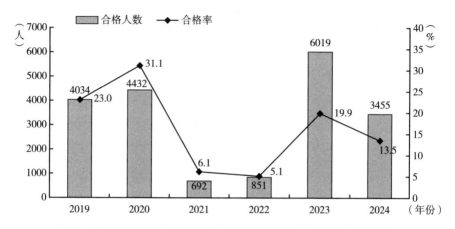

图7 2019~2024年全国房地产估价师资格考试合格人数及合格率

资料来源：中房学房地产估价行业信息库。

人，但仍低于2021年以前水平（见图8）。截至2024年底，累计共有7.3万名房地产估价师注册执业。

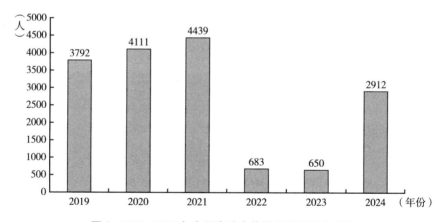

图8 2019~2024年全国房地产估价师注册执业人数

资料来源：中房学房地产估价行业信息库。

3.行业总体对高学历、年轻人才吸引力不足

从分布区域来看，据中房学房地产估价行业信息库统计，江苏、广东、浙江、山东、四川的注册房地产估价师数量位居前五，均超过3000人，其

中，江苏省估价师数量最多，占比为10.3%（见图9）。从学历结构来看，注册房地产估价师本科及以上学历占比为66.0%，其中，本科、硕士、博士占比分别为58.8%、6.8%、0.4%（见图10）。从年龄结构来看，注册房地产估价师平均年龄为47岁，44.9%的估价师年龄在46~55岁（见图11）。总体来说，估价行业对高学历、年轻人才吸引力不足。从2024年新注册估价师来看，近一半的估价师（47.4%）选择在一级估价机构注册执业，

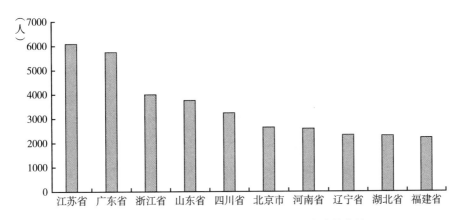

图9 2024年全国注册房地产估价师人数靠前的省份

资料来源：中房学房地产估价行业信息库。

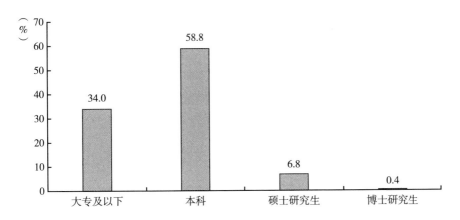

图10 2024年全国注册房地产估价师学历结构

资料来源：中房学房地产估价行业信息库。

231

34.3%的估价师在二级估价机构注册执业，表明一级、二级估价机构对估价师更具吸引力，一定程度上能够提供更好的职业发展机会和更有竞争力的薪酬待遇（见图12）。

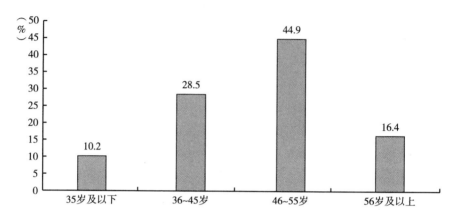

图11　2024年全国注册房地产估价师年龄结构

资料来源：中房学房地产估价行业信息库。

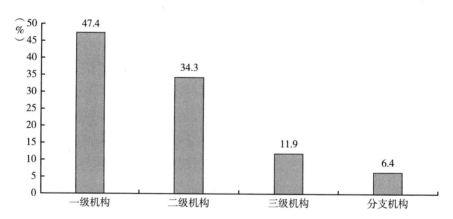

图12　2024年注册房地产估价师在不同类型房地产估价机构分布情况

资料来源：中房学房地产估价行业信息库。

（三）房地产估价业务情况

1.估价业务规模有所减少

根据全国一级房地产估价机构填报的业绩数据统计，一级房地产估价机构业务规模呈现收缩态势。2024年全国一级房地产估价机构完成的平均估价项目数2098个，同比下降0.8%；平均评估总价值330亿元，同比下降14.7%；平均评估总建筑面积328万平方米，同比下降3.0%；平均评估总土地面积311万平方米，同比下降6.0%（见图13）。

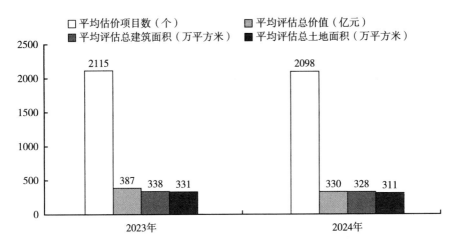

图13　2023年和2024年全国一级房地产估价机构业绩完成情况

资料来源：中房学房地产估价行业信息库。

2.经营收入同比下降较为明显

根据全国一级房地产估价机构填报的业绩数据统计，2024年全国一级房地产估价机构平均营业收入为1456万元，同比下降8.0%，降幅比2023年扩大了5.3个百分点；营业收入排名前10的一级房地产估价机构平均营业收入为2.0亿元，同比下降9.1%；营业收入排名前100的一级房地产估价机构平均营业收入为6731万元，同比下降8.7%。根据2024年全国各级机构填报的营业收入情况估算，2024年全国房地产估价机构营业收入总额近307亿元（见图14、图15）。

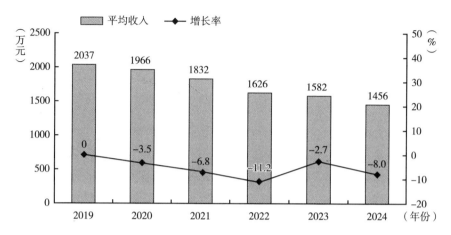

图 14 2019~2024 年全国一级房地产估价机构平均营业收入及增长率

资料来源：中房学房地产估价行业信息库。

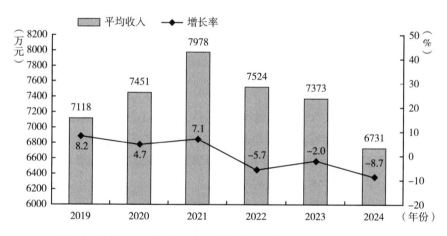

图 15 2019~2024 年营业收入排名前 100 的一级房地产估价机构
平均营业收入及增长率

资料来源：中房学房地产估价行业信息库。

3.不同类型业务业绩表现存在较大差异

根据全国一级房地产估价机构填报的各类房地产评估价值，不同类型业务的业绩表现呈现较大差异。2024 年房地产抵押价值评估业务占比最高，为 47.5%，其评估总价值为 16.6 万亿元，同比下降 7.4%；其他目的的房地产估价业务、房地产咨询顾问服务业务的业绩分别居第二、第三位，占比分别为 22.3%、21.2%（见图16）。

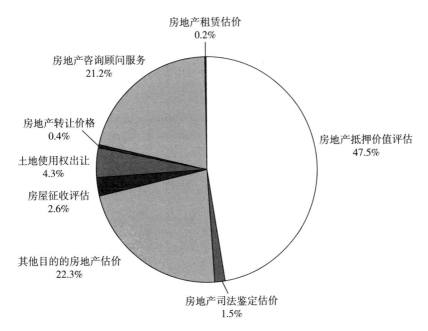

图16 2024年全国一级房地产估价机构各类估价业务评估价值占比情况

资料来源：中房学房地产估价行业信息库。

4. 服务国家重大战略和重点领域的估价业务持续拓展

在估价业务规模、经营收入均下降的情况下，为突破业务困境，估价机构积极挖掘新型估价需求，围绕国家重大战略和重点领域持续拓展业务领域。根据一级估价机构填报的业绩数据统计，250 余家一级估价机构开展了租金评估服务，涉及项目数 6000 余个；150 余家一级估价机构开展了城市更新、老旧小区改造等估价业务，涉及项目数 2000 余个，涵盖项目可行性研究、资金平衡分析、成本测算、社会稳定风险评估、房屋征收补偿价值评估、房地产市场价值咨询等业务；50 余家一级估价机构开展了保障性住房相关估价业务，涉及项目数 300 余个。

二 2024年房地产估价行业发展环境

2024年，与房地产估价行业相关的政策主要集中在绿色低碳发展、城市更新、国有资产管理、司法评估等领域，为房地产估价行业转型升级及高质量发展提供了新的机遇。同时，全国和部分省市发布了系列技术指引，指导行业规范健康发展。此外，房地产估价行业积极通过举办专业研讨会或论坛、开展国际合作与交流、建立信息共享与交流平台、组织调查研究与人才培训等方式加强沟通与联系，助力提升机构的专业水平、拓展业务范围、增强市场竞争力。

（一）重大政策机遇推动行业转型升级

1. 绿色低碳估价成为重要发展方向，推动社会可持续发展

当前，推动经济社会发展绿色化、低碳化是实现高质量发展的关键环节。近年来，党中央高度重视绿色低碳发展，特别是房地产行业作为能耗和碳排放的重要领域需要进行绿色转型。2024年3月12日，国家发展改革委、住房和城乡建设部印发《加快推动建筑领域节能降碳工作方案》，提出到2025年，城镇新建建筑全面执行绿色建筑标准。2024年3月27日，中国人民银行等七部门发布《关于进一步强化金融支持绿色低碳发展的指导意见》，提出支持信用评级机构将环境、社会和治理（ESG）因素纳入信用评级方法与模型。2024年6月19日，住房和城乡建设部对国家标准《绿色建筑评价标准》（GB/T 50378-2019）进行了修订，增强绿色建筑低碳效能，强化绿色建筑性能保障。2024年11月20日，财政部等十部门印发《企业可持续披露准则——基本准则（试行）》，稳步推进我国可持续披露准则体系建设。2024年1月31日，国际评估标准委员会（IVSC）发布最新版《国际评估准则》，自2025年1月31日生效，明确要求在估值过程中纳入ESG相关因素。

在全球碳中和及可持续发展目标引领下，ESG和绿色低碳相关估价业务正成为估价行业的重要发展方向。越来越多的房地产估价机构开始关注建筑物的能源效率、碳足迹及其环境影响、社会责任、企业治理等因素，并积极

开展绿色建筑评估、碳排放评估、能源效率分析、ESG 绩效评价、房地产可持续发展战略咨询等业务。通过将绿色建筑认证、可再生能源使用等可持续发展指标纳入估价体系，可以科学量化绿色低碳因素、ESG 因素等对房地产价值的影响，为投资者提供更为全面、准确的房地产价值评估依据，为推动房地产业和社会经济可持续发展、实现"双碳"目标等提供评估专业支持。

2.加快参与城市更新，助力构建高质量的专业服务体系

当前，我国城市发展已经进入了城市更新的重要时期。实施城市更新行动，是党中央、国务院作出的重大决策部署。2025 年 1 月 3 日召开的国务院常务会议提出要支持各地因地制宜进行创新探索，建立健全可持续的城市更新机制，推动城市高质量发展。据住房和城乡建设部统计，2024 年全国各地不断创新完善城市更新工作机制、制度政策和实施模式，共实施城市更新项目 6 万余个，完成投资约 2.9 万亿元，其中包括城镇老旧小区改造、完整社区建设、历史文化保护等多种类型项目。在构建城市更新制度政策框架方面，1 个省 9 个城市出台了城市更新条例，92 个城市出台管理办法，150 个城市印发指导性文件，各地共出台土地、规划、财税、金融等支持政策 1000 多个，发布技术标准、操作指南 260 多个。同时，我国建立了城市体检与城市更新一体化推进机制，297 个地级及以上城市全面开展城市体检（见表1）。

表 1　2024 年国家和地方层面关于城市更新的相关规定

时间	文件	主要内容
国家层面		
2024 年 1 月 24 日	《住房城乡建设部办公厅关于印发城市更新典型案例（第一批)的通知》	为发挥典型案例示范作用,印发 28 个城市更新典型案例
2024 年 3 月 27 日	《住房城乡建设部关于印发推进建筑和市政基础设施设备更新工作实施方案的通知》	坚持市场为主、政府引导,鼓励先进、淘汰落后,标准引领、有序提升原则,以住宅电梯、供水、供热、供气、污水处理、环卫、城市生命线工程、建筑节能改造等为重点,分类推进建筑和市政基础设施设备更新,着力扩内需、惠民生、保安全,保障城市基础设施安全、绿色、智慧运行,推进城市高质量发展

续表

时间	文件	主要内容
国家层面		
2024 年 4 月 30 日	《财政部办公厅　住房城乡建设部办公厅关于开展城市更新示范工作的通知》	自 2024 年起,中央财政创新方式方法,支持部分城市开展城市更新示范工作,重点支持城市基础设施更新改造,进一步完善城市功能、提升城市品质、改善人居环境,推动建立"好社区、好城区"
2024 年 5 月 2 日	《住房城乡建设部办公厅关于印发海绵城市建设可复制政策机制清单的通知》	先后在 90 个城市开展海绵城市建设试点、示范工作,总结地方在工作组织、统筹规划、全流程管控、资金保障、公众参与等 5 个方面的探索实践,形成海绵城市建设可复制政策机制清单
2024 年 5 月 24 日	《自然资源部办公厅关于进一步加强规划土地政策支持老旧小区改造更新工作的通知》	各地自然资源部门要立足职责,加强规划土地政策支持,配合做好老旧小区改造工作。一是深化资源资产调查评估,为科学规划奠定基础;二是加强规划统筹,促进区域平衡、动态平衡;三是强化政策支持,激发改造活力;四是优化审批流程,完善全周期监管机制
2024 年 6 月 13 日	《自然资源部办公厅关于印发〈城中村改造国土空间规划政策指引〉的通知》	深化城中村改造体检评估,综合考虑政府、村集体和村民、市场、新市民等群体多元诉求,查找突出问题,开展资源环境、公共服务设施和基础设施等承载力评估以及安全隐患评估,加强城市安全、历史文化和生态景观保护、自然灾害、社会稳定等方面的风险影响评估
2024 年 7 月 28 日	《国务院关于印发〈深入实施以人为本的新型城镇化战略五年行动计划〉的通知》	深入实施城市更新行动,支持符合条件的城市更新项目发行基础设施领域不动产投资信托基金。建立可持续的城市更新模式和政策法规,落实相关税费优惠减免政策。研究完善城市更新的土地和规划政策,允许土地用途兼容、建筑功能混合
2024 年 9 月 30 日	《住房城乡建设部办公厅关于印发实施城市更新行动可复制经验做法清单(第三批)的通知》	总结各地在建立城市更新工作组织机制、完善城市更新法规和标准、完善城市更新推进机制、优化存量资源盘活利用政策、构建城市更新多元投融资机制、探索城市更新多方参与机制等方面经验做法
2024 年 11 月 26 日	《中共中央办公厅　国务院办公厅关于推进新型城市基础设施建设打造韧性城市的意见》	到 2027 年,新型城市基础设施建设取得明显进展,对韧性城市建设的支撑作用不断增强,形成一批可复制可推广的经验做法。到 2030 年,新型城市基础设施建设取得显著成效,推动建成一批高水平韧性城市,城市安全韧性持续提升,城市运行更安全、更有序、更智慧、更高效

续表

时间	文件	主要内容
地方层面		
2024年3月28日	《北京市城市更新项目库管理办法(试行)》	共四章二十一条,城市更新项目库定位于支持项目孵化生成,提供专项服务保障,优化实施流程和规范运行管理,具有项目申报确认、谋划储备、协调推动、动态调整、信息查询等具体功能,打通城市更新实施路径,促进项目谋划、储备和实施,推动项目规范有序落地实施
2024年8月9日	《邯郸市城市更新条例》	共七章四十三条,针对城市更新工作中面临的问题,明确了城市更新工作机制,提出从提升居住品质、完善公共设施、盘活低效资产、传承历史文化、优化开放空间、整治市容市貌等6个方面实施城市更新,并对老旧小区、厂区、街区、市场、商圈等方面的更新活动提出具体要求
2024年8月28日	《平顶山市城市更新实施办法(试行)》	共二十四条,明确了城市更新的范围、实施原则、市区两级政府和各部门的职责、工作要求等内容
2024年9月18日	《银川市2024年城市更新管理办法(暂行)》	共七章四十五条,为落实"强首府"战略要求,统筹推进城市更新,优化城市功能和空间布局实施,加强历史文化保护传承,改善人居环境,提升城市品质,分为总则、工作机制及部门职责、规划与计划、项目实施、资金筹措、支持政策、附则
2024年10月10日	《台州市城市更新条例》	共六章三十七条,以打造高能级现代化城市发展格局为主要目标任务,聚焦人民群众对美好生活的向往,明确了城市更新规划与计划、城市更新实施、城市更新保障、监督管理与法律责任等内容,确保在法治轨道上推进台州城市更新工作
2024年12月5日	《保定市城市更新条例》	共六章四十四条,明确了立法目的、适用范围、基本原则和各方职责,规定了城市更新规划和计划、城市更新实施、城市更新保障、城市更新监督管理等内容
2024年12月16日	《哈密市城市更新管理办法》	共七章三十九条,为全面优化城市布局,持续提升城市品质、完善城市功能、改善人居环境,不断满足人民日益增长的美好生活需要,包括总则、规划编制、项目实施、政策支持、权益保障、加强监督、附则

时间	文件	主要内容
地方层面		
2024年12月17日	《厦门经济特区城市更新条例》	共七章四十九条,在总结厦门市城市更新实践经验基础上,从城市更新的概念界定、原则要求、管理体制、规划实施、更新保障、城中村改造和监督管理等方面进行制度设计,构建符合厦门市实际的可持续发展的城市更新模式,更好地优化城市空间布局,完善城市功能,改善人居环境,传承城市历史文化的根与魂
2024年12月31日	《潮州市城市更新办法》	共六章五十七条,为有序推进"三旧"改造工作,推动低效用地再开发,规范城市更新活动,进一步完善城市功能,改善人居环境,分为总则、城市更新规划、用地管理、一般规定、监督管理、附则

稳步实施城市更新,必须加快建立高质量的专业服务体系。房地产估价机构可抓住契机,充分展现自身专业优势,积极参与到新形势下的城市更新全流程中,如开展房地产利用状况调查、城市体检评估、产权摸排、成本测算、可行性研究、资金平衡分析、绩效评估等业务,还可与上下游加强合作,进一步拓展业务领域。2024年10月17日,住房和城乡建设部部长倪虹宣布新增实施100万套城中村改造和危旧房改造。2025年3月9日,在十四届全国人大三次会议上倪虹表示,把2000年以前建成的老旧小区都纳入城市更新改造范围。城中村改造政策支持范围也从最初的35个大城市扩围至300个地级及以上城市,并主要采取货币化安置的方式,潜力巨大。房地产估价机构应不断提升城市更新估价及相关咨询服务能力,满足城市更新多元主体利益平衡需要,推动盘活低效空间资源,助力建立可持续的城市更新模式。

3.适应央企国企改革新形势,优化国有资产评估管理

近年来,随着战略性新兴产业相关的企业并购、前沿性原创性科技成果和知识产权的交易攀升,以及中央企业投资有限合伙企业事项的增多,中央企业对资产估值的需求和实践与日俱增。为推动中央企业布局优化和结构调

整，更好适应国资国企改革发展新形势，国务院国资委于 2024 年 1 月 30 日印发《关于优化中央企业资产评估管理有关事项的通知》。通知在现行制度的原则和框架下，明确"中央企业应当通过公开招标、邀请招标、竞争性谈判等方式在本集团评估机构备选库内择优选聘评估机构执业重大资产评估项目。选聘评估机构应当制定选聘文件，明确项目信息、评价要素、评分标准等内容。评价要素至少包括项目团队人员组成及其评估标的相关行业的执业经验、评估工作方案、资源配备、质量控制、费用报价等"。同时，列举了八种"可以不对相关标的进行评估"的情况，并提出了五种"可以聘请专业机构对相关标的进行估值"的经济行为，明晰了中央企业资产评估及估值的范围。通知还将《评估机构职业质量评价表》和《中央企业估值报告审核指引》作为附件，推动评估报告内容规范化，提高估值项目审核质量，这为房地产估价机构参与国有资产评估管理提供了新的机遇，同时也提出了更高的要求。

4. 规范网络司法拍卖行为，明确委托评估情形

为进一步规范网络司法拍卖行为，着力提升执行财产处置水平，切实保障当事人的合法权益，2024 年 10 月 29 日，最高人民法院印发《关于进一步规范网络司法拍卖工作的指导意见》，规范适用询价方式。"对于无需由专业人员现场勘验或者鉴定且有大数据交易参考的住宅、机动车等财产，可以选择网络询价方式。当事人、利害关系人认为不应适用网络询价或者网络询价结果明显偏离市场价值，申请适用委托评估的，执行法院经审查可以准许。工业厂房、在建工程、土地使用权、商铺较多的综合市场、装修装饰价值较高的不动产以及股权、采矿权等特殊或者复杂财产，目前尚不具备询价条件，当事人议价不成时，应当适用委托评估"。意见强调了司法拍卖中委托评估的作用，对于发挥房地产司法评估的作用提供了发展空间。同时，还明确了执行法院尽职调查财产现状的责任、严格审查权利负担的真实性、如实披露拍卖财产信息等内容，有利于估价师获取评估需要的财产基本信息，进一步规范涉执房地产处置司法评估行为。

（二）标准体系建设助力行业规范发展

1. 中房学发布《历史建筑经济价值评估指引（试行）》

为保障历史建筑经济价值评估质量，科学合理反映历史建筑经济价值量，推动历史建筑合理利用，促进城乡历史文化保护传承，在深入调查研究并广泛听取意见建议的基础上，中房学于 2024 年 12 月 20 日发布《历史建筑经济价值评估指引（试行）》，指引分为总则、特殊影响因素、估价对象、估价方法、估价报告、附则等六章三十条，明确了历史建筑估价的相关概念、经济价值特殊影响因素、估价对象状况、估价方法选用及估价报告要求等内容。该指引的出台标志着我国历史建筑价值评估体系进入标准化建设阶段，其核心价值在于通过构建科学评估框架，为文化遗产的可持续性传承提供制度保障与技术支撑。房地产估价专业人员在开展历史建筑价值评估工作时，应当系统把握该指引的技术规范要求，特别是深入解析历史建筑价值构成的特殊规律，提升历史建筑经济价值评估的准确性和科学性。

2. 地方相继发布规范估价活动的细则

为规范房地产相关估价行为，提升估价服务质量，地方主管部门或行业组织相继发布有关估价指引，推动行业规范健康发展。为加强国有资产评估监管，规范上海市国有企业数据资产的评估管理工作，上海市国有资产监督管理委员会发布《国有企业数据资产评估管理工作指引（试行）》，明确"企业应按照相关制度和要求，选聘委托具有相应资质和数据资产评估经验的中介机构，对数据资产评估项目进行评估，并出具数据资产评估项目报告"。为规范上海市住宅物业服务价格评估活动，维护住宅物业服务当事人的合法权益，保证物业服务价格评估结果客观公平，上海市房地产估价师协会印发《上海市住宅物业服务价格评估管理办法》，明确了住宅物业服务价格评估的情形、工作流程、评估报告及异议处理等内容。

为进一步规范银行业金融机构和估价机构的业务合作关系，优化合作模式，防范金融风险，重庆市银行业协会和重庆市国土资源房屋评估协会联合发布《关于优化银行业金融机构与房地产土地估价机构业务合作模式的通知》，并于 2025 年 1 月联合举行了行业机构规范合作会议。通知提出，银行业金融机构应当通过优化估价机构选用办法、合理合规运用估价报告、提高评估费结算效率等措施，规范行业发展。各评估机构也应严守执业规范，提高服务质量，坚持有序竞争，营造良好营商环境。此举对规范房地产抵押估价行为、提升估价服务质量、维持房地产估价专业服务形象、遏制低价恶性竞争的不正之风等具有重要作用，也为其他省市做好此项工作提供了很好的借鉴。

（三）业内交流研讨促进行业高质量发展

2024 内地与香港建筑论坛分论坛——产业测量及造价咨询专业技术交流会在广州举办。2024 年 3 月 27 日，中房学、香港测量师学会、广东省工程造价协会在广州共同主办内地与香港建筑论坛分论坛——产业测量及造价咨询专业技术交流会。这是内地与香港建筑论坛举办十九届以来，首次设立估价造价专业分论坛，是一次高层次、跨专业、跨地区的特别交流研讨活动。会议汇聚估价造价行业智慧，共同探讨两地房地产估价及工程造价领域创新发展经验、共享资源成果，对两地估价造价专业人员进一步拓展服务领域，实现专业服务融合发展，携手推进粤港澳大湾区高质量建设具有重要意义。

2024 年度智地平台机构会议在广东深圳举办。2024 年 4 月 12 日，由智地平台主办，深圳市格衡土地房地产资产评估咨询有限公司协办的以"面对转型挑战　加强合作粘性"为主题的 2024 年度智地平台机构会议在广东深圳成功举办。来自全国 80 余家成员机构的 150 余位机构负责人和代表参会，共同交流和探索估价机构的多元化发展道路，助力估价行业转型升级与高质量发展。智地平台年度机构会议，增进了全国估价机构的合作和沟通，加强了彼此之间的交流与学习，实现了专业和资源共享，助推行业进步与发展。

房地产估价师大赛工作经验交流会在郑州举行。为交流各地房地产估价师大赛开展情况，总结大赛经验，推动行业高质量发展，2024 年 9 月 5 日，中房学在郑州召开房地产估价师大赛工作经验交流会。河南、江苏、贵州、

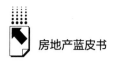
成都等地方房地产估价行业组织负责人介绍了各自举办、筹备房地产估价师大赛的经验，通过交流各地成功经验，相互学习，有助于研究提炼总结符合房地产估价师职业特点的赛制，通过大赛选拔出一批精耕、细耕、扎根行业的优秀估价师，为建立全国赛制奠定基础。

2024 全国知名房地产估价机构座谈会在哈尔滨召开。2024 年 10 月 20 日，2024 全国知名房地产估价机构座谈会在黑龙江省哈尔滨市召开，来自全国 20 余家知名房地产估价机构的负责人参加会议。参会代表围绕房地产估价行业的持续发展与创新探索展开交流研讨，并就当前行业发展中存在的问题、房地产估价机构经营中面临的困难等内容进行讨论，积极分享拓展业务、防范风险的经验与做法，同时对行业管理提出意见建议。

2024 年世界城市日中国主场活动系列活动——专业服务助力城市更新研讨会在威海召开。2024 年 10 月 28 日，作为 2024 年世界城市日中国主场活动的系列活动，中房学联合山东省房地产业协会在山东省威海市组织召开了主题为"专业服务助力城市更新"的研讨会，这也是中房学继 2023 年首次在世界城市日活动成功举办住房租赁专题论坛之后的又一重要活动。世界估价组织协会（WAVO）荣誉会长、新加坡测量师与估价师学会会长林兰源、戴德梁行大中华区首席执行官赵锦权，以及房地产估价机构代表和专家通过主题演讲等方式，围绕房地产估价及相关咨询服务如何有效解决城市更新中遇到的专业难题、助力实施城市更新行动及建立可持续的城市更新模式，分享交流了相关情况、最佳实践、鲜活实例及好经验好做法。

中房学编印《中国房地产投资收益率和资本化率分析报告（2024）》。房地产投资收益率（IRR）是反映房地产投资收益能力的主要指标之一，也是采用收益法进行房地产估价的一个基本参数。为科学合理规范确定房地产投资收益率和资本化率，中房学起草了《收益法中报酬率和资本化率确定指引》，并于 2024 年 9 月 19~20 日在北京举办报酬率和资本化率继续教育专题培训班，组织全国 40 余家房地产估价机构有序开展 27 个重点城市不同类型房地产投资收益率和资本化率调查和测算工作，最终形成了《中国房地产投资收益率和资本化率分析报告（2024）》，拟于 2025 年正式出版发行，为有关专业人士提供参考使用。

中房学在北京举办 2024 中国房地产估价年会暨中房学成立 30 周年活动。2024 年是我国法律明确规定的"国家实行房地产价格评估制度""国家实行房地产价格评估人员资格认证制度"30 周年，也是中房学成立 30 周年。为总结回顾房地产估价行业发展历程和宝贵经验，引导广大房地产估价机构坚定发展信心、找准发展方向、面向未来努力提供高品质估价服务，2024 年 12 月 28~29 日，中房学在北京举办主题为"面向未来的估价发展"的 2024 中国房地产估价年会暨中房学成立 30 周年活动。会议围绕房地产估价行业发展面临的新形势、新挑战、新机遇，新一轮科技革命对房地产估价的影响，估价机构未来转型升级发展，房地产估价业务创新与高质量发展等内容开展了交流研讨，并公布了房地产估价领域示范引领人员和机构评价活动结果。

三　2024年房地产估价行业特点

2024 年，面对纷繁复杂的国内外形势以及日趋激烈的市场竞争，房地产估价行业整体收缩发展，经营收入普遍下降。为应对外部环境带来的冲击，房地产估价机构从传统业务模式不断向房地产全流程咨询、城市更新、存量资产盘活、乡村振兴等新兴领域拓展，并积极加快数字化转型，运用 AI 提升自身竞争力，实现可持续发展。同时，行业监管力度日益加大，进一步营造公平竞争的市场环境。

（一）行业整体发展持续放缓，机构业绩普遍下滑

随着我国经济从高速增长阶段转向高质量发展阶段，房地产市场及房地产业正经历深刻的调整与转型，房地产估价机构普遍遭遇了发展瓶颈，2024 年房地产估价机构规模持续萎缩，但降幅收窄，总体保持稳定。与此同时，房地产估价行业市场竞争日益激烈，来自其他领域的机构不断地"跨界"竞争，小型估价机构面临来自大型机构的竞争压力，愈加难以在市场中立足。据中房学数据统计，三级估价机构 1183 家，同比减少 6.7%，降幅比

2023 年扩大了 7.6 个百分点；一级估价机构分支机构 980 家，同比减少 3.4%，整个行业正面临结构性的优化与调整。

受房地产估价行业外部及内部多重因素影响，以及包括地方政府、国企等在内的客户资金紧张等原因，部分估价项目出现拖欠评估费、回款困难甚至项目停滞等问题，使 2024 年一级估价机构业务量有所下降、经营收入普遍下滑。据中房学数据统计，54.6% 的一级估价机构经营收入出现下降，其中有 43.2% 的机构下降幅度超过了 20%。不同规模的估价机构均受到一定程度的影响，行业整体生存发展比较困难。其中，营业收入超过 1 亿元的一级估价机构中近八成（77.8%）的机构经营收入下降，头部企业经营收入增长乏力；营业收入在 5000 万~1 亿元的一级估价机构中有 60% 的机构营业收入有所下降；营业收入在 1000 万~5000 万元的一级估价机构中有近一半（48%）的机构营业收入出现下降。

（二）估价业务领域不断深化与拓展

为应对外部环境的挑战以及传统估价业务竞争激烈局面，部分房地产估价机构积极进行转型升级，立足新发展阶段，把握新发展趋势，拓展新业务领域，一方面，在传统业务中深挖新的业务增长点，如在房屋征收评估中开展项目前期的可行性研究评估、社会稳定风险评估以及征收后期的资金成本平衡试算等；在银行抵押贷款评估中，开展续贷评估、贷后重估、抵押品处置价值评估等。另一方面，越来越多的估价机构从传统业务模式不断向高质量的咨询顾问、城市更新、工程尽调、ESG 服务、资产管理服务等全链条多元化服务发展，同时针对不同客户群体提供定制化、个性化的估价解决方案，满足社会经济发展进程中日益多样化的估价需求。

然而，当前房地产估价业务拓展也面临一定的障碍和困境，如房地产资产证券化物业评估等业务领域，一些房地产估价机构由于不具备相关资格或不满足有关条件，被限制开展相关业务、出具房地产估价报告。这不符合《资产评估法》要求的评估分专业领域和专业类别的规定，同时扰乱了评估市场秩序，与国家倡导的促进市场公平竞争、优化营商环境背道而驰，不利于资产证券化业务的健康发展和防范金融风险。房地产估价机构长期专注于房地产市场，对房地产资产证券化物业估值有着深入研究和丰富经验，其专业性也得到了行业各界及有关部门的高度认可。为此，评估机构应积极向各级人民法院、证券监督管理、金融机构以及企业等委托人宣传《资产评估法》确立的评估分专业的原则，依法委托房地产评估机构和注册房地产估价师开展房地产评估业务。有关部门也应充分发挥评估机构在房地产资产证券化等领域的重要作用，打破行业壁垒，促进市场的公平竞争和健康发展。

（三）行业数字化转型进程加快

随着新一轮科技革命和产业变革深入发展，人工智能（AI）成为发展新质生产力的重要引擎，正深刻改变传统生产模式和经济发展形态，在各行各业的应用日益广泛，而房地产估价行业也因其数据密集、规律复杂、决策依赖性高的特性，成为 AI 技术能够充分发挥作用的领域之一，给估价行业造成了一定的冲击。传统的估价方式逐渐被机械化、自动化的估价工具所取代，导致估价成本降低，估价机构收益减少。在此背景下，估价机构迈出了数字化转型的重要步伐，通过自行开发、合作开发、外购等方式，积极搭建估价数据平台，研发新型产品，涵盖了自动估价、估价报告的一站式生成系统、物业查勘的系统化处理、GIS 领域化以及数据采集与分析的信息化等多个方面，逐步实现估价效率和估价质量的提升。但总体来说，尽管行业的数字化发展已取得一定成果，但还处于初级阶段，仍面临业务流程标准化程度较低、数据孤岛现象普遍存在、决策过于依赖人工经验等制约因素。房地产估价机构应积极拥抱这一变革，主动学习和应用新技术，提升自身竞争力，实现可持续发展。

（四）行业监管力度不断加强

近年来，估价机构以恶性压价等不正当手段招揽业务的行为愈演愈烈，不仅无法保证估价基本质量，还加剧了估价机构执业风险。同时，受房地产市场调整影响，一些房地产抵押物价格下降，部分估价机构为迎合委托人需求高估抵押价值，扰乱了估价市场秩序，加大了房地产信贷风险。2024 年 4

月 12 日，国务院印发《关于加强监管防范风险推动资本市场高质量发展的若干意见》，明确"进一步压实发行人第一责任和中介机构'看门人'责任，建立中介机构'黑名单'制度。坚持'申报即担责'，严查欺诈发行等违法违规问题"。2024 年 10 月 28 日，四川省财政厅、四川省自然资源厅、四川省住房和城乡建设厅联合印发《关于推动资产评估行业高质量发展的意见》，这是地方政府首次多部门联合对资产评估行业高质量发展进行全面部署安排，针对行业焦点的收费价格内卷、低价中标的问题，提出"推动评估委托人建立以质量为导向的选聘机制，按照市场自愿原则选择与评估事项能力相当的评估机构"，"严禁擅自设立和提高评估机构依法自由参与评估市场的限制门槛，严禁干预评估专业人员依法独立、客观、公正从事评估业务，严禁评估机构以恶性压价、支付回扣、虚假宣传等不正当手段获取评估业务"。随着行业监管力度不断加大，行业执业环境日趋净化，房地产估价的市场环境将更加公平有序。

四　2025年房地产估价行业发展展望

2025 年是全面完成"十四五"规划目标的收官之年，也是全面巩固经济回升向好态势的关键之年。在经济持续向好、房地产市场进一步回暖的带动下，预计房地产估价行业整体将继续保持平稳，房地产估价师数量持续增长，房地产估价行业进入转型升级的关键期。与此同时，房地产估价行业标准体系将日趋完善，房地产估价机构应不断提升管理水平和治理能力，拥抱 AI 助力提高估价效率和准确性，面向未来、科学评估，推动房地产估价行业高质量可持续发展。

（一）行业标准体系日趋完善

随着房地产估价服务的领域越来越广泛，近年来中房学在房地产估价标准规范体系的建设上不断与时俱进、加大投入，紧跟国家重大战略部署，以及市场变化和行业发展需求，围绕房地产估价业务目录、城市更新、社会稳定风险评估、股权转让等基础性、前瞻性问题加强研究，不断完善研究成果，推动行业标准体系建设，预计 2025 年将适时发布多项房地产估价技术标准，并逐步形成系统化、多元化的估价标准体系，带动房地产估价服务范围和服务质量的拓展、提升。

同时，为深入贯彻落实《粤港澳大湾区发展规划纲要》《国家标准化发展纲要》，以标准化助推粤港澳大湾区高质量发展，粤、港、澳三地政府正致力于为不同的产品和服务订立粤港澳大湾区标准，逐步建立推动高质量发展的标准体系。截至 2024 年 8 月，广东联合港澳方已发布"湾区标准"215项，涉及食品、物流等 32 个领域。2025 年，中房学拟联合香港测量师学会加强内地与香港地区 ESG 领域房地产估价咨询服务及标准指引研究，有利于实现两地在 ESG 领域服务标准统一，促进优势互补、互融互通，进一步推动粤港澳大湾区房地产估价行业之间的交流与合作，助力估价标准与国际接轨，从而更有力地支持粤港澳大湾区一体化、高质量发展。

（二）AI 赋能推动行业转型升级

当前，以 ChatGPT、DeepSeek 为代表的新一代生成式人工智能（AI）应用程序的横空出世，标志着人工智能技术发展进入了一个崭新的里程碑式阶段。新形势下，房地产估价机构如何拥抱 AI 等科技手段，助力优化业务流程、提高估价精度，迈向高质量发展已成为行业发展的重要议题。在数据收集与整理、分析与评估、报告撰写与呈现以及决策支持等各个关键环节，AI 都展现出独特优势，为行业应对复杂多变的市场环境提供了有力支持。尽管 AI 显著提升了行业的效率与科学性，但房地产估价师的核心价值依然不可替代，其独有的专业能力、情感智慧和社会属性，使其在复杂情境解决、价值判断、动态沟通以及责任承担等关键领域发挥着重要作用。未来，估价行业将人工智能作为辅助工具，形成能力互补的协同进化关系，共同推动整个行业朝着更高的标准和质量发展。同时，AI 的广泛应用也带来了一系列挑战，如数据安全与隐私保护、算法可解释性等问题，亟待行业通过加强管理、技术创新和人员培训等方式加以解决。

（三）构建新型组织架构及内部治理体系

房地产估价行业经过 30 年的发展，普遍存在内部管理制度不完善、人才梯队建设薄弱、经验传承断层等难题，削弱了团队活力与工作效率，制约了估价机构的竞争力提升和可持续发展。为了适应高质量发展的要求和新技术的快速发展，房地产估价行业亟须构建符合时代需求的新型组织和新型估价师队伍，有效提升管理精细化水平和风险抵御能力。房地产估价机构应以现代企业制度的先进性为根本标尺，从组织形式、分配机制、绩效考核、企业文化、质量管理、风险管理等多方面入手深入探索，构建与自身实际情况相符合的内部治理体系，着力提升评估质量和服务水平，降低执业风险。同时，深入思考如何吸引、培养、留住人才特别是青年人才，制订青年人才培养计划，坚持待遇留人、事业留人、感情留人，努力建设高素质专业化估价队伍，为新时代房地产估价行业发展汇聚更多优秀人才、提供强大智力支撑。

（四）面向未来科学准确评估

在当今复杂多变的市场环境中，准确把握未来发展趋势并评估其发展潜力至关重要。2025 年，房地产行业正处于新旧模式转换的关键期，面向未来诸多不确定性的因素，社会各界越来越关注房地产的未来价值及其价格走势。房地产估价的底层逻辑也已经发生了变化：从过去聚焦于单一时点的价值评估，转变为对房地产全生命周期市场价格动态变化的深度预测与持续监测；评估视角也从单纯考量当前时点的市场价值，扩展到对未来收益现金流的精准预测，以及对未来价格持续性、稳定性及可支持性的全面审视。基于此，房地产估价机构不仅要关注眼前，更要应立足长远，一方面密切关注、积极主动适应房地产市场的新需求、新变化；另一方面秉持前瞻性的战略眼光，注重未来长期发展趋势，对未来的价值进行科学评估或预测。在此基础上，不断拓展服务领域与场景，打造覆盖房地产全生命周期的、以房地产价值分析和预测为核心的专业服务体系，把房地产估价事业继续推向前进，共同开创房地产估价行业新篇章。

B.12
2024年物业管理行业发展报告

刘寅坤　吴一帆　周　勤*

摘　要:　2024年是实现"十四五"规划目标任务的关键一年,在社会经济持续发展与城市化进程继续推进的当下,物业管理行业作为连接居民生活与城市治理的关键纽带,经历着深刻变革。房地产市场调整,物业管理由增量市场转为存量市场,给行业发展带来挑战;业主维权意识逐步提升,物业费降价、"空置房"物业费成为关注焦点;"好房子"需要"好服务",在为行业发展指出路径的同时也是对行业的更高要求。物业管理行业始终坚持"以人民为中心",聚焦民生问题,重点关注物业服务矛盾纠纷化解、党建引领物业管理融入基层治理、共建和谐友好社区等方面,回归服务初心,积极履行社会责任,在发展中不断解决问题,为居民提供更加优质、高效的物业服务。

关键词:　物业管理　基层治理　党建引领　好服务

一　行业发展总体情况

(一)物业管理面积达395.52亿平方米

2024年全国常住人口城镇化率达到67.00%,城市新建建筑不断增加,

---

* 刘寅坤,中国物业管理协会秘书长,物业管理师,副研究员,主要研究方向为物业管理、基层治理、社区居家养老;吴一帆,中国物业管理协会行业发展研究部副主任,助理研究员,主要研究方向为物业管理;周勤,《中国物业管理》杂志社融媒体中心研究部主任,主要研究方向为物业管理、基层治理。

为物业管理继续提供增量市场。同时，老旧小区改造工作持续开展，越来越多老旧小区引入物业管理服务，实现了存量市场的有效挖掘。此外，行业在多业态布局、全业态发力拓展，向城市服务、乡村管理等领域延伸，进一步扩大了管理面积规模。根据《中华人民共和国 2024 年国民经济和社会发展统计公报》数据，全国商品房销售面积为 9.74 亿平方米；全国新开工改造城镇老旧小区 5.6 万个；据此测算，2024 年物业管理行业管理面积较上年增加 12.90 亿平方米；全国物业管理面积达到 395.50 亿平方米（见图 1）。

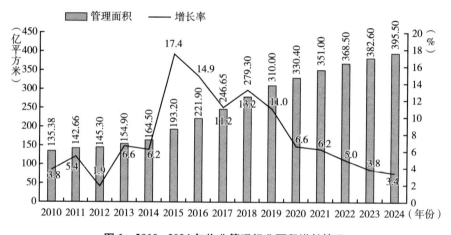

图 1　2010~2024 年物业管理行业面积增长情况

（二）企业从业人员达883.25万人

行业规模持续扩大，管理面积增加，业务范围拓展，促使企业对各类专业人才和基础服务人员的需求不断增加。物业管理行业社会价值、服务价值和资本价值的逐步显现，吸引更多人才加入行业，在吸纳就业方面的能力不断增强，为社会稳定就业做出了重要贡献。经测算，2024 年末行业从业人员达到 883.25 万人（不包含外包人员），较上一年新增 28.95 万人（见图 2）。

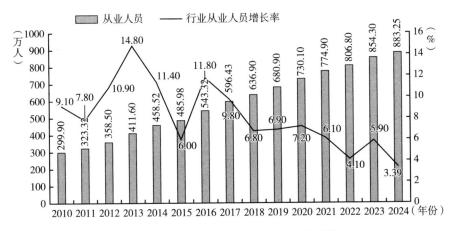

图 2 2010~2024 年物业管理行业从业人员情况

（三）企业经营收入达1.75万亿元

行业管理面积和从业人员数量的增长为产值提升奠定了基础，经营业态不断丰富，向社区和居民生活多场景渗透，推动了行业整体经营收入的持续提升。经测算，2024 年末物业管理行业营业收入达到 1.75 万亿元，较上一年增加 0.06 万亿元，同比增长了 3.39%（见图3）。

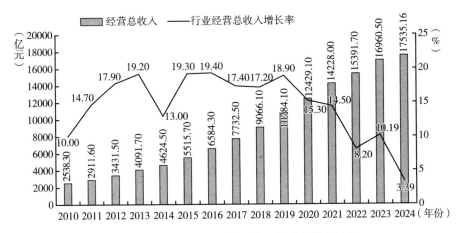

图 3 2010~2024 年物业管理行业经营总收入情况

二　行业发展环境

（一）国家政策鼓励行业智慧化、多元化、专业化发展

2024 年 12 月，《中共中央办公厅　国务院办公厅关于推进新型城市基础设施建设打造韧性城市的意见》印发，发展智慧住区和提升房屋建筑管理智慧化水平被列入 11 项重点任务。从国家层面再次强调了智慧物业服务模式的重要作用和发展方向，提高了住区智慧化安全防范、监测预警和应急处置能力，提高了居民服务便利性、可及性，提升城市住区韧性，智慧科技将成为改善居住环境、提升物业服务品质、创新物业服务模式的重要推手。

2024 年 8 月，国务院发布《关于促进服务消费高质量发展的意见》，围绕餐饮住宿、家政服务、养老托育、文娱旅游、教育体育、居住服务、健康服务等与人民群众生活密切相关的领域，提出了一系列务实举措。其中，鼓励有条件的物业企业与养老、托育、餐饮、家政等企业开展合作，发展"物业服务+生活服务"模式等。意见强调"着力提升服务品质、丰富消费场景、优化消费环境"，这为物业管理行业通过服务创新、技术创新，提高服务品质，提升居民满意度和幸福感提供了明确的政策指引。

此外，2024 年 2 月 1 日起施行的《产业结构调整指导目录（2024 年本）》将"物业服务"纳入"鼓励类—商务服务业"范围，且内容表述更为细化，涵盖住宅物业管理（普通住宅、公寓、别墅、保障性住房、老旧小区等）以及非住宅物业管理（办公楼、写字楼、学校、医院、场馆、酒店、产业园区、商业综合体等），充分体现了国家对物业服务行业的高度重视与大力支持。这些政策的出台，为物业管理行业在经济发展和城镇化推进的大背景下，拓展业务领域、提升服务质量、实现高质量发展提供了有力的政策支撑。

（二）"好房子""好服务"政策引领行业发展方向

2024 年 3 月，住房和城乡建设部部长倪虹在十四届全国人大常委会第二次会议举行的民生主题记者会上回答中外记者提问时指出，谁能为群众建设好房子、提供好服务，谁就能有市场，谁就能有发展，谁就能有未来。10月17日，倪虹部长在国务院新闻办公室促进房地产市场平稳健康发展有关情况发布会上，再次强调了这一观点。8月23日，国务院新闻办公室举行"推动高质量发展"系列主题新闻发布会，倪虹部长指出，"好房子"需要好服务，将实施居住服务提升行动，下大力气提高物业服务水平。

2024年12月24~25日，全国住房城乡建设工作会议对2024年重点任务进行了盘点。会议强调，2025年统筹推进好房子、好小区、好社区、好城区"四好"建设，稳住楼市，加快构建房地产发展新模式，大力推进城市更新等。会议指出，好房子需要好服务，2025年要大力实施物业服务质量提升行动。

围绕学习贯彻全国住房城乡建设工作会议精神，中国物业管理协会多次组织召开专题会议，就如何提高协会服务能力、引导行业大力实施物业服务质量提升行动进行深入研讨，确定2025年将全面加强自身建设，把服务国家、服务社会、服务群众、服务行业作为一切工作的出发点，按照《中国物业管理协会发展规划（2025~2029年）》，重点推进并实施"八项提升行动"："以人民为中心"思想教育行动、社会责任履行提升行动、和谐场景营造提升行动、人才培养提升行动、企业标准执行提升行动、行业文化建设提升行动、参与全国统一大市场构建行动、与业务主管部门紧密配合行动。

（三）党建引领基层治理政策推动行业深度融入社区

1. 国家对基层建设与安全管理的重视

《中共中央办公厅　国务院办公厅关于加强社区工作者队伍建设的意见》《中共中央办公厅　国务院办公厅关于进一步提升基层应急管理能力的意见》《中共中央办公厅　国务院办公厅关于推进新型城市基础设施建设打造韧性城市的意见》等系列文件的印发，彰显出国家对基层建设和安全管理的高度重视。在"加强社区工作者队伍建设的意见"中，聚焦社区工作者队伍的强化，旨在提升社区治理效能，这是夯实基层建设的关键举措。通过培养专业且富有责任感的社区工作者，让基层服务更精细、更高效，为居民提供优质生活保障。"进一步提升基层应急管理能力的意见"则从应急指挥、风险防范、救

援队伍建设等多方面着手，明确要求提升基层应对各类安全风险的能力。无论是自然灾害还是公共卫生事件，都力求做到迅速响应、妥善处理，保障基层居民生命财产安全。"推进新型城市基础设施建设打造韧性城市的意见"以信息化、数字化、智能化为手段推进城市建设，增强城市应对风险的韧性，同样关乎基层安全管理。通过完善基础设施，提升基层区域在面对灾害等冲击时的稳定性。这些文件全方位体现了国家对基层建设与安全管理的重视。

2. 中央社会工作会议精神的深入贯彻

2024年11月5~6日，中央社会工作会议在京召开。会上传达了习近平总书记对社会工作作出的重要指示，"当前我国社会结构正在发生深刻变化，尤其是新兴领域迅速发展，新经济组织、新社会组织大量涌现，新就业群体规模持续扩大，社会工作面临新形势新任务，必须展现新担当新作为"，"坚持以人民为中心，践行新时代党的群众路线，坚定不移走中国特色社会主义社会治理之路，健全社会工作体制机制，突出抓好新经济组织、新社会组织、新就业群体党的建设，不断增强党在新兴领域的号召力凝聚力影响力；抓好党建引领基层治理和基层政权建设；抓好凝聚服务群众工作，推动新时代社会工作高质量发展"。①

物业管理行业应贯彻落实党建引领下的融入基层治理工作，推动党建工作扩面提质，大力提升党的组织和工作"两个覆盖"，积极探索物业服务企业和物业服务项目党建工作路径；扎实做好服务群众工作，响应新时代党的群众路线，协助做好矛盾纠纷排查化解；支持鼓励物业服务企业开展志愿服务，立足群众需求，多措并举优化提升社区服务供给。

3. 各地政府的积极推进与落实

物业管理是城市社区管理的关键环节，各地政府出台地方政策，健全党组织领导的物业管理服务体制机制，建立社区物业党建联建和协调共治机制。例如，2024年6月19日，中共福建省委组织部、中共福建省委社会工

---

① 《习近平对社会工作作出重要指示：坚定不移走中国特色社会主义社会治理之路 推动新时代社会工作高质量发展》，中国政府网，2024年11月6日，https：//www.gov.cn/yaowen/liebiao/202411/content_6985137.htm? sid_for_share=95263_3。

作部、中共福建省委政法委员会、福建省住房和城乡建设厅印发《全省物业党建联建工作要点》，提出夯实物业党建联建根基；聚焦兜底服务，实现住宅小区物业服务全覆盖；聚焦公开透明，巩固提升公共收益整治效果；聚焦有效履职，推动业委会规范化建设；聚焦服务短板，全力提升物业服务水平等。3月，广东省阳江市委组织部、市住房和城乡建设局联合印发《阳江市加强社区物业党建联建的实施方案》，健全小区治理制度，加大物业服务矛盾调解力度。11月，山东青岛市委办公厅、市政府办公厅印发《关于加强党建引领小区治理 深化社区"幸福家园"建设的意见（试行）》，加强党组织对城市住宅小区治理工作的统筹领导：坚持支部建在小区里；积极推进开放式老旧楼院依法划分物业管理区域，引入专业物业服务；规范小区公共资源管理，对非法侵占、长期闲置、低效利用以及经营合同不规范、共有资金使用不合规等问题开展集中清理整治。

物业服务企业积极响应各地政府政策，推进党的组织和工作双覆盖。通过在管项目党支部与业主委员会、街道、社区党组织联动，将党建工作与小区服务深度融合。开展党员服务示范岗、党员责任区、党员志愿者等活动，引领物业服务质量提升。联合社区多方力量，保本微利服务老旧小区，探索小区管理共建机制。推进国企落实对老旧失管小区的物业兜底接管工作，改善老旧小区环境，提供基础物业服务保障。协同各方力量疏解小区难点、堵点问题，在基层应急抢险、公共紧急安全处置中配合基层政府及时有效处理突发事件。引入社区文化、养老托育、便民服务等，助力解决社区居民急难愁盼问题。2024年9月，中国物协发布《关于共同畅通配送服务"最后一百米"的倡议书》，各地积极推进"骑手友好社区"建设，提高骑手出入小区登记效率，依托小区门岗建设骑手驿站，为骑手提供便利服务。这些举措充分体现了各地政府在党建引领下，推动物业管理行业深度融入社区治理、提升社区服务水平的积极努力和实际成效。

4. 行业协会的积极响应与实践

中国物业管理协会率先在行业提出推进"党建引领物业管理融入基层治理"的工作目标，并确定为协会长期重点工作任务。2023～2024年召开

全国七大区域物业管理协会工作座谈会，调研各地推进"党建引领物业管理融入基层治理"的经验做法；在山东省泰安市召开"党建引领物业管理融入基层治理经验交流会"；在四川省泸州市召开"党建引领小区治理　共建美好家园"经验交流会；在中国国际物业管理产业博览会上举办"党建引领　物业服务"和"好房子　好服务"主题展览，并通过协会微信公众号、《中国物业管理》杂志等媒体矩阵刊发相关优秀案例和文章近 300 篇。

此外，中国物协积极向政协全国委员会、最高人民法院、住房和城乡建设部等部门提交多份专题报告，如《加强社区物业管理完善基层社会治理》《关于〈最高人民法院关于适用《中华人民共和国民法典》侵权责任编的解释（一）（征求意见稿）〉的修改建议》等，为决策提供参考依据。同时，落实最高人民法院、住房和城乡建设部相关通知，加入全国住房城乡建设领域民事纠纷调解事务联合协调委员会，发布倡议书推动行业与新就业群体更好地为业主服务等。2024 年 4 月 26 日，全国性行业协会商会第一联合党委对中国物业管理协会的工作给予高度肯定，签发专题简报供全国性行业协会学习借鉴。这些工作的开展，充分展示了行业协会在推动党建引领物业管理融入基层治理方面的积极作为和重要作用。

（四）基础制度完善助力行业规范发展

2024 年，多个地区在条例修订中将物业管理纳入基层治理体系，强调党建引领，建立协调运行机制，形成社区治理合力，提升基层治理效能。在规范各方权责方面，对选聘物业服务人、承接查验、物业退出和交接等方面作出规定，明确业主委员会、物业服务人等各方的权利和责任，规范物业管理活动。在信息公开透明方面，要求通过信息平台公布、公示、公告，赋予业主查阅权、复制权。聚焦解决热点问题，回应人民关切，如小区治理三方联动、业主共有部分收益管理使用、充电桩安装、停车难等热点难点问题，提升居民生活质量。强化监督管理，加强对业主委员会的监管，建立权责一致运行机制，细化换届改选规定，明确换届移交事项和法律责任；厘清政府各相关部门在物业管理方面的监管职责（见表 1）。

表1 2024年地方物业管理条例制修订情况

区域	内容	备注
江苏省	2024年1月,江苏省十四届人大常委会第七次会议对《江苏省物业管理条例(修正草案)》进行了初次审议。后因住房和城乡建设部已经启动《物业管理条例》修改工作,省条例修改工作要与国家立法进程相衔接,2025年1月,江苏省人大法制委员会发布"关于延期审议《江苏省物业管理条例(修正草案)》的报告"	—
江苏省南京市	新修订的《南京市住宅物业管理条例》共9章82条,修改后共9章89条,共修改43条内容。条例修改深入梳理物业管理问题的主要方面和矛盾成因,增加党建引领,明确将物业管理工作纳入基层治理工作体系;新增"建立健全物业管理矛盾纠纷多元化解机制"专项条款;明确规定相关信息应当通过信息平台公布、公示、公告;对维修资金的应急使用进行了规定	2024年10月1日施行
广东省东莞市	《东莞市物业管理条例》发布,自2022年4月启动条例制定工作,将物业管理纳入基层治理体系;在选聘物业服务人、承接查验、物业服务人义务、信用管理、物业退出和交接,以及个人信息保护等方面作出规定;在物业管理区域内显著位置和市物业信息系统公开、及时更新信息;规范停车等	2024年6月1日施行
广东省珠海市	2024年12月,珠海市人民政府印发《珠海经济特区物业管理条例实施细则》,共六章九十五条,从物业管理区域、业主大会和业主委员会、物业管理服务、物业的使用与维护等方面进行了规定。实施细则根据物业服务人、业主大会表决法定效力等最新规定更新了相关内容;厘清相关部门工作内容与职责划分;增加了包括"占用业主共有道路或者其他场地用于停放机动车的车位处置情况"与"专职工作人员季度履职情况"等需要业主委员会信息公开的内容	2025年1月1日施行,有效期至2029年12月31日止
四川省泸州市	新修订的《泸州市物业管理条例》共计七章四十条,内容聚焦小区治理三方联动、业主共有部分收益管理使用、充电桩安装等热点难点问题	2024年1月1日施行
四川省成都市	新修订的《成都市物业管理条例》加强了对业主委员会的监管,建立权责一致运行机制,细化了业委会换届改选规定,明确业委会换届移交事项,设置拒不移交法律责任、拒绝接受审计法律责任,弥补业委会监管空白。条例新增信息公开机制,赋予业主查阅权、复制权,使物业服务过程公开透明;对物业管理区域内行政执法缺位难题、物业服务人职责清单、物业服务人退出机制等进行了规定	2024年10月1日施行

续表

区域	内容	备注
山东省聊城市	修订后的《聊城市物业管理条例》共 9 章 69 条,分为总则,新建物业与前期物业管理,业主、业主组织与物业管理委员会,物业服务管理,物业的使用与维护,旧住宅区物业管理,监督管理,法律责任和附则。删去了业主委员会委员、候补委员拒绝交纳物业费将被中止职务的相关内容。修改后的条例对物业服务人、业主、物业使用人、业主委员会委员、候补委员禁止性的行为做出了补充和细化。厘清政府各相关部门在物业管理方面的监管职责	2024 年 5 月 30 日施行
山东省青岛市	新修订的《青岛市物业管理条例》主要包括与上位法保持一致、加强党对物业管理工作的领导、强化物业服务人的法律责任、压实镇街在业主自治建设中的监督指导责任、明确房屋专项维修资金交纳时间节点和应急使用规定、强化小区共有资金监管等六个方面	2024 年 9 月 26 日施行
山东省临沂市	《临沂市物业管理条例》共 7 章 45 条,分别为总则、业主和业主组织、物业服务、物业的使用和维护、监督管理、法律责任和附则。主要特点体现在坚持党建引领、强化社会治理、突出问题导向等方面	2024 年 10 月 1 日施行
黑龙江省齐齐哈尔市	新修订的《齐齐哈尔市住宅物业管理条例》,由原条例的 65 条修改为 33 条,修改了物业管理区域内增设车位车库表决程序,删除了交纳物业费作为业主委员会成员资格条件等内容,规定了住宅室内装饰装修监管、住宅小区建设充电基础设施等内容	2024 年 8 月 1 日施行
安徽省	2024 年 11 月 24 日,《安徽省物业管理条例(修订草案)》经省十四届人大常委会第十二次会议审议,进入征求意见阶段。将物业管理纳入基层治理体系,建立中国共产党基层党组织领导下的居民委员会、村民委员会、业主委员会、物业服务人、业主等协调运行机制,形成社区治理合力;在业主委员会基础上,建立物业管理委员会制度,临时代替业主委员会开展工作。进一步规范了业主委员会运行、优化了表决方式等	—
宁夏回族自治区银川市	2024 年 2 月 5 日,银川市住房和城乡建设局发布《关于征求〈银川市物业管理条例修正案草案(征求意见稿)〉意见的公告》。征求意见稿共 7 章 75 条,修正的主要内容包括:一是按照《中华人民共和国民法典》物权编的第六章"业主的建筑物区分所有权"和合同编的第二十四章"物业服务合同"有关规定,对《银川市物业管理条例》个别条款内容进行修正,以确保与上位法保持一致;二是对《银川市物业管理条例》第四十六条进行删除;三是增设了部分罚则,围绕"停车难"问题,参考外地经验做法,拟新增处罚条款,化解开发商"只售不租"停车矛盾	—

三 行业面临的挑战

（一）增量市场受限，存量市场竞争加剧

2024年全年房地产开发房屋新开工面积7.39亿平方米，其中住宅新开工面积5.37亿平方米，同比均下降23.0%。房地产市场的深度调整对物业管理行业产生了极为深远的影响。新建楼盘数量的大幅减少，使物业管理行业从增量市场向存量市场的转变进程加速。企业在拓展新管理项目时面临前所未有的困难，市场份额的扩张严重受阻。在存量市场中，有限的项目资源引发了企业间更为激烈的竞争，如何在竞争中脱颖而出，获取优质项目资源，成为物业服务企业面临的重要挑战。

（二）业主付费意愿下降，资金流压力增大

房地产市场的持续低迷对业主的经济状况和心理预期产生了显著影响，进而导致物业费收缴难题日益凸显。业主因经济压力增加或对房产价值的担忧，付费意愿大幅降低，拖欠物业费的现象愈发普遍。这一情况严重冲击了物业服务企业的资金流，使企业在日常运营、服务提升、人员薪酬支付等方面面临巨大的资金压力，甚至影响到企业的生存与发展。

（三）服务质量受影响，业主满意度下降

为缓解资金紧张局面，部分物业服务企业可能会削减服务成本，这直接导致原本规划的高端服务标准难以有效落实。服务质量的下滑使业主对物业服务的满意度急剧下降，进而引发更多的矛盾纠纷。在房地产市场调整的背景下，如何在有限的成本条件下，保障并提升物业服务质量，维护良好的业主关系，成为物业服务企业亟待解决的关键问题。

四　行业发展趋势

（一）坚持以人民为中心，党建引领融入基层治理

2024 年 11 月，习近平对社会工作作出重要指示："坚持以人民为中心，践行新时代党的群众路线，坚定不移走中国特色社会主义社会治理之路。"物业管理行业自诞生以来，就具有强烈的民生属性。作为社区基层管理的关键环节，其价值原则应以人民为中心，服务好居民才是行业的立足之本。在新的发展阶段，需重新认识和把握物业管理行业在国民经济社会发展中的地位和作用，坚定不移站稳人民立场，把为人民群众谋幸福作为各项工作的出发点和落脚点。强化"物业管理行业初心是满足人民群众的美好生活需要、一切工作都以人民为中心"的服务属性，回归服务初心，正确处理行业市场经济秩序和人民群众利益的关系。

在党建引领下，物业管理行业要更加深入地融入基层治理，明确自身角色定位，积极主动作为。充分发挥行业从业人员直接联系群众的独特优势，自觉参与社区党建联建和协调共建机制，通过"双向进入、交叉任职"、协商议事等工作机制，实现物业管理与基层治理工作的有机融合、相互促进。同时，聚焦民生问题，积极协助处理好群众身边的"关键小事"，如违规侵占消防通道、"飞线"充电、违规养犬等危及居民人身财产安全的问题。坚持和发展新时代"枫桥经验"，深度融入多方联动的物业服务纠纷调解工作机制，将物业小区打造成为化解基层矛盾的重要阵地。通过这些举措，在党建引领下不断深化民生服务，提升居民的生活品质和幸福感。

（二）大力提升物业服务质量，营造和谐小区场景

2024 年 12 月，在全国住房城乡建设工作会议上，住房和城乡建设部倪虹部长在讲到"把物业服务质量提上去"时强调："好房子需要好服务，要大力实施物业服务质量提升行动，明年要见到阶段性效果。"

2024年，在物业管理领域，福建、山西、浙江、山东、黑龙江等多省已经在开展物业管理专项整治工作，通过"小切口"推动"大治理"，维护群众切身利益，推动行业健康发展。到2025年，预计这一行动将覆盖到全国范围。

中国物业管理协会在2025年工作要点中发布八项行动，其中重要的一项是"和谐场景营造行动"。更加深入推动"党建引领物业管理融入基层治理"工作。组织召开全国性的"和谐小区场景营造"专题经验交流会，推广企业实践中可复制、可推广的具体做法和"微案例"。承担全国住房城乡建设领域民事纠纷调解事务联合协调委员会轮值主任单位工作，和各地物业管理协会一起推进物业纠纷源头治理和有效化解，在调解员队伍建设和调解方式上有新突破。组织美团与物业服务企业召开座谈会，不断升级"骑手友好社区通行解决方案"，推动更多小区加入"骑手友好社区"，持续优化骑手末端配送和业主外卖体验，引导企业积极拥抱新就业群体。让和谐小区的场景更加丰富多样，实现友善安全场景、生活便利场景、环境优美场景、房屋保值场景、文明和谐场景，增强业主获得感、幸福感、安全感。

（三）参与全国统一大市场构建提升行动，推动信用评价全国互认互通

2025年1月，国家发展改革委举行专题新闻发布会，介绍深入推进全国统一大市场建设有关情况，并向社会全文公开《全国统一大市场建设指引（试行）》，对各地区、各部门加快融入和主动服务全国统一大市场建设提出方向性、框架性指导和阶段性工作要求。围绕"五统一""一破除"，即强化市场基础制度规则统一、打造统一的要素和资源市场、推进商品和服务市场高水平统一、推进市场设施高标准联通、推进市场监管公平统一以及破除地方保护和市场分割，开展一系列工作。指引中明确提出"健全统一的社会信用制度"。

建立全国统一物业服务企业信用评价机制，实现信用评价结果互认互通的必要性和紧迫性日益突出。中国物业管理协会在2025年工作要点中，明

确提出"参与全国统一大市场构建提升行动"。解决各地在国务院大督查中提到的大市场建立和完善问题，根据《关于加强和改进住宅物业管理工作的通知》（建房规〔2020〕10号）要求，构建以物业服务企业信用管理制度为核心的全国物业管理行业事中事后监管工作机制，进一步规范物业服务企业发展，依据住房城乡建设领域《信用信息系统技术标准》《公共信用信息数据标准》，建立物业服务企业的统一评价体系和平台，推进《物业服务企业信用评价标准》团体标准，在会员单位中开展试点工作，积累总结经验。在工作过程中，确保不谋取任何经济利益，一切为行业的可持续、规范健康发展服务。

（四）智慧赋能基层治理，AI融入物业管理

政策驱动智慧化转型。党的二十届三中全会提出，"健全促进实体经济和数字经济深度融合制度，完善发展服务业体制机制，健全现代化基础设施建设体制机制"。2025年政府工作报告提出，"适应人民群众高品质居住需要，完善标准规范，推动建设安全、舒适、绿色、智慧的'好房子'""发展数字化、智能化基础设施，完善无障碍适老化配套设施，提升社区综合服务功能，打造宜居、韧性、智慧城市"。两会期间，住房和城乡建设部部长倪虹在十四届全国人大三次会议民生主题记者会上表示，"适应人民群众高品质住房的需要，推动建设安全、舒适、绿色、智慧的好房子"。

物业管理人力成本占比较高，行业人力成本逐年呈刚性上升趋势，企业若不能实现经营效率的持续提升，经营压力将与日俱增。AI等新科技在物业管理行业的普及应用，成为推动行业发展的新动能。在AI应用场景化落地方面，如在智能运维场景中使用AI巡检系统处理设备异常告警，效率较传统模式提升；在智能监控系统中通过AI算法对视频监控数据的实时分析，在安全隐患发生之前进行预警；在服务提质场景下应用智能客服与物业经理AI助手，实现工单快速自动派发；在前台服务、巡逻管理等场景中应用智能机器人；在能源管理方面，通过AI动态调节，帮助客户降低能耗费用；与互联网企业合作等推出访客无感登记功能；推进DeepSeek本地化部署等。尽管

智慧物业的建设方式因地域、企业性质、企业规模等不同存在差异，但是领先的物业服务企业正将数字化升级为体系化发展战略，加速数字化管理落地。

（五）扩大开放鼓励外商投资，中资企业开启出海布局

2025年3月，中共中央办公厅、国务院办公厅发布《提振消费专项行动方案》，提出"稳步推进服务业扩大开放""聚焦居民消费升级需求，推动医疗健康、文化娱乐等优质生活性服务进口。推动将露营、民宿、物业服务、'互联网+医疗'等服务消费条目纳入鼓励外商投资产业目录"。行动方案从提升消费能力、提高供给质量、增强消费意愿、解决制约消费突出矛盾问题等方面部署全面提振消费举措，显示了政府在推动内需方面的决心，也意味着相关领域的市场潜力将被进一步挖掘。

《鼓励外商投资产业目录》是我国重要外商投资促进政策，也是重要的外资产业和区域政策。2024年12月，新版《鼓励外商投资产业目录》公开征求意见。通过梳理历年版本发现，此次"物业服务"属于首次进入目录，标志着国家希望通过扩大服务业开放领域，将物业服务等消费市场纳入鼓励外资范围，通过吸引外资的资本、技术和管理经验，助力国内物业管理行业与国际接轨（见表2）。外资企业通过其供应链带动了资本、技术、原材料、产品、服务等跨境流动，使我国深度参与全球产业分工与合作，助力我国打造更加开放、富有韧性的产业链供应链。因此《鼓励外商投资产业目录》的再次修订将有助于扩大外商投资领域，引导和优化投资结构，提振外资预期和信心。

表2 2019~2025年《鼓励外商投资产业目录》版本情况

单位：条

版本	条目量	重点引导方向	物业服务
2019年版	1108	制造业	无
2020年版	1235	制造业	无
2022年版	1474	服务业和制造业	无
2025年 （征求意见稿）	1700	现代服务业、 先进制造业、 高新技术、节能环保	第618项

近年来，随着中资企业纷纷布局海外，国内物业服务企业也逐步开启跨境出海新征程。2014年我国就有头部物业服务企业开启出海布局，期望通过拓展国际市场，开拓新增长空间。随着"一带一路"倡议推进，大型中资企业进入海外拓展，物业服务企业也为其提供配套物业服务，进入中亚、东欧、非洲等地；一些企业则通过并购等方式进入发达国家市场，以合资、项目拓展等方式进入东南亚等发展中国家市场。伴随着越来越多的中国物业服务企业走向海外，中国物业服务企业将在全球物业管理产业链体系中扮演越来越重要的角色。

五　结语

展望未来，物业管理行业机遇与挑战并存。在政策支持与市场需求的双重推动下，行业将继续坚持"以人民为中心"的发展理念，深度融入基层治理，不断提升服务质量，强化信用建设，借助智慧科技实现转型升级，在扩大开放中加强国际合作。行业应积极应对房地产市场调整、业主需求升级、外资引入等挑战，持续优化自身经营模式，不断提升竞争力，提升服务的精细化与专业化水平。物业管理行业作为关乎民生的重要领域，将在推动社会发展、提升居民生活品质方面发挥更为关键的作用，为实现群众美好生活贡献力量。

热点篇 ⟪⟫

B.13
科技赋能"好房子"的研究

梁 浩*

摘 要： 随着我国住房需求从"量"向"质"的转变,"科技赋能好房子"已成为推动建筑业转型升级、满足人民群众高品质生活需求的重要课题。"好房子"具有四个核心要素,即安全耐久、健康舒适、绿色低碳、智慧便捷,每个要素都有其可供推广的核心技术。通过案例分析,本文探讨了"好房子"建设的三个路径,即新建、既有住宅改造、老旧小区改造,以及影响"好房子"建设的质量通病和毛坯房交付、标准、技术和人才问题、政策机制不完善的问题,建议开展质量通病治理行动、完善标准支撑体系、推动技术创新和产业发展、健全支持政策机制,实现科技赋能"好房子"建设。

关键词： 好房子 科技赋能 绿色低碳技术 住宅改造

---

* 梁浩,博士,住房和城乡建设部科技与产业化发展中心研究员,主要研究方向为绿色建筑、低碳城市。

2025 年政府工作报告提出建设安全、舒适、绿色、智慧的好房子，本文以"好房子"为核心，系统探讨其意义、内涵、核心技术、实践案例及未来研究方向，旨在为行业高质量发展提供理论支撑与实践建议。

一　好房子的意义

住房是人民群众最关心、最直接、最现实的利益，与住房相关的房地产业和建筑业是国民经济的重要支柱，建设好房子对保障和改善民生，释放住房稳增长、扩内需的巨大潜能，推进中国式现代化具有重要意义。

（一）建设好房子可以改善民生，提高老百姓居住品质

目前，我国城镇人均住房建筑面积已经超过 40 平方米，过了"有没有"的阶段，人民群众对住房品质有了更高要求，希望住上更好的房子、获得更好的服务，实现从"有房住"到"住好房"的转变。

（二）建设好房子可以提振住房及相关消费

住房和手机、汽车一样，作为一种产品，消费升级是发展规律，通过新的供给激活新的需求，住房作为居民最大的消费，已经到了这样一个阶段。通过切实提升保障性住房、商品房居住品质，探索推动将老房子改造成好房子，能够更好满足刚性和多样化改善性住房需求，有效释放居民消费潜力，稳定房地产投资和销售水平同，同时辐射建材、家居、家电等相关消费和上下游产业。

（三）建设好房子是促进房地产业和建筑业转型升级的有效手段

建设好房子既是民生工程，也是发展工程。建设好房子，能够引领住房供给体系和结构变化，推动房地产业追求高质量、新科技、好服务，引领建筑业实现工业化、数字化、绿色化转型，催生建筑革命，培育发展新质生产力，在住房领域开辟一个新赛道。

（四）建设好房子是讲好中国故事、推广中国经验、助力建筑产业"走出去"的重要途径

近年来，我国在中国—东盟建设部长会、世界城市日、世界城市论坛等重要活动上设立好房子展区，介绍好房子研究成果，展示好房子相关技术、产品和服务，引起与会国家代表们的极大兴趣，纷纷表达学习借鉴中国经验的意愿。通过好房子建设，传播实践经验，可以提升中国技术、标准、产品"走出去"的竞争力和吸引力，擦亮"中国建造"的亮丽名片，为落实共建"一带一路"倡议、构建人类命运共同体贡献建筑产业力量。

二　好房子的内涵

"好房子"要坚持两个基本点，一是人民性，坚持以人民为中心的价值取向，安居是幸福的基点，群众需要的、认可的、满意的才是"好房子"。二是时代性，"好房子"是动态的、发展的，人民群众对"好房子"的需求会随经济社会的发展、科技的进步、生活水平的提高而变化。住房和城乡建设部科技与产业化发展中心联合有关单位对"好房子"的内涵开展了研究，从评价标准、政策、相关技术等方面，对国际上特别是欧美发达国家以及国内高品质住宅及建筑相关标准进行了对比分析，就房子本身而言，初步提出了"好房子"的四个核心要素，即安全耐久、健康舒适、绿色低碳、智慧便捷，在此基础上增加"环境宜居、服务周全"等要求，形成"好小区""好社区"核心要素。

"好房子"的核心要素，一是"安全耐久"，"好房子"要主体结构安全，设备设施运行稳定，材料构配件耐久，具备过硬的建筑质量。同时对于房屋运行使用安全有监测，做到让居住者使用者放心、安心。二是"健康舒适"，"好房子"要有良好的空气质量、采光、隔音和通风等室内环境，可变的空间适应性以及健康舒适的室内配置。三是"绿色低碳"，"好房子"应最大化利用可再生能源、可再循环材料，提高建筑能效，降低碳排放，实

现"碳达峰、碳中和"目标。四是"智慧便捷","好房子"应在设计、建造、运维全生命周期充分利用信息化、数字化、智能化技术，提供智慧便捷服务。

三　可推广的核心技术

我们从安全耐久、健康舒适、绿色低碳、智慧便捷四个方面初步梳理了可推广的核心技术。

（一）安全耐久技术

安全耐久是"好房子"的首要特性。相关技术旨在保障建筑的结构稳固、设备设施可靠、居民生命财产安全。在结构方面，包括检测精度高、工作效率高及不受人为因素干扰的智慧监测技术，不损坏结构和适用性能的无损检测技术等。在设备设施方面，包括通过增设消能部件或隔震装置提高抗震性能的减隔震技术，提升日常设备检修便利性和施工透明度的管线分离技术等。在材料方面，包括高强混凝土和高强钢技术、新型耐腐蚀防火材料技术等。

（二）健康舒适技术

健康舒适技术是人民群众最关注、体验感最强的惠民实用技术。在空气品质方面，包括实时追踪和评估室内空气质量的污染监测技术、新型空气消杀净化技术等。在声环境与光环境方面，包括优化光环境的光照控制技术、采用隔声材料或措施提高室内空间声学舒适性的隔声技术（如楼板隔声和墙板隔声）。在水质方面，包括保持水质清洁、有效隔离污染、减少细菌繁殖的饮用水水箱技术，水体质量实时在线监测技术等。在空间及材料方面，包括能够根据需求、环境或用户变化而调整的空间可变技术，提高装修质量和效率的装配式装修技术，能够创造更健康、舒适环境的绿色建材等。

（三）绿色低碳技术

绿色低碳是适应"双碳"目标的时代要求。在围护结构与暖通空调方面，包括外墙保温结构一体化技术，高能效门窗技术，采用磁悬浮空调、变频空调系统、高效压缩机等的设备能效提升技术。在可再生能源建筑应用与电气化技术方面，包括建筑光伏一体化技术，建筑光热一体化技术，清洁采暖技术，削峰填谷、缓解电网压力的光储直柔技术，产能建筑技术，节能环保、无噪声且使用方便的全电厨房等。在资源回收利用方面，包括有效减少资源消耗的建筑废弃物资源化利用技术等。

（四）智慧便捷技术

智慧便捷是既满足人民群众高品质生活需求又促进行业高质量发展的应用技术。在设计阶段，主要包括数字化智能化设计工具和技术，如建筑信息模型（BIM）、虚拟现实（VR）以及增强现实（AR）技术。在施工阶段，主要包括建筑机器人、建筑产业互联网以及先进的建筑施工管理系统和实时数据分析，实现施工过程的智能化监控和管理的智能建造技术。在运营阶段，主要包括家电、家具家私、照明、冷暖新风、遮阳、影音娱乐、安防、用水、能耗等的全屋智能技术等。

四　科技赋能好房子的案例分析

（一）新建建筑案例：信阳羊山美好未来社区项目

1. 项目简介

河南省信阳市羊山"美好未来社区"为规划新建居住项目，项目总占地389亩，总建筑面积约69万平方米。项目以面向未来为特征，构建高品质生活创新场景，广泛应用人居科技成果，探索建管运模式创新，打造"人本化、生态化、数字化"可复制的城乡现代化新型社区。

图1 信阳市羊山"美好未来社区"区位

资料来源：信阳市住房和城乡建设局。

2. 项目亮点

（1）探索构建房地产发展新模式。项目引入联合国可持续社区标准及管理体系，先期制定"三化十场景七大国际指标"的系统设计方案、社区管理方案与运营方案，实施了"土地带方案出让、项目全过程咨询、投管分离、租售定向、亩产定税"的新机制，创造了"发行房票、平台拿地、房企代建、绿色金融"的新模式，实现了"高品质、低房价、零物业费，管理标准化、运营可持续、资金自平衡"的社区建设新标准、新标杆，将未来社区打造成了城市"人才集聚"的新平台和展示"高品质生活"的新窗口。

（2）广泛应用人居科技成果。项目集成应用杭萧装配构件、建筑机器人、小米智家、万华无醛板、司空定制家装等人居科技，政府还将户型、用材、标配、选配、家居、质量标准、"零物业费"和收费项目等全部制成"住房说明书"现场图文展示，让公众对未来社区"好房子"提前体验、明白安心。

图2 羊山美好未来社区"好房子"样板

资料来源：信阳市住房和城乡建设局。

（二）既有住宅改造案例：北京市西城区南礼士路62号院项目

1. 项目简介

该项目所在楼栋为 1997 年建设的高层住宅，距今 27 年。该住宅楼地上 22 层，地下 2 层，建筑面积约 1.7 万平方米，共 176 户居民。样板间位于建筑顶层（22 层），是朝南的两室一厅一厨一卫户型，建筑面积 89 平方米，套内面积约 75 平方米。改造前存在主卧室、阳台屋顶局部渗水，户型单朝向、通风不畅，主要居室临主干道、噪声大，设备设施老化等问题。此次改造针对全龄人群，通过不同的场景化设置，模拟需求并予以回应，以市场中等装修的造价标准，实现了"好房子"四大核心要素的系统性提升，具有较强的普适性。

2. 项目亮点

（1）搭建更新改造技术框架。样板间从安全耐久、健康舒适、绿色低碳、智慧便捷等方面，制定了全方位的更新技术框架，进行全方位的房屋升级改造（见图 3）。

（2）打造"好房子"空间场景。根据样板间的自身户型，设置六大场景空间，力求完成一个具有科学性、经济性、可持续性和可体验性的真实"样板间"（见图 4）。

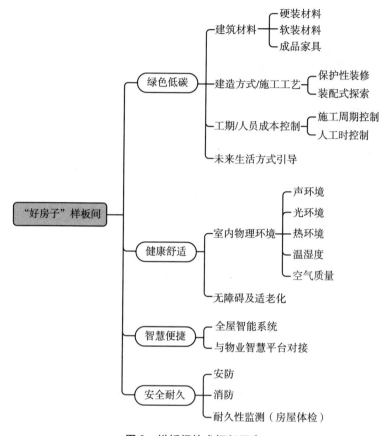

图3　样板间技术框架示意

资料来源：北京市建筑设计研究院。

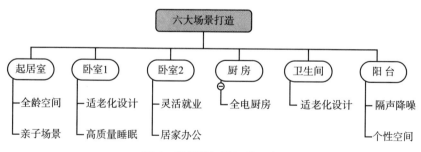

图4　样板间场景打造示意

资料来源：北京市建筑设计研究院。

a. 起居室更新示意

b. 卧室1更新示意

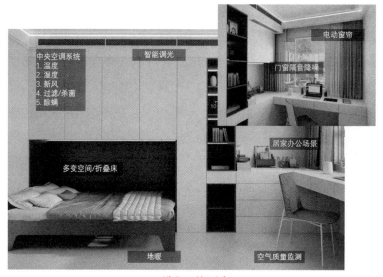

c. 卧室2更新示意

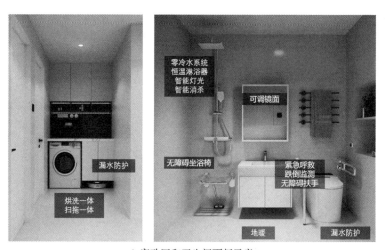

d. 家政区和卫生间更新示意

图5 样板间更新示意

资料来源：北京市建筑设计研究院。

（三）老旧小区更新改造案例：北京市西城区桦皮厂胡同8号楼项目

1.项目简介

北京市西城区桦皮厂胡同 8 号楼项目整体采用"混凝土模块化集成建筑+预制构件"建筑体系进行"原拆原建"，累计使用 55 个混凝土模块单元，并在工厂内集成建筑、结构、装修及设备管线，现场进行可靠的安装连接，仅用时三个月实现老旧楼房"换新颜"，建成后成为北京市首个混凝土模块化建筑项目，也是北京市首批以"原拆原建"模式进行更新改造的试点项目（见图6）。

a.改造前   b.改造后

图 6 项目改造前后

资料来源：中建海龙科技有限公司。

2.项目亮点

（1）采用 C-MiC 快速建造。项目通过应用混凝土模块化集成建筑（Concrete-Modular integrated Construction）快速建造技术实现"原拆原建"，将房间、厨房、卫生间等私人区域拆分为混凝土模块，走道、楼梯间、电梯间等公共区域拆分为预制构件，所有混凝土模块和预制构件均在工业化工厂中进行生产，现场只需完成节点连接和少量装饰作业即可完成建造，实现改建进程快速高效、安全可靠。

（2）一体化装修的集成技术。项目供应的 55 个混凝土模块在运输到施工现场前，利用一体化装修集成技术已完成内部装修、机电集成、门窗安装以及外立面装饰等装修作业，通过对结构、保温、装饰等精细化加工，实现高质量建造，有效保证防潮防腐、保温隔热、减少漏水隐患等。

五 需要进一步研究的问题

（一）质量通病和毛坯房交付是影响"好房子"建设的痛点

一直以来，水泥地面墙面空鼓、开裂、起皮起砂、屋面渗水、门窗缝隙大、下水道堵塞、厕浴间地面倒坡、积水等质量通病是群众反映的热点问题，是急难愁盼问题。解决建筑质量通病问题是建设"好房子"的前提。

当前，商品住宅"毛坯房"交付占绝大多数，属半成品，购房者要进行二次装修，不仅费时、费力、费钱，造成资源浪费、扰民等现象，甚至破坏结构导致安全隐患，诸多弊端日益显现，建设全装修住宅和实行成品房交付势在必行。

（二）标准、技术和人才是支撑"好房子"建设的短板

标准是支撑"好房子"建设的基础。一是过去我国住房标准主要是解决"有没有"的问题，多快好省建设，标准要求较低。二是标准体系不够完善，重建设，轻管理，设计、建造标准多，使用、运维标准少，人民群众体验感不强。

技术创新是提升房屋品质的关键。近年来，住建行业不断加大科技创新力度，但与其他行业相比，企业创新主体作用发挥不充分，投入不足，技术成果转化率较低。2021 年建筑业登记科技成果实际应用比例为 43.70%，房地产业为 35.79%，说明很多技术创新成果并未转化为实际应用。

人才是第一资源。当前，建筑领域人才短缺状况越发严峻，技术工人缺

乏、老龄化严重，高校相关专业招生难，年轻人不愿意从事建筑相关行业。人才短缺将严重制约住建行业高质量发展。

（三）政策机制不完善是推进"好房子"建设的难点

目前，建筑品质提升政策方面还是以政府引导为主，尚未形成完善的市场化推动机制。住房建设作为地方事权，中央财政支持力度较小，地方财政更多关注解决"有没有"问题，对品质提升同样存在政策覆盖面窄、支持力度弱的问题。同时，近年来建筑业和房地产业下行压力较大，各类市场主体开展技术产品研发，建设高品质建筑的动力不足，消费者购房意愿也有待提升。另外，为人民群众建设"好房子"作为2023年住建工作一项重要任务首次被提出来，其理念虽被行业广泛认同，但对"好房子"理论体系、内涵定义、关键技术和实施路径等还缺乏系统研究和总结，什么是"好房子"，怎么建设"好房子"？行业宣传推广力度还不够，还未形成浓厚的社会氛围和热点。

六　相关思考

针对"好房子"建设和推广中存在的问题，借鉴国际先进经验，提出如下思考和建议。

（一）开展质量通病治理行动，推动全装修成品交房

针对质量通病，一是设立专项课题，组织产学研用多方力量，开展系统研究，提出治本之策；二是开展质量通病专项治理行动，用3~5年时间，基本解决群众反映的突出问题。

针对"毛坯房"交付问题，通过标准约束、政策把控、市场引导、氛围营造等手段，逐年提高全装修成品交房比例，直至取消商品住房"毛坯房"交付，并完善交房质量保障机制。

（二）完善标准支撑体系

提高设计建造标准。系统梳理现有标准规范，结合需求，区分轻重缓急，尽快修订制订一批"好房子"设计建造标准。2025年住房和城乡建设部修订住宅项目规范，提出了层高由2.8米改为3米等重要指标。

制订"好房子"建设指南。根据"好房子"构成要素，系统总结梳理好的实践经验和成熟适用的技术体系，明确"好房子"基本建设要求和实现的技术路径，编制建设指南，推动建立老百姓看得懂、能体验、可感知的"好房子"建设体系。

逐步构建"好房子"全过程标准体系。引导条件成熟的地区开展研究探索，因地制宜编制针对规划、设计、建设、运营管理、改造等不同阶段，以及商品房、保障性住房、改造房和农房等不同建筑类型的"好房子"专项标准或技术文件。

（三）推动技术创新和产业发展

加强科技攻关。聚焦"好房子"需求，加大对安全耐久、健康舒适、绿色低碳、智慧便捷等方面的技术创新支持力度。重点突破BIM、性能模拟软件以及环保高性能材料等"卡脖子"技术，加强新型外墙保温、防水、隔声、防燃气爆炸等实用惠民技术研发应用。同时，开展科技信息收集研究，及时了解国际"好房子"发展政策、技术等前沿动态。

加强科技创新平台建设。围绕"好房子"加强住房和城乡建设部科技创新平台建设，结合气候分区、产业基础等，推动与高校、研究机构和企业的深度合作，建设重点实验室和工程技术创新中心，形成特色化、专业化、差异化的技术研发中心。

加强新技术转化应用。建立完善国家、地方住建领域科技成果库及成果转化服务平台，并针对建筑品质提升需求，常态化征集发布推广应用技术目录或技术公告，全面展示推广科技成果，促进信息交流和产学研用深度融合。充分发挥企业创新主体作用，加快建筑领域高新技术企业孵化培育，推动成立区域性产业联盟，鼓励大中小企业协作，采用研发众包和构建企业生态圈等方式，形成产业链研发创新互动机制。

加强人才培养。依托建筑相关重点高校和中建、中铁、中交等龙头企业，根据国家重大战略规划和市场需求，借鉴香港建造学院模式，以需求出发协同培养人才。培养一批科技创新战略人才、领军人才和青年英才，探索培育复合型人才，打造高层次科技创新人才梯队。同时，通过继续教育、校企教育科技资源共享等方式，加强高素质建筑产业工人培养。

（四）健全支持政策机制

加强"好房子"顶层设计，明确"好房子"建设的总体要求、目标指标、重点任务、责任分工和保障机制。

加大政策支持力度。借鉴政府采购支持绿色建材促进建筑品质提升试点经验以及绿色建筑和绿色金融协同发展试点经验，协调相关部门，对"好房子"建设在土地、财政、税收、金融等方面给予政策支持，或要求地方积极探索实践支持政策。

加快构建房地产发展新模式。坚持"房子是用来住的、不是用来炒的"定位，研究建立"人、房、地、钱"要素联动的新机制，以人定房、以房定地、以房定钱、现房销售，防止市场大起大落。完善建筑全生命周期管理机制，建立房屋从开发建设到维护使用的全生命周期管理机制，包括改革开发方式、融资方式、销售方式，建立房屋体检、房屋养老金、房屋保险等制度。

推动"好房子"产能"走出去"。衔接"一带一路"倡议，重点面向中亚及陆上丝绸之路、东盟及海上丝绸之路等主要市场，充分发挥新疆、广西等门户地区区位优势，打造"好房子"产业集聚高地。鼓励门户地区发挥头部企业带动作用，积极创建"好房子"特色产业园区，形成"好房子"产业集群，完善"好房子"供应链服务配套，加强与国外标准，尤其是"一带一路"国家规则、标准的衔接，以"好房子"标准国际化推动相关产业"走出去"。

（五）开展工程示范和宣传推广

开展"好房子"示范工程。针对商品房、保障房、老旧改造房、农房等不同建筑类型，推动各地打造一批建造工艺有亮点、建筑材料有创新、建设品质有保障，且老百姓有获得感、幸福感、安全感的"好房子"示范项目，以点带面加速推动"好房子"建设。

建设"好房子"样板房（间）。积极鼓励各地打造"好房子"样板，集中展示安全、健康、绿色、智慧等方面成果，让百姓能走进去、看得见、体验得到，通过实际场景加强"好房子"理念成果的宣传。

建设住宅公园。参考借鉴德国、日本模式，鼓励地方建设住宅公园，在区域内形成规模效应。让公众直观体会到像逛超市一样选房子，像买汽车一样买房子，并配以完善的运维服务，打造好房子5S店。同时培养青少年对住房建设的兴趣爱好。

加强宣传培训。制作"好房子"相关介绍图片、视频宣传短片、科普读物等多媒体宣传作品，集中解读"好房子"的内涵、标准和价值。同时，充分利用世界城市日、中国—东盟博览会、住博会、香港建造创新博览会、香港内地建筑论坛等平台，通过设置专门展区、举办专业论坛和技术交流会等方式进行宣传，营造社会广泛关注参与、行业积极投入建设的良好氛围。

B.14

"好房子"建设与运营的思考

摘要："好房子"已成为新时代我国房地产建设发展的重要方向。北京保障房中心有限公司通过系统地梳理、分析、总结在管约18.39万套公租房和保租房项目"12345"投诉问题、入住报修问题、访谈调研等来自租户的意见建议等，将其细化为投资立项、规划设计、施工建造、运营等阶段品质控制关键点，制定全过程全视角的评价细则。按照建设"理想社区"的理念，从"好用、好算、好看、好干、好管"五个维度出发，贯彻新时期"适用、经济、美观、绿色"的建筑方针，建设及运营保障性住房"好房子"，并从公共服务设施配置指标标准、保障性住房设计标准、公租房准入和退出机制、租金计价标准等方面提出思考和建议。

关键词：理想社区 配置指标 设计标准 备案家庭 租金计价

　　房子，自古以来就是中国人关心的大事。杜甫"安得广厦千万间，大庇天下寒士俱欢颜！风雨不动安如山"的诗句，更是写出人民对安居乐业的追求。房子既是物质生活的场所，也承载着精神依托。

　　习近平总书记多次强调住房的重要性，指出"城市的核心是人，关键是12个字：衣食住行、生老病死、安居乐业"。① 进入新时期，我国的房地

* 伍孝波，北京保障房中心有限公司建设管理部部长，正高级工程师，主要研究方向为住房产品需求及建设标准；宋梅，北京保障房中心有限公司建设管理部副部长，国家一级注册建筑师，主要研究方向为住房产品需求；张阳，北京保障房中心有限公司公租房运营三部中级经济师，主要研究方向为公租房运营管理。

① 《推进以人为核心的新型城镇化》，中国计划出版社，2020，第36页。

产市场供求关系已发生重大变化，住房供应已从总量短缺转化为总量基本平衡，矛盾的主要方面已从解决"有没有"转向解决"好不好"。好房子已成为新时代我国房地产建设发展的重要方向。

党中央指出，要加快建立租购并举的住房制度，用保障体系满足困难群众、新市民、中低收入群体的住房需求，用市场化手段满足城乡居民的多样化改善性需求。建设满足不同层次、不同群体需求的"好房子"，是构建房地产发展新模式体系的关键。2025年3月9日，住房和城乡建设部党组书记、部长倪虹在回答记者提问时表示，不同面积、不同价位都有不同的好房子。并强调，各地首先要把保障房建成"好房子"，政府的民生工程一定要先带头。

北京保障房中心有限公司2011年成立以来，高标准完成北京市委市政府赋予的保障房投资融资、建设收购和运营管理任务，在新时代首都住房保障体系构建过程中发挥了主力军作用。从2011开始，截至2024年第三季度末，累计完成投资约2000亿元，累计融资约1700亿元，累计建设筹集各类保障房22万套。在管公共租赁住房（简称公租房）约16.65万套，在管保障性租赁住房（简称保租房）约1.74万套（间），累计建设筹集安置房约3.52万套，代持约4.51万套共有产权住房政府份额，为近30万首都居民解决了住房困难、改善了居住条件。作为北京市住房保障政策落地实施平台和住房产品服务创新实践平台，北京保障房中心有限公司始终坚持问题导向，实时发现和总结保障性住房建设与运营中有待推动的新政策、新标准，高质量推进保障性住房规划与建设供给。

一 五好维度，认识把握保障性住房"好房子"内涵

李强总理强调"要以提升居民居住品质和幸福感为导向，从功能、质量、体验等方面出发，充分考虑不同居住习惯、不同年龄段、不同经济能力

等群体的需求"。① 具体到保障性住房，如何定义好房子？围绕房子的全生命周期，是由使用方、投资方、监管部门、建设方、运营方共同组成的利益相关群体，有不同角度的诉求和要求。保障性住房的好房子，不同相关方要共同"以提升居民居住品质和幸福感为导向"来建和管房子，形成贯穿保障性住房全生命周期的可持续发展的生态圈。

北京保障房中心有限公司通过系统地梳理、分析、总结在管约18.39万套公租房和保租房项目"12345"投诉问题、入住报修问题、访谈调研等来自租户的意见建议，将其细化为投资立项、规划设计、施工建造、运营等阶段品质控制关键点，制定全过程全视角的评价细则。按照建设"理想社区"的理念，从"好用、好算、好看、好管、好干"五个维度出发，贯彻新时期"适用、经济、美观、绿色"的建筑方针，建设及运营保障性住房"好房子"（见图1）。

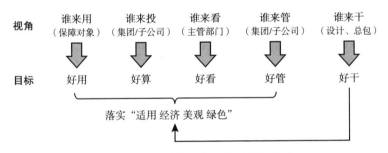

图1 五好维度视角与目标的辩证关系

"好用"维度从保障对象的视角来制定评价标准，突出以人为本的品质和性能提升，突出居住者的体验。从住户反馈的典型问题，按照人的视觉（如开裂、外立面起鼓、墙面发霉等）、听觉（楼板隔音、外窗隔音等）、触觉（房间采暖温度等）、嗅觉（排气道串味、市政设施排放气味等）、心理安全（外墙、屋面渗漏水等）等感受以及质量通病预防措施等方面，全面落实"适用"建筑方针。

---

① 《李强在参观调研中国建筑科技展时强调：着力推进好房子建设 更好满足人民群众高品质居住需求》，中国政府网，2024年11月18日，https://www.gov.cn/yaowen/liebiao/202411/content_6987962.htm。

"好算"维度从投资方角度来制定评价标准，突出投入—产出的效率，用好每一分钱。从全过程综合成本控制、建造技术经济性、空间资源的有效利用等方面，强调品质的同时要提效益、降成本，从"投建管退"全生命周期考量落实"经济"建筑方针。

"好看"维度从主管部门的角度来制定评价标准，突出绿色发展与城市的协调。从绿色建筑星级标准、建筑节能标准、新能源利用等绿色要求以及建筑风貌的协调性、适宜性等城市观感要求等方面，落实"绿色、美观"建筑方针。

"好管"维度从运营方的角度来制定评价标准，突出社区配套与社区营造。从社区安防卫生条件、公共空间管理条件、智能化等方面，以如何去管房子的角度反推好房子应具备的空间资源条件。

"好干"维度从设计、总包等建设相关方的角度来制定评价标准，突出建设方式的创新。从规划设计端运营导向的需求协同、施工建造端的工业化技术体系更新迭代、建设管理端的模式创新（如建筑师负责制+EPC）等方面，以如何去建房子的角度支持落实"适用、经济、美观、绿色"建筑方针。

二 分类施策，完善公共服务设施配置指标标准

（一）公租房相关公共服务设施配置指标的问题及建议

1. 关于户均人数取值标准

（1）相关规定

根据《北京市居住公共服务设施配置指标》（简称 7 号文）第 2.7 条"规划阶段应按照平均每户 2.45 人的标准计算规划范围内总人口"，并以该数据核算配套设施规模。

（2）已运营项目调研

选取样本运营项目 8 个，共 14660 套房屋，涵盖大、中、小三类套型。其中，大套型为 1~2 居室布局，套型面积 55~60m²；中套型为 1~2 居室布

局，套型面积 45~55m²；小套型为 0~1 居室布局，套型面积 30~45m²。

经统计各套型实际居住人数情况，户均人口数分别为：大套型户均人口为 2.51 人，中套型户均人口为 2.06 人，小套型户均人口为 1.36 人。具体详见表 1。

表 1　套型入住人口数据

套型	总套数（套）	套入住人数（人）	套数（套）	总人数（人）	套数占比（%）	户均人口（人）
小套型	4857	1	3611	3611	74.3	1.36
		2	834	1668	17.2	
		≥3	412	1314	8.5	
中套型	4373	1	1478	1478	33.8	2.06
		2	1666	3332	38.1	
		3	811	2480	18.5	
		≥4	418	1719	9.6	
大套型	5430	1	900	900	16.6	2.51
		2	1670	3340	30.8	
		3	2043	6129	37.6	
		≥4	817	3284	15	

在对入住人口数量进行统计时，是以每户登记人数进行统计的，比配租申请人数要多，存在登记人为亲属、保姆等临时入住人员情况。考虑到国家生育政策的调整以及人口老龄化等情况，在一定时期内，以上数据具有一定的代表性。

（3）相关建议

结合以上分析，建议公租房按以下原则进行人口数取值：小套型居住人数按 1.5 人/户进行计算；中套型居住人数按 2.1 人/户进行计算；大套型居住人数按 2.5 人/户进行计算。

2. 关于配建机动车停车位标准

（1）相关规定

根据 7 号文第 3.16 条，租赁类保障性住房机动车停车位配建指标为

0.3~0.9 车位/户（含 0.1 车位/户的访客车位），并按旧城地区和一类、二类、三类地区不同情况分别配置（见表2）。

表2　北京市新建改建居住项目配建机动车停车泊位设置标准

单位：车位/户

类别		旧城地区		一类地区	二类地区	三类地区
		下限	上限	下限	下限	下限
商品房		0.8	1.1	1.1	1.2	1.3
保障性住房	销售类	0.5	0.8	0.8	1.0	1.1
	租赁类	0.3	0.5	0.5	0.6	0.9

资料来源：《北京市居住公共服务设施配置指标》。

（2）运营项目调研

选取样本运营项目共12个，涵盖朝阳、海淀、石景山、丰台、大兴、通州、顺义、昌平等不同区域在运营公租房项目。项目配建停车位总数量为12597个，已出租停车位4865个。经对照各项目租户入住情况，实际出租停车位数与入住户数间关系为 0.07~0.28 车位/户，平均为 0.18 车位/户（见表3）。

表3　公租房户均租赁车位情况

项目	停车位情况			已入住房源套数(户)	户均租赁车位数（车位/户）
	车位总数（车位）	已出租车位数（车位）	车位出租率（%）		
总计	12597	4865	38.6	29208	0.18
项目1	739	317	42.9	2839	0.11
项目2	1501	907	60.4	3186	0.28
项目3	1127	976	86.6	3729	0.26
项目4	344	316	91.9	2331	0.14
项目5	326	135	41.4	730	0.18
项目6	2594	710	27.4	3304	0.21
项目7	2910	164	5.6	592	0.28
项目8	489	242	49.5	1037	0.23
项目9	188	183	97.3	1737	0.11

项目	停车位情况			已入住房源套数（户）	户均租赁车位数（车位/户）
	车位总数（车位）	已出租车位数（车位）	车位出租率（%）		
项目 10	1003	546	54.4	4786	0.11
项目 11	578	192	33.2	2550	0.08
项目 12	798	177	22.2	2387	0.07

（3）地下停车库规模及经济性分析

单位停车位面积指标。公租房户型面积小，地下结构布置对停车位布置较为不利。据统计，地下车库单位停车面积指标平均约为 44m²/车位（含人防设施及设备用房）。

平均套型建筑面积。公租房单套建筑面积按政策要求≤60m²，根据配租需求，通常情况下大（60m²）、中（50m²）、小（40m²）套型的比例约为 1：3：6，套型建筑面积平均约 45m²。

公租房主要位于二类及三类地区，按北京市 7 号文要求二类地区每户配建 0.6 车位，三类地区每户配建 0.9 车位。以每户配建 0.6 车位标准为例计算，则地上公租房每 75m² 需要配建 1 个停车位。综合上述情况，仅公租房配建地下车库面积与地上住宅面积比约为 0.59：1，再加上其他设施需配建车位、自行车库、人防及结构埋深而产生的地下空间等各方面原因，通常项目地下与地上建筑面积比达到 0.65~0.7：1。

（4）相关建议

结合前述数据及分析，建议公租房机动车停车位配建标准可根据项目所在区位条件、公共交通条件及租住人群需求等适当下浮，建议下浮后按≥0.30 车位/户配置。

3. 关于配建非机动车停车位标准

（1）相关规定

根据北京市 7 号文要求，按每户存自行车 2.0 辆设置存自行车处，按

《新建居住项目〈电动自行车相关配建指标〉》相关规定，电动自行车按不同空间圈层及不同住房类型分别配置电动自行车停车位，租赁类保障性住房指标为0.60~0.75辆/户，电动自行车指标包含在7号文自行车2辆/户指标中。

（2）运营项目调研

选取样本运营公租房项目26个、30589套已入住房屋。非机动车停放情况为：电动自行车的数量10184辆，约0.33辆/户；自行车数量10419辆，约0.34辆/户。地下自行车库共22个，其中15个有小部分区域使用，大部分地下自行车库空间处于闲置状态。

（3）建议

结合前述数据及分析，考虑新的共享模式普及，建议一是下浮自行车配建标准，并适当提高电动自行车的配建标准；二是给予地下自行车库可根据运营实际需要调整功能用途的政策。

（二）保租房相关公共服务设施配置指标的问题及建议

1. 相关指标分析

保租房住区配套公共服务设施配置标准同样是按照7号文执行。保租房住区以单身公寓或者多人宿舍为主，需要针对青年人、刚就业大学生、城市运维服务人员等人群提供公共服务，譬如共享会客厅、学习室、公共食堂等服务。按7号文的配套要求执行时，以下几类指标与住区人群存在一定的不适配情况。

社区综合管理服务类中托老所、老年活动场站、养老设施等，主要服务于家庭型居住需求，对保租房社区入住人群来说使用需求相对较低。

交通类，按项目报交通审批方面的要求，需要执行7号文：非机动车配置标准为2辆/户，单身或者2人合住的公寓型保租房，这个配置标准显然过高；机动车配置标准方面，当户型建筑面积超过22m^{2}时，无论是公寓型保租房还是宿舍型保租房，均需要按租赁类保障房标准配建，即二类地区配建0.6车位/户、三类地区配建0.9车位/户，与该类保租房服务人群的需求也存在不匹配的情况。

2. 相关建议

一是为满足人民群众美好生活的需要，提供均等化的设施配置，在7号文千人指标基础上，为适应新的生活需求以及适应"小街区、密路网"新型空间布局方式，塑造共同生活基础，需要增加公共活动场所，譬如在院落入口处设置共享小院客厅，供居民共同使用。

二是从已运营的保租房情况看，因缺乏统筹和整合，部分已建成公共服务设施为空置状态，有的项目为无部门接收状态。对于集租地建设的保租房，这个问题尤其突出。

故建议如下。

第一，社区综合管理服务类，除行政性管理需求的设施（社区管理用房、派出所、警务工作站等）之外，其他公共服务设施空间配置从"服从于管理需求"向"服务于人的需求"转变，进行空间规划整合创新以及空间布局融合创新，对养老助残文体等建设规模总量应满足7号文要求，但不限定功能，空间功能由运营方按需进行配置并与商业服务融合形成完整意义的社区服务体系。

第二，交通类，北京市住建委于2022年发布实施《北京市保障性租赁住房建设导则（试行）》，其中对公寓型保租房和宿舍型保租房的自行车位和机动车位配建标准，均根据项目所处区位、周边公共交通条件及租住人群出行需求综合确定指标，建议交通审批主管部门执行的标准与该标准进行衔接。

三 供需匹配，补充建立配租型保障性住房设计标准

（一）产品需求与执行建筑设计标准间的不适应点

保租房适合流动性较大、年纪相对较轻、收入增长潜力较强、住房相对困难的阶段性临时性的群体。适用对象中也有多样的住房相对困难的成因及程度，为此保障性租赁房供给要具备多条产品线。

公租房一方面有严格的套型建筑面积限制，即不超过 $60m^2$，另一方面其配租对象为轮候家庭，产品供应要满足家庭居住需求。

这两类配租型保障性住房在执行相关建筑设计标准方面均存在按标准设计的产品与保障人群需求不太匹配的情况，具体分析如下。

1. 保租房与执行建筑设计标准间的不适应点

当前北京市出台《北京市保障性租赁住房建设导则（试行）》（简称导则），将保租房划分为三类：住宅型、宿舍型、公寓型。住宅型必须成套，即户内必须有卧室、起居室、厨房（封闭）、卫生间，且对应有房间使用面积要求；公寓型和宿舍型只能是开间形式，有一人居住和多人居住的区别。

对应导则的要求，在产品供需匹配上存在两方面不适配。

（1）住房产品类型限定

一室一厅或多居室配开放电厨房的产品，因不是单开间形式又不设封闭厨房，就存在导则中没有归类的情况。譬如以服务机场空乘人员居住的项目，调研后针对空乘人员工作特点和生活习惯，设计的是一室一厅配开放电厨房的户型，但是最终按专家评审要求更改为一个开间形式的公寓。

（2）多人群居住融合的局限

依据导则，一栋楼只能是一类户型产品，即住宅型、宿舍型和公寓型不能混合在一栋楼里，产品相对单一，不能覆盖多类型人群混合居住需求，也造成同类人群的聚集效应，社会融合上有一定的局限。

2. 公租房与执行建筑设计标准间的不适应点

当前公租房执行的是国家标准《住宅设计规范》，国家标准是适应社会平均水平需求的通用标准。公租房作为保障基本居住需求的小户型租赁住房，在执行相同的标准要求时，存在套内空间尺度等方面的不适应。具体分析如下。

公租房配租对象以家庭为主，通过调研运营项目的配租选房情况，配租对象对满足多代共同居住、独立卧室空间的居住需求比较大；需要户内功能空间应有尽有，并且各功能空间要相对独立。保障房中心也专门对小套型方案选择意向向租户发放了调研问卷，有效反馈的 323 份数据中，选择一室一厅套型的占比为 94.43%，选择厅室合一开间型套型的占比为 5.57%。

而现行国家标准对厨房、卫生间、卧室等套内空间使用面积有严格要求，公租房因户内使用面积有限，在执行与套型建筑面积较大的商品房相同标准时，通常需要减少卧室的数量或不设独立卧室来满足规范的要求，会一定程度上造成配租房源与配租家庭需求间的错位。

（二）相关建议

建议从公平与效率、适用与品质协调的角度，对不同类型的保障性住房分别制定特定的建筑设计标准。主要内容建议如下。

1. 公租房相关设计标准

在保持与商品住房同等品质的前提下，从保基本需求出发，如对厅室分离的需求、对卧室数量的需求，在限定的面积规模里，研究户内功能空间合适的尺度，不能简单套用面积较大的商品住房相同的设计标准。

2. 保租房相关设计标准

产品分类。用发展的眼光来定位保障性租赁住房的房型形式，宿舍型、公寓型不能等同于一个大开间的房型。建议按非家庭型居住需求（多人混居、夫妻情侣合住、单身居住）和家庭型居住需求来进行产品分类，分别制定建筑设计标准。

建筑分类。研究消防安全要求，探讨保租房在消防规范里的适用建筑类型，允许宿舍型、公寓型、住宅型适当混合。

四 打通渠道，完善公租房备案家庭准入和退出机制

（一）现行公租房的准入和退出标准，形成新的住房保障夹心群体

1. 公租房申请标准需根据市场经济条件进行调整

根据京建法〔2011〕25 号文规定，公租房申请家庭的条件为家庭

人均住房使用面积15平方米（含）以下，3口及以下家庭年收入10万元（含）以下，4口及以上家庭年收入13万元（含）以下。随着社会经济水平的发展，该申请标准长期保持不变导致符合公租房准入标准的潜在人群不足，同时导致已入住公租房的承租人群因收入问题被取消公租房居住资格，需强制进行退出，引发产权单位和承租家庭之间的矛盾。

2. 公租房备案资格终止后承租家庭妥善安置问题

公租房运营管理过程中，部分承租家庭因收入超标被终止公租房备案资格，部分区县政策上要求公租房备案资格终止家庭限期退出公租房，部分区县政策允许公租房备案资格终止家庭通过市场租形式继续承租，且最长不超过2个合同期。对于退出公租房的承租家庭面临去市场上找房子的问题，公租房和保租房均属于保障性租赁住房，频繁进入和退出造成了社会资源的浪费，给老百姓的正常生活带来不便，对于现有公租房的去化带来一定的困难。

（二）相关建议

一是建议根据社会经济发展的实际情况，适当放宽公共租赁住房承租家庭退出标准，避免因租返贫的情况发生。二是建立打通保障性住房品类渠道，建立住房困难家庭承租公租房和保租房衔接机制。建议经多轮配租仍无法去化的公租房房源，可临时作为保租房房源使用。

五　透明计价，探索以套内建筑面积为基数定租

一段时期以来，社会上对商品住房的房屋建筑面积、公摊面积、得房率等相关话题有多种讨论；在租赁型保障房运营实践过程中，租户对按房屋建筑面积计取租金也有一定的意见反馈。以套内建筑面积为基数定租取费是解决这一问题的一个途径，相关分析如下。

（一）必要性

1.面积计量简单直观，避免分摊面积争议

参与分摊的共用建筑面积的内容以及分摊系数计算方式虽然规范很明确，但是对租户来说，不直观、繁杂难以简单操作，从而引发争议；而套内建筑面积由图纸或现场测量均可自行直观而简单操作完成核算。

2.计量基数相同，避免相同户型租金总价不同

对于套内建筑面积相同的户型，在不同平面组合的楼型里，也不会改变套内建筑面积，从而可以避免同一户型因楼型不同造成的租金总价不同。

（二）可行性

1.多方式计价，具备可操作性

《商品房销售管理办法》中明确，房屋销售既可以按套（单元）计价，也可以按套内建筑面积或者建筑面积计价。按套（单元）计价或者按套内建筑面积计价的，商品房买卖合同中应当注明建筑面积和分摊的共有建筑面积。参照这一规定，租赁型保障房可按套内建筑面积定租取费。

2.直接使用现有数据，不增加数据工作量

现有房屋测绘报告均按照《房产测量规范》要求，包含套内建筑面积和分摊的共有建筑面积两部分数据，可以直接采用套内建筑面积数据，不需额外增加测绘工作量。

（三）风险分析

租金单价表面上涨，可能引发争议。在套租金总价不变情况下，以套内建筑面积为定租取费基数，因计费基数变小导致租金单价表面上明显提高了，可能会引发承租方的争议和社会舆论。

与房屋其他相关配套收费计费基数的不协调。采暖费等房屋其他相关的配套收费，目前均采用的是以房屋建筑面积（包括分摊共有建筑面积）为计费基数。

不合理压缩共用建筑面积，降低品质。走廊、楼电梯等公共空间的共用建筑面积，不计入套/间建筑面积后这一部分建筑面积没有营收，可能会造成建设单位为降低建设成本而不合理地压缩公共空间的建筑面积。

（四）相关建议

关于租赁型保障房定租取费基数事宜，相关建议如下。

第一，建议租赁型保障房以套内建筑面积为计量基数定租取费。

第二，建议设置双轨制过渡期。过渡期内，在调研区域市场租金时，分别提供以套内建筑面积为计费基数取费的平均租金（租金1）和以套建筑面积为计费基数取费的平均租金（租金2）；同时参考租金1和租金2，按相关政策要求确定和公布租金标准。过渡期后，按租金1确定租金标准。

第三，选取新入市租赁型保障房项目开展试点工作，逐步扩大应用范围。

第四，在租赁型保障房规划设计阶段，对共有共用部分提出明确的空间要求，保证公共空间的品质。

第五，对采暖费、物业费等与面积相关的其他收费，建议出台配套政策，同步实行双轨制过渡期，分别提供以套内建筑面积和按套建筑面积为基数的取费标准，逐步过渡到完全以套内建筑面积为基数的取费标准。

B.15
城市更新与"好房子"供应：韩国的经验

朴寅星（Insung Park）　朱俐斌*

摘　要：　韩国的城市更新与住房供应政策，长期以来主要聚焦于老旧住宅的改造、城市基础设施的更新，以及老年群体居住适应性的提升。然而，近年来，智慧化（Smart）与包容性（Inclusive）的概念正逐步融入政策当中，以探索更具综合性的解决方案。本文将介绍韩国城市更新制度的政策演进与实施路径，以及韩国住房供应政策与城市更新协同发展政策趋势、相关制度，通过首尔市东子洞—厚岩洞棚户区改造项目和公州市旧城区的城市更新项目对城市更新改造面临的矛盾以及多元模式进行解析，并对未来城市更新面临的智慧发展与包容性问题进行系统深入的总结与探讨。

关键词：　韩国　城市更新　好房子　智慧住房　包容住房

一　城市更新议题：起源背景与发展趋势

50余年间，韩国城市在快速且集中的工业化和城市化浪潮中经历了剧烈变迁，城市人口从1960年的900万增至2003年的4300万。然而，在这一过程中，城市环境与居民生活质量被置于次要地位，住房安全与公共设施

---

* 朴寅星，韩国东北亚都市不动产研究院院长、韩国中都市不动产论坛会长（曾就职于韩国汉城大学不动产研究生院、浙江大学公共管理学院）；朱俐斌，韩国首尔大学环境研究生院博士研究生（城市规划专业）、韩国东北亚都市不动产研究院研究员，主要研究方向为城市规划、住房政策、城市更新。

问题日益累积。进入 21 世纪后,关于安全、宜居生活以及城市个性与认同恢复的诉求日益高涨,"城市更新"(Urban Regeneration)遂成为城市发展的核心议题。

2013 年,韩国政府颁布《城市更新活性化及支持特别法》,同时制定了"国家城市更新基本方针",标志着国家层面的城市更新政策正式启动。在行政和财政支持下,由韩国国土交通部主导的城市更新项目逐步实施。2014 年,政府划定"城市更新先导地区",并于 2016 年扩展至"城市更新一般地区",后续又与"绿色新政""城市更新新政"等政策结合,以推动可持续发展。

与此同时,2020~2023 年,全球新冠疫情的蔓延进一步影响了城市空间的使用模式。经济与文化活动的核心逐步由职场转向居家办公,由都市中心向邻里空间转移。面对这一变化,韩国政府也相应调整城市更新战略,以适应新的社会需求和空间格局。

随着城市步入衰退阶段,所暴露的问题既可能源于产业重组、公共机构迁移等宏观层面的城市产业结构调整和整体功能变迁,也可能体现在局部空间的具体表现上。在韩国,城市更新政策的主要关注点和目标,最初集中在住宅街区内部的老旧住房及相关基础设施,如道路、停车场等物理层面的更新需求上。韩国政府也相应地调整政策重点,聚焦于应对城市内部的危旧住房和住房短缺问题,采取了放宽相关法规、推进合法化的措施,以解决这些结构性难题。

换言之,韩国的城市更新政策最初是针对工业化与城市化快速发展过程中形成的特殊居住环境。例如,在陡峭山坡和丘陵地带形成的密集不良住宅区,或是 20 世纪 70 年代后期大规模住房供应政策下开发的大型住宅小区,尤其是首尔的木洞和上溪洞等新城区,其在长期使用过程中,均出现了不同程度的老化问题。这些问题的产生,与以大规模公寓社区为主的"超级街区"(Superblock)模式密切相关。随着城市衰退问题在这些大规模住宅区内集中显现,其影响也逐步扩展到整个行政区(区、市),带来了负面的连锁反应。

自 2017 年起，韩国政府开始推进智慧城市型城市更新新政，旨在探索将先进的智能技术与城市更新项目相结合的路径。相较于传统基础设施建设，该政策不仅关注城市物理环境的改善，更着眼于地区性问题的挖掘与解决。为此，政府在城市更新的全生命周期中引入智慧技术，如利用无人机进行夜间安全监控及学生上下学路线管理，建设智能停车系统（Smart Parking）等，以提升城市安全性和生活便利性。此外，政府还积极推动"生活实验室"（Living Lab）和"场所实验室"（Place Lab/Local Lab）的试点运行①，通过实验性的城市更新模式，加强居民、地方政府及技术专家的协同合作，实现城市治理创新与社区环境优化。

与此同时，韩国城市发展正面临快速老龄化的挑战。韩国 65 岁及以上的老年人口比例已从 2015 年的 13.2% 上升至 2024 年的 19.2%，正式迈入老龄化社会。过去，老龄化主要集中在农村地区，而近年来，首尔首都圈及广域市等大都市区域的老龄化速度也在显著加快。

对此，政府不仅在医疗健康与社会福利领域加强政策措施，同时在建筑与城市规划方面，也开始持续探讨"老龄友好型城市"（Age-Friendly City）的概念，即打造无障碍、安全、健康，并保障老年人社会与经济参与权的城市环境。

尽管目前关于"老龄友好型环境"的标准定义、建筑设计规范及相关城市规划的系统性研究仍较为有限，但已有调查明确指出，绝大多数老年人希望能够继续居住在当前的住房中。这一需求催生了"老年生活居住地"（Aging in Place）的概念，即随着年龄增长及身体机能的下降，老年人对于更安全、更尊重、更舒适的居住环境及老龄友好型住宅的需求日益增加。如何通过城市更新与住宅改造，使老龄群体能够持续享有稳定且有尊严的生活

---

① 韩国由产业通商资源部与科学技术信息通信部引入 Living Lab（生活实验室），最初用于技术与产业创新，后扩展至智慧城市（Smart City）。2018 年，行政安全部与"希望制作所"合作的"国民解决 2018"项目，使 Living Lab 迅速扩展，成为新兴城市治理模式。目前，韩国已建立全国 Living Lab 网络，并在釜山广域市、大邱广域市、光州广域市、全罗北道、大田广域市、河南市等地设立区域性实验平台，推动智慧技术与公民参与融合。

空间，成为韩国城市发展必须面对的重要课题。

然而，在韩国的非首都圈中小城市，由于老年人口比例较高，且对智慧城市概念的适应度较低，智慧技术的推广面临较大阻力。例如，许多地方尝试引入智能化技术，但因老年群体的数字鸿沟问题，未能有效发挥作用。

但新冠疫情后，智慧技术的发展在各个领域加快，其与老龄友好型城市建设的结合潜力也随之提高。因此，韩国城市更新策略将更加强调"包容性建筑"和"适老化居住环境"的构建，政府不仅可以扩大老年人服务的覆盖范围，还能够以更低的成本提供更广泛的照护服务，从而提高整体社会的适应能力。

二　城市更新制度与政策体系：演变与实践

（一）韩国城市更新制度：政策演进与实施路径

韩国的城市更新主要依据 2013 年《城市更新活性化及支持特别法》及《城市及居住环境整治法》展开。政府确立了"国家城市更新基本方针"，并在韩国国土交通部的主导下，提供行政及财政支持，推动城市更新项目的实施。

在具体实施方面，2014 年政府首先划定了"城市更新先导地区"，随后于 2016 年扩展至"城市更新一般地区"，并制定"城市更新活性化计划"。此外，政府还将环境友好政策与经济刺激政策结合，陆续推出了"绿色新政"和"城市更新新政"等措施，以推动可持续发展与城市更新进程。

《城市及居住环境整治法》主要规范以下四类整治项目：居住环境改善项目、住宅再开发项目、住宅重建项目和城市环境整治项目。根据该法推进的项目统称为"再开发·重建项目"，这类项目主要针对老旧城区，通过拆除重建或整修改造的方式，改善居住环境、提升城市功能。

此外，韩国政府还颁布了《城市再整备促进特别法》，以促进"新城镇（New Town）项目"。"新城镇项目"是在《城市及居住环境整治法》规定的再开发、重建项目的基础上，将相关区域指定为"促进地区"，并进行大规模综合开发。但新城镇地区（促进地区）的规划制定完成后，实际项目的推进仍需遵循《城市及居住环境整治法》。

换言之，从促进地区的指定，到规划的制定，均由地方政府主导，而实际的开发建设工作则由各再开发·重建地区的居民协会具体执行。这一模式使政府在宏观层面掌控城市规划方向，同时允许居民组织在微观层面参与实施，形成政府与居民合作推进城市更新的机制（见图1）。

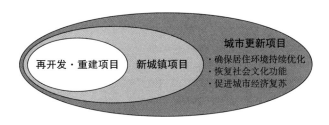

图1　城市更新项目的范围

1. 城市改善项目（Urban Improvement Projects）

韩国的城市改善项目是近年来城市更新政策体系的重要组成部分，相较于传统的再开发，更关注核心区现代化改造，兼顾空间规划与经济增长，优化城市功能，推动产业发展，并改善土地利用效率。

该项目主要适用于商业区、准住宅区及准工业区，特别是地铁站周边500米范围及纳入区域单元规划的城市核心区。这些地区因长期开发不足、建筑老化或产业调整，空间利用率较低，影响城市发展。为确保更新的针对性，政府制定了明确的选定标准：30年以上老旧建筑占比超30%、150m² 以下小型地块占比超40%、两层以下建筑占比超50%等。自2020年起，该政策从单纯的物理更新向综合性发展，更加强调社会韧性与文化可持续性（见表1、表2）。

表1　城市改善项目类型依据法律及搬迁安置相关规定

城市改善项目类型			相关法律	搬迁安置相关规定	备注
各类公益项目			《土地补偿法》	·适用对象范围 ·适用类型(手段) ·其他搬迁支持相关事项	作为公益项目和搬迁安置的最高准则
现有代表性城市改善项目	再开发项目		《城市整备法》		·1976年《城市再开发法》制定 ·在城市发展过程中发挥核心作用,整备城市及供应城市住房
新型城市改善项目	城市公共住房复合项目		《公共住房特别法》		·2021年"2·4对策"引入 ·由政府作为公共住房项目实施主体 ·计划执行至2027年9月
	复合开发项目		《城市复合开发法》		·2024年2月6日法律制定 ·由公共及民间共同实施

表2　城市改善项目类型及概要

项目	传统城市改善项目	新型城市改善项目	
	再开发项目	城市公共住房复合项目 (2021年9月至2027年9月)	复合开发项目
依据法律	《城市整备法》(原《城市再开发法》,1973~)	《公共住房特别法》(2003~)	《城市复合开发法》(2024~)
项目目的	改善老旧居住环境、恢复城市功能、活跃商圈	改善城市环境,加快城市住房供应	提升城市竞争力,加快城市住房供应等
适用区域	基础设施薄弱、老旧建筑密集的居住区、商业区、工业区等	低层老旧住宅区、轨道交通周边未充分开发区域、准工业区等	轨道交通周边老旧区域、准工业区等
实施主体	合作社、合作社+政府等	政府(国家、地方政府、韩国土地住宅公社、地方公营企业等)	政府(国家、地方政府、韩国土地住宅公社、地方公营企业等)、民间(开发商、土地所有者等)
实施方式	管理处置方式等	实物补偿(征收)等	管理处置方式等
推进流程	区域指定—推进委员会—合作社成立—项目计划审批—管理处置计划审批—搬迁与拆除—开工与竣工	候选地选定—区域指定—复合项目计划审批—补偿—搬迁与拆除—开工与竣工	区域指定—复合开发计划审批—管理处置计划审批—搬迁与拆除—开工与竣工

2. 城市更新推进流程

韩国城市更新遵循自上而下的层级结构，分为国家基本规划、战略规划和活性化计划三个阶段，由国家制定政策，地方政府具体实施。各阶段相互衔接，形成系统化体系，以确保政策符合地方需求，推动城市可持续发展（见图2）。

（二）韩国住房供应政策：与城市更新协同发展

韩国在快速工业化与城市化的过程中，经历了高度集中的发展模式，使无序开发及各类城市问题同步积累。为应对这些问题，韩国政府长期以来以大规模的再开发和重建等城市整治项目作为核心手段。2011年，政府修订《城市及居住环境整治法》，引入小规模住宅整治项目，并在2017年将其纳入《废弃住宅及小规模住宅整治特别法》。

目前，小规模住宅整治项目包括自主住宅整治项目、街区住宅整治项目、小规模重建及小规模再开发。其中，街区住宅整治项目作为由大规模整治模式向小规模整治模式转型的措施，同时也是从资本主导模式向居民主导模式转变的政策工具。

另外，韩国政府依据《国民住房稳定实现方案》，规划至2027年共供应270万套住房。其中，在城市核心区域规划开发100个规模达2000户的住宅社区，总计建设20万套住房，其中政府建设15万套，私营部门建设5万套。

2019~2020年，韩国房地产市场经历了房价急剧上涨和市场不稳定的问题。对此，文在寅政府于2021年2月推出"2·4对策"，以推动城市公共住房复合开发项目。随后，尹锡悦政府引入了允许私人资本参与的"复合开发项目"。这两项政策的共同目标，都是利用城市既有的基础设施，提供"好房子"，以缓解住房供需矛盾。

然而，由于城市更新项目往往涉及老旧住宅和商铺的全面拆除，大量以居民和个体经营者为主体的租户面临拆迁安置问题。因此，如何制定合理的搬迁补偿及支持方案，成为这一政策实施过程中必须解决的重要课题。

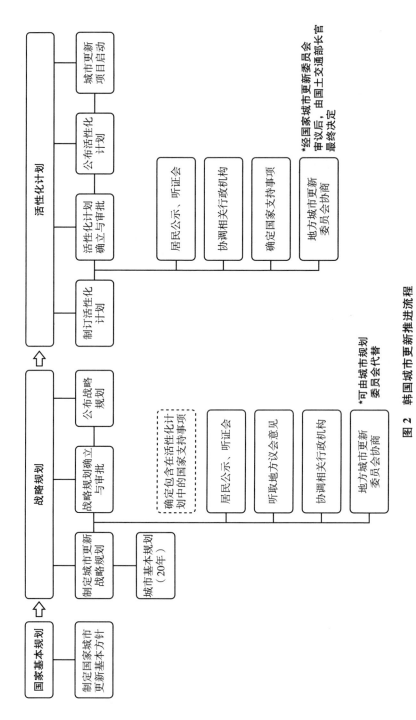

图 2 韩国城市更新推进流程

资料来源：城市更新信息系统（https：//www.city.go.kr/index.do）。

304

关于搬迁补偿的法律依据，最上位法是《为公益事业征收土地及补偿相关法律》（简称《土地补偿法》）。但由于新城建设等宅地开发项目与都市整治项目的特性存在显著差异，各相关法律通常会针对不同类型的项目设立独立规定，使其适用于具体的搬迁补偿及支持措施，并优先适用，而非直接依赖《土地补偿法》。

此外，承担城市住房供应主要任务的"城市公共住房复合开发项目"，是《国民住房稳定实现方案》框架内的一个具体实施工具，旨在加快城市中心区域住房供应，本质上属于临时性政策。该政策最初设定的实施期限为2021年9月至2024年9月，但已延长至2027年9月，以继续推进相关住房供应计划。延长期限也表明政府认为该政策在解决城市住房问题方面发挥了积极作用，希望通过延长来继续满足住房需求。

1. 住房性能等级标识制度

韩国自2006年起实施住房性能等级标识制度，以提升住房质量、满足居民需求，并促进住房产业健康发展。该制度基于2005年修订的《住房法》，对住房性能进行等级化管理并公开发布。其核心目标是明确住房供应标准，提高市场透明度，便于消费者选择。评价体系涵盖五大类别、二十项具体指标，以确保住房性能符合高品质要求（见表3）。

表3　住房性能评价指标

性能类别	性能分类	细分性能分类
噪声相关等级	轻量冲击声	
	重量冲击声	
	卫生间噪声	
	邻界噪声	
结构相关等级	可变性	
	易维修性（改造及维护管理）	专有部分
		公共部分
	耐久性	

续表

性能类别	性能分类	细分性能分类
环境相关等级	景观(外部环境)	外部空间及建筑外墙的生态功能
		自然土壤及地基保护
	日照(光环境)	
	室内空气质量	室内空气污染物 低排放材料的应用
		保障单元通风性能
	能源性能(热环境)	
生活环境等级	游乐场等居民公共设施	
	关怀老人等社会弱势群体	专有部分
		公共部分
火灾·消防等级	火灾·消防	火灾探测及信息设备
		排烟及疏散设备
		耐火性能

2. 绿色建筑认证制度

韩国自 2002 年起实施绿色建筑认证制度, 由韩国国土交通部与环境部整合"优质居住环境住房试点认证"和"绿色建筑试点认证"后正式推行。该制度旨在减少建筑全生命周期的环境负担, 提升居住舒适度, 并推动建筑行业向绿色可持续方向发展, 认证体系涵盖四大专业领域和 21 项具体指标(见表 4)。2005 年, 政府在《建筑法》第 58 条中新增绿色建筑认证条款, 为其提供法律依据。2007 年, 首尔市发布《首尔市绿色建筑标准》, 适用于政府及私人建筑, 以促进能源节约、提高能效, 并减少环境污染。

表 4 绿色建筑认证指标

专业指标	相关细分指标
土地利用及交通	小区规划、交通规划、建筑规划、城市规划
能源·资源及环境负荷(管理)	能源、大气环境、水质环境、废弃物处理与回收、建筑设备(机械/电气)、建筑施工与材料、建筑物运营管理
生态环境	生态景观、景观规划、土壤与地质、小区规划、建筑规划
室内环境	热环境、噪声与振动、光环境、室内空气环境、建筑设计

3.区分所有权制度

韩国政府于1984年制定《集合建筑的所有与管理法》，以规范高层及集合建筑的产权关系与共同生活秩序。该法确立了区分所有权概念，规定建筑中可独立使用的部分归区分所有权人所有（专有部分），而走廊、楼梯等则归全体业主共同使用（共有部分）。共有部分又分为结构性共有部分（如走廊、楼梯）和约定共有部分（经业主协商决定的共享区域）。

法律规定区分所有权、建筑用地使用权及共有部分份额不可分割，以确保产权完整性和权利稳定性。同时，对建筑老化后的拆除、重建及修复设定条件，并规定了反对重建的区分所有权人的处理办法及重建后利益调整方式，以减少产权纠纷，确保再开发的顺利推进。

此外，为加强共有部分管理，法律要求设立管理团体，制定管理规约，并在所有权人超过10人时，必须选任管理人，确保建筑日常维护与运营的顺利进行。

三 城市更新案例：矛盾解析与多元模式

（一）首尔市东子洞—厚岩洞棚户区改造项目：从城市更新到资本博弈

韩国政府于2021年宣布对首尔东子洞棚户区进行改造，计划拆除现有住房，建设2410套新住房，其中1250套为公共租赁住房，以改善低收入群体的居住条件。然而，四年过去，该项目仍未完成地区划定，核心阻力来自土地及建筑所有者的反对，他们担忧政府低价征收土地，于是迅速成立"居民对策委员会"抗议，并推动民间资本介入，试图改变开发模式。尽管政府坚持不会放弃公共住房计划，但现实显示，项目正逐步向民间主导开发转变，意味着原计划中的保障性住房供应可能大幅缩减，居民的居住稳定性受到威胁。

最初，政府试图通过《公共住房特别法》确保居住权，仅允许实际居

住的所有者获得公寓预售权（实物补偿），非居住者只能获得现金补偿。然而，2023年政府修订政策，扩大了补偿范围，使所有土地持有者均可获得公寓预售权。这一调整助长了土地所有者的资本收益，而真正的低收入租户则被排除在外。数据显示，该地区共有538名建筑所有者，但登记户籍的仅有101人，占比不到19%，表明该区域的土地持有者多为外部投资者。随着补偿政策的放宽，项目的实际受益者偏向资本所有者，弱势群体的住房权益进一步被边缘化。

同时，民间资本主导的开发模式开始取代政府主导的公共住房建设。东子洞地理位置优越，受广域快速铁路（GTX）建设影响，开发潜力极高。相较于政府主导的开发，土地所有者更倾向于市场化模式，以最大化土地价值。按照《首尔市再开发项目标准》，公共住房项目需保障35%以上的租赁住房，而民间开发模式仅需提供最低15%。这一比例差距进一步削弱了保障性住房供应，使城市更新偏向市场化模式，降低公共住房配建比例。

此外，政府提高了基础生活保障受益人的住房补贴，使租户在名义上能够承担更高租金，但实际上并未改善其居住条件，反而助长了房东涨租的空间，加剧了租户的居住不稳定性，政府补贴最终成为房东的额外收益来源。政府试图通过财政补贴改善住房条件，然而，该举措被市场机制吸收，加剧了住房不平等。

2024年，《都市复合开发支持法》出台，允许信托公司、房地产投资公司（REITs）等民间资本主导开发，并通过提高容积率等方式增强商业可行性。居民对策委员会迅速推动民间开发，并与资本方达成合作协议。根据法律，开发需获得区域2/3居民及一半以上土地面积所有者的同意，但法律所指的"居民"仅包括土地和建筑所有者，租户权益完全被排除在外。换言之，真正居住于此的弱势租户并不能影响最终的开发决策，而土地和建筑所有者成为决定项目未来的主导群体。

东子洞棚户区改造项目的演变清晰展现了韩国城市更新政策从"居住正义"到"资本游戏"的现实困境。公共住房建设的僵局、土地所有者的资本诉求，以及租户在政策博弈中的弱势地位，共同构成了这一问题的核心。政府在市场与社会保障之间的平衡逐渐倾斜，原本应服务于住房公平的政策，在房地产利益面前被逐渐边缘化。

（二）公州市旧城区的城市更新：历史文脉中的复兴尝试

公州市位于忠清南道，北侧发展形成新市区，南侧则是旧城区，曾是百济王朝的首都和朝鲜王朝时期的行政中心，近现代以来依托公州师范大学（现公州大学）成为区域教育中心。然而，京釜线铁路绕行大田后，公州市的区域地位逐步衰落，如今人口勉强维持在 10 万，老龄人口占比超 24%，面临城市衰退问题。

2013 年，政府颁布《城市更新活性化及支持特别法》，并于 2016 年将公州市旧城区指定为城市更新先导区，推动一系列更新项目。其中，"公州寄宿村"项目尤为典型，将原 20 世纪六七十年代的寄宿社区改造为特色民宿，并与济民川沿岸文化街区改造结合，赋予旧城区新价值。

与政府主导的城市更新不同，自 2017 年起，一些民间活动家在济民川沿岸开展了"区域更新"（Area Renovation）实践。这种模式不依赖政府规划，而是通过局部空间的激活，逐步联结不同区域，引发整体变革。活动家们在小范围内开设咖啡馆、民宿、书店等场所，使其成为社区文化节点，并通过网络效应提升空间价值，最终带动区域复兴。

这一趋势在 2020 年后更为显著，其中代表性案例包括 2017 年开设的"反竹洞 247 咖啡馆"、2018 年开业的民宿"凤凰斋"，以及 2019 年的独立书店"加加书店"。这些场所不仅推动了空间更新，也展现了社区自组织模式在老龄化小城市中的作用。

1. 反竹洞247咖啡馆：青年返乡创业与社区共创的实验

"反竹洞 247 咖啡馆"位于连接公州师范大学附属高中和济民川的监营路中央的一座小型建筑内。该咖啡馆的创始人是一位"U-Turn 青年"，即在首尔学习电影后，回到家乡创业。最初，该咖啡馆仅是小型画廊的一角，每日营业额目标仅 5 万韩元，维持基本生活。经过三年运营，咖啡馆日均销售量超过 150 杯，并向周边城市供应咖啡豆，形成稳定商业模式。

同时，该咖啡馆还成为公州青年创业者和社会活动家的聚集地，他们在此交流思想、共享资源，并促成新的合作项目，甚至创造就业机会。这一功能使反竹洞247咖啡馆不仅是一家咖啡店，更是一个激发社区活力的社交平台。

2. 民宿"凤凰斋"：探索地方资源与社区经济的新模式

"凤凰斋"是2018年8月开业的一家特色民宿，它不仅提供住宿，还将本地餐馆、商店和文化体验项目融入运营，推动了一种"公州旧城区生活体验"（Village Stay）的城市更新模式。

最初，运营者关注的是旧城区的历史文化价值，而非商业利润，其为住客推荐值得一游的本地餐馆和商店，策划小型旅游体验项目。但随着民宿的运营，运营者逐渐意识到，游客不仅希望找到值得探访的本地场所，更希望能够延长停留时间，深入体验城市文化。

在这一过程中，凤凰斋的运营者与反竹洞247咖啡馆的创业者围绕各自的兴趣展开交流，并逐渐发展为定期的居民交流聚会。这些聚会不仅成为社区联系的纽带，还推动了旧城区人流的聚集，逐步发挥出激发地方活力的引擎作用。

"凤凰斋"民宿的运营者认为，书店、面包店、酒馆是小城市公州不可或缺的元素，是自己和游客都需要的空间，却长期未被满足。这类商业业态的需求和供给主要集中在新市区的商业区，对于常住人口不足2万、游客数量有限的公州市旧城区而言，维持这些业态的正常运营并不容易。

3. "加加书店"：从个人藏书到社区文化空间的探索

"加加书店"是一家独立书店，于2019年6月正式开业，其创立则源于创始人对书籍的热爱，他希望将自己的2000余本藏书与更多人共享，想找到一个合适的空间来存放和展示这些书籍。在选择店铺地址时，他看中了济民川沿岸的街区，这里不仅租金低廉，而且具有独特的社区氛围，非常适合作为一个开放式文化空间。

随着"加加书店"的开业，公州市旧城区的独立书店逐渐增多，目前已形成五家独立书店的联动体系，甚至可以进行书店巡游之旅。同时，书店开始开发并销售各类文化创意产品，此外，为满足社区需求，2020年加加书店开设了第二家店铺，进一步拓展文化体验与社区链接。

4. 从个体实验到城市网络：公州的空间更新路径

在面临人口减少和城市衰退风险的公州市，人带动人，空间推动想象力的实现，这一实验在无形中形成了强大的网络效应。最初，公州的这些小型创意空间仅是城市中的零散个体，但通过人群聚集和频繁互动，逐渐建立起强大的网络效应。低廉租金提供了落地的现实可能，而关键推动力则来自具有创造力的社区活动家。值得注意的是，主要推动者并非传统本地居民，而是拥有丰富外部经验的在地创业者或外来定居者，他们结合本地资源与外部视角，为城市更新注入新的动力和可能性。

5. 公州的成功：从衰退城市到四季旅游目的地

2024年，韩国行政安全部与统计厅发布的数据显示，在忠清南道9个被划定为人口减少地区的城市中，公州市的生活人口①规模最大。2024年第一季度，公州市平均生活人口达55.5万人，远超居民登记人口（10.4万人），其中短期停留人口（游客、短期务工者等）达45.1万人，是登记人口的4倍多。

从具体数据来看，公州市的月度短期停留人口呈现持续增长趋势：2024年1月达到40.2万人，2月增至47.3万人，3月达47.8万人。这一趋势表明，公州市通过城市更新与四季型旅游建设，成功吸引外部人口流入，增强了城市活力。公州市的城市更新路径不仅是物理空间改造，更是通过文化、产业和社群建设，让城市焕发新生。

四 城市更新与住房供应的未来课题：智慧与包容

韩国在城市更新和住房建设方面面临诸多挑战，其中包括城市居住区

---

① "生活人口"指的是"居民登记人口"加上每月至少一次、每日停留超过3小时的短期居住人口所计算出的总人口数。

的封闭性、与整体结构的脱节，以及过度依赖高层开发导致低层住宅区未得到有效改善。长期以来，城市更新项目缺乏针对街区环境和社区融合的具体规划，主要围绕经济效益进行高密度开发，忽略了居住环境的可持续性。

近年来，"智慧城市"和"包容性城市"概念成为城市更新的关键议题。如何在改善老旧住宅区、遏制无序扩张、应对人口减少的同时，实现"智慧"（Smart）与"包容"（Inclusive）的融合，已成为城市规划的核心挑战。韩国多个地方政府已提出"智慧—包容城市"发展目标，但当前实践路径尚不清晰，如何有效整合并实施这两大概念仍是政策制定中的挑战性课题。

（一）智慧城市的机遇与挑战：如何实现真正的包容性

信息通信技术（ICT）的应用，为城市治理民主化和权力分配带来了新的可能性。例如，智能出行（Smart Mobility）可提升行动受限人群的城市可达性，数据驱动的决策机制可减少区域和社会群体之间的不平等。

然而，目前智慧城市建设仍优先考虑技术效率和生产力最大化，忽视了居民和社区的实际参与，尤其是老年人等数字素养（Digital Literacy）较低群体面临严重的数字鸿沟，使他们难以享受智慧城市带来的便利。因此，未来智慧城市发展应当由技术驱动向社会包容性模式转变，以确保科技进步不会进一步加剧社会不平等。

（二）包容性城市的目标：如何让所有居民共享城市发展红利

"包容性城市"的概念自20世纪90年代末开始受到关注，作为应对城市不平等与社会排斥的策略，其核心目标是确保所有居民都能公平地获得发展机会，并共享城市带来的福利。这要求无论经济状况、性别、种族或年龄如何，所有公民都能公平参与城市规划与居住环境建设。

然而，当前智慧城市投资仍然更倾向于基础设施建设，而忽视了居民参与和社会融合等"软性"要素。研究表明，与欧洲相比，亚洲城市的智慧城市建设更注重物理空间的优化，而缺乏对社区互动和社会包容性的考量。因此，今后在规划、设计与建设过程中，必须确保智慧技术不仅用于提升城市硬件，更要促进社会包容，增强居民的城市归属感与参与度。

（三）智慧与包容的融合：城市治理的新挑战

智慧城市与包容性城市的结合，带来了新的治理挑战。其中最主要的问题之一便是数字鸿沟（Digital Divide），即智慧城市的发展可能加剧社会不平等。例如，低收入群体或数字素养较低的市民，可能因缺乏技术条件而被排除在智慧城市体系之外，导致他们难以享受智慧技术带来的公共服务。

因此，未来的智慧城市发展应更加注重公民参与，建立包容性的城市治理体系。这不仅要求城市在政策制定阶段就确保居民的广泛参与，还需建立更公平的资源分配机制，让城市发展成果真正惠及所有社会群体。为实现这一目标，智慧城市规划应采取以下策略。

首先，在城市规划初期，即将包容性原则纳入设计框架，确保政策方向兼顾弱势群体的需求。

其次，制定衡量智慧城市包容性的评估框架，在项目推进过程中进行监测和调整，确保技术发展不会进一步加剧社会分化。

最后，构建多方参与的城市设计模式，在城市更新过程中，引入公民讨论、社区协商等机制，确保不同社会群体的声音都能被纳入政策考量。

B.16

风险与价值的博弈

——中国不良资产证券化的路径探索

韩　晶*

摘　要：　在房地产市场深度调整和高负债房企违约频发的背景下，不良资产规模持续扩大，不良资产证券化成为提升资产流动性和价值重塑的重要金融工具。本报告首先从会计准则、金融机构和企业视角解析不良资产的定义与成因，强调其价值评估需以风险判断为基础。随后系统梳理了我国不良资产证券化的发展历程、机制优势及实践难点，指出其在提高资产处置效率、分散风险和优化资产结构方面的显著成效。尽管当前证券化面临信息不对称、投资者参与度低等问题，但其通过真实销售、现金流重组和标准化运作，仍展现出较强的制度优势。呼吁构建更完善的配套法律制度与市场环境，推动证券化更好地服务于不良资产批量处置，并建议适度引入国家信用支持，以提升市场信心，释放银行流动性，实现金融风险跨周期调节与资源优化配置。

关键词：　不良资产　资产证券化　房地产市场　风险化解　资产重组

一　价值重塑要从定义开始

当前，房地产市场正处于深度调整期，短期内难以实现全面复苏。高杠杆房地产企业的流动性风险和不良资产问题持续暴露，伴随债务违约事件的

---

*　韩晶，仲量联行评估咨询服务部资深董事，英国皇家特许测量师（FRICS），中国房地产估价师、中国土地估价师。

频发，银行、信托等金融机构的不良资产规模有可能进一步扩大。在此背景下，不良资产这一特定资产类别愈发引发市场关注，其定义及价值内涵也亟须重新审视与界定。

从传统视角出发，不良资产的价值可从以下三个维度进行分析。

会计准则角度：当某项资产因经营不善、市场环境变化等因素导致价值减损，无法实现预期投资回报，或无法按期收回全部资产，即可界定为不良资产。其价值评估应同时考虑当前的账面价值下降和未来潜在的公允价值减损。

金融机构角度：不良资产包括因自有资金投资或受托管理资金形成的、因风险累积而无法按协议实现收益回收的不良债权，同时也涵盖无法带来现金回报、持续价值减损的不良股权。

企业角度：企业层面的不良资产既包括未能按期、足额收回的债权类资产，也包括长期处于贬值状态、缺乏有效收益的不良股权。从财务处理上看，既可能是已计提减值准备的资产，也可能是尚未计提但面临回收障碍的应收账款、长期股权投资等。

二　追本溯源，探究产生原因

从根源上来看，不良资产的形成主要可以追溯至金融机构和企业自身两大来源。

（一）金融机构不良资产的形成

在我国，商业银行依据信贷资产的风险状况将贷款划分为五类：正常类、关注类、次级类、可疑类与损失类，其中后三类被归为不良贷款。此外，信托、证券、基金、保险等非银行金融机构也通过自有资金进行各类投资，因投资失误或管理不善而形成的不良资产，亦构成金融体系中不容忽视的不良资产来源。

当前，系统性金融风险主要集中于房地产、地方政府债务以及中小金融机构三大领域。具体而言，房地产市场风险表现为各线城市二手房价格持续

下行，头部民营房企流动性严重不足，部分三、四线城市商品房去化压力显著；地方债风险则体现在土地出让收入趋势性下滑背景下，各类债务迅速攀升，尤其是中西部三、四线城市还本付息压力骤增，其中隐性债务尤为突出；中小金融机构方面，风险集中在不良资产占比上升、优质资产供给不足、融资成本居高不下以及资产负债期限严重错配等方面。

由于房地产相关税费占地方政府财政收入的比例接近一半，因此房地产市场下行直接导致地方税收与基金性收入锐减，进一步加剧地方政府债务风险。同时，房地产企业和地方政府融资平台是地方中小金融机构的重要贷款对象，相关风险的上升也同步推升了中小金融机构的经营风险。换言之，中小金融机构的风险在很大程度上是房地产和地方债风险外溢的结果。

尽管数据显示商业银行的不良贷款率呈下降趋势，但这一指标可能未能真实反映银行体系中的实际风险水平。一方面，五级分类标准中，仅次级类及以下贷款计入不良，银行可能将潜在风险贷款归入"关注类"以规避不良率上升；另一方面，尽管房地产价格显著回调，但银行资产负债表普遍采用历史成本计价，"以市值定价"尚未普及，导致账面未能充分反映资产贬值的实际程度，从而低估了不良资产的真实规模。此外，金融资产管理公司在开展商业化业务过程中形成的不良资产，也已逐步被纳入金融不良资产范畴。

（二）企业及非金融机构不良资产的形成

随着资产管理行业的发展，商业银行、信托公司、证券公司等金融机构日益通过委托贷款、信托贷款、资管计划等中介服务为非金融机构投资者提供融资通道，这类业务虽未动用金融机构自有资金，但其潜在风险同样可能转化为非金融领域的不良资产。

与此同时，企业在日常经营过程中因资金链断裂、应收账款回收不畅、管理不善或市场波动等因素，也容易导致债务违约，从而形成不良资产。在典型的商业活动中，企业间因采购、销售、服务等形成的债权关系，一旦债务方陷入支付困难或丧失偿付能力，相关应收款项即转化为不良资产。

（三）不良资产的本质与价值重塑路径

无论不良资产来源于金融机构还是企业，其本质均源于债务方短期资金周转与宏观经济周期错配所带来的偿付能力障碍。应对这一问题的核心在于通过资产收购、管理和处置，实现资产的盘活与价值重构，帮助债务人纾困、改善财务状况，从而实现跨周期的风险化解与资源配置优化。

进入市场化发展阶段以来，资产管理机构在不良资产分类、管理与价值发现方面的能力显著提升。在传统的处置方式如本息清收、诉讼、破产清算、债务重组、债转股、对外转让、委托或合作处置等手段基础上，市场逐步引入包括不良资产证券化在内的创新机制。这不仅为不良资产的价值重塑提供了新的技术路径，也提出了更高的专业能力和制度建设要求。

三　我国的不良资产证券化

不良资产证券化是指发起人将多笔不良资产或其收益权打包组成资产池，并将该资产池出售给专门设立的特定目的载体（SPV）。SPV以基础资产为支持，发行资产支持证券（ABS），所募集的资金用于购买基础资产。发起人或其委托的资产服务机构负责资产的后续管理与处置，所得现金流用于偿付ABS的本息。

20世纪80年代末至90年代初，美国、日本等国家率先开展不良资产证券化的试点项目，探索其可行性与有效性。2008年国际金融危机爆发前，不良资产证券化业务在全球范围内迅速发展。我国亦于此期间启动相关探索，发展历程可划分为以下三个阶段。

初期探索阶段（2005~2008年）：2005年，我国启动信贷资产证券化试点，2006~2008年，国有银行与金融资产管理公司（AMC）尝试通过证券化方式集中处置不良资产。

调整停滞阶段（2008~2016年）：受国际金融危机冲击，相关业务全面停滞。直到2016年4月，中国银行间市场交易商协会发布《不良资产支持

证券信息披露指引（试行）》，标志着暂停八年的不良资产证券化业务正式重启。

规范发展阶段（2016年至今）：2016年首轮试点启动，覆盖工、农、中、建、交及招商银行等六家大型商业银行；2017年扩围至部分股份制银行与城商行；2019年再次扩容，纳入四大AMC、政策性银行、农商行、外资行等更多机构。截至目前，参与试点的机构已扩展至约40家，主体类型日趋多元，发行规模持续增长。

从实践特点来看，我国不良资产证券化具备以下三方面特征。

一是资产类型多样化。底层资产涵盖个人信用卡不良贷款、住房按揭不良贷款、对公不良贷款等，资产池可按需组合，满足不同风险偏好投资者的需求。

二是风险分散化。通过结构设计实现风险分层，由发起人、受托人及投资者共同承担信用风险，有效降低单一机构的风险暴露。

三是价值投资属性显著。发起人（通常为银行或AMC）往往同时担任原始权益人与资产服务商，拥有资产处置的主导权与灵活性。证券化结构具备长信用链条特征，各参与方职责清晰、相互监督，有助于防范道德风险，提升交易透明度和资产价值实现效率。

然而，当前不良资产证券化仍面临诸多挑战。若以金融不良资产为基础资产，受限于资产质量参差不齐、尽职调查复杂度高以及现金流回收周期不确定性大，证券化难度较高。若以重组类资产作为基础资产，则需充分考量债权结构、行业分布、单户金额等因素，标准化难度大。

目前该类产品主要在银行间市场发行和交易，投资者结构相对单一，以商业银行和保险公司为主。《商业银行理财业务监督管理办法》（2018年9月，银保监会发布）明确禁止面向非机构投资者发行的理财产品直接或间接投资于不良资产收益权，从而限制了理财资金的参与，压缩了潜在投资规模，提升了对银行自有资金的依赖，增加了产品募集和营销的难度。

其中，基础资产的估值定价问题尤为关键。为确保证券化产品具备明确且可预测的现金流，需要大量不同类型、不同业态、不同地区的历史清收数据作为支撑。然而，由于不良资产的异质性强、透明度低，构建得到市场广泛认可的估值体系仍面临较大挑战。

四　证券化运用于不良资产处置的机理与优势

资产证券化以"资产信用"为融资基础，要求基础资产具备可预测、可持续的现金流。早期因不良资产现金流波动性大，其曾被排除在可证券化资产之外。然而，随着证券化技术自 20 世纪 70 年代问世以来的不断成熟，尤其是 20 世纪 90 年代以来计算机技术推动现金流预测模型的应用，以及资产风险分层、收益重组机制的发展，不良资产逐步被纳入证券化范畴并获得广泛应用，展现出显著优势。

不良资产证券化在机制设计上与其处置需求高度契合，体现出相较传统处置方式的显著优越性，主要体现在以下四方面。

（一）信息透明度提升与结构隔离设计

证券化以"真实出售"与"破产隔离"为前提，构建独立的基础资产池，通过其未来现金流偿付 ABS 本息。这种以资产自身信用为基础、自我清偿的融资结构，有助于降低对发起人信用的依赖，提升交易透明度，缓解信息不对称问题。相比以主体信用为基础的传统融资方式，证券化更依赖于资产本身的预期财务表现，并通过结构化设计提高融资效率。在筹划过程中，需严格筛选入池资产，聘请中介机构进行尽职调查与现金流测算，为证券定价提供依据。尤其是在不良资产处置中，对资产状况、损失率、回收率、担保品情况及权属清晰度的系统性评估成为证券化成功的前提。

（二）风险重组与收益优化机制

通过大数法则和现金流分层技术，证券化可将大量单笔回收不确定的不良资产打包，形成具备超额担保的资产池。虽然资产名义价值与实际可回收

金额可能存在差异，但在资产池层面可构建相对可预测的现金流，从而有效分散风险。通过设计优先级与次级 ABS，实现风险在投资者间的再分配，其中次级证券吸收大部分信用风险，为优先级证券提供"安全垫"，提升整体吸引力。这一机制既增强产品的市场认可度，也拓展了投资者基础，形成更为多元的资金来源。

（三）专业分工下的激励约束机制

证券化项目构建基于 SPV 的法律结构，各方职责明确。银行可将资产尽职调查、催收管理、清算托管等环节交由专业金融服务机构承担，通过签署服务合同明确责任边界，构建稳定的"长信用链条"。该机制不仅解放银行资源，使其专注于本源业务，还通过市场化竞争提升服务质量，优化不良资产处置效率与成本。

（四）市场化机制与资本市场资源导入

不良资产证券化通过发行标准化证券，在交易所或银行间市场实现信息披露与产品流通，为不良资产提供批量、高效的市场化处置路径。一方面，有助于快速引入资本市场资金，替代银行"点对点"寻找买家的传统路径；另一方面，通过市场定价机制与投资者的"用手投票"（公司治理）与"用脚投票"（交易行为），更真实反映不良资产价值，提升定价的公允性与透明度。

此外，证券化具备"出表"功能：若满足"真实出售"要求，银行可将相关不良资产从资产负债表中剥离，实现资产处置收益，释放占用的风险资本金。这一功能使其成为商业银行满足《巴塞尔协议》资本充足率要求的有效工具，实现风险资本与风险资产的同步调整。同时，银行还可通过担任托管人、支付代理等角色，获得额外服务费收入，拓宽盈利模式。

综上所述，证券化不仅是应对不良资产风险的有效金融工具，更是实现资产价值重塑、资源配置优化的重要市场化机制。

五　不良资产的价值重塑

不良资产价值的重塑，本质上由风险判断所驱动。资产重估不再仅依赖传统的现金流折现模型，更应从风险识别、风险等级划分及量化管理等角度出发，构建以"可实现现金流"为核心的估值逻辑。

随着不良资产证券化、科技赋能型资产管理工具以及不良资产基金等市场机制的不断发展，资产价值的实现愈发与交易行为和处置策略密切相关，风险已成为不良资产管理体系中不可或缺的变量。这一趋势表明，风险不仅内嵌于资产定价过程，更在资产管理、重组及处置的各环节被系统性纳入价值考量体系。

从经济学原理出发，资产的市场价格是其内在价值的外在表现。虽然现金流折现仍是估值的基础方法，但在不良资产领域，传统现金流模型需引入"风险驱动因子"，即通过对损失率、回收率、担保效力及时间价值的多维分析，确定可实现的现金流，并据此形成更符合实际的估值模型。

另外，不良资产的价值重构亦高度依赖于其交易方式和处置路径。不同的处置策略（如打包转让、诉讼催收、债务重组等）直接影响资产的可实现价值与成交价格。因此，在资产价值重估过程中，必须综合考虑处置可行性、回收效率及债权人承担的风险溢价等因素。换言之，不良资产的价值并非静态体现，而是在市场博弈和风险分配过程中不断被重塑和再发现的结果。

在评估资产价值时，通常会从三个基本面和"五率"入手，即收入、成本与收益的可持续性，以及出租率、增长率、净运营收益率、资本化率和折现率等关键指标。这一框架适用于大多数经营性资产的估值。然而，对于不良资产而言，还需引入更具针对性的指标，如"综合变现率"。

在实际业务中，综合变现率的判断不仅依赖于资产本身的运营能力，还需结合其所处城市的能级、区域房地产的供需关系、当前与未来的市场流动

性（去化速度）等因素。同时，是否存在持有方提供的信用增级措施或担保机制，也会影响资产最终的可变现价值。这些因素构成了对不良资产交易结构和变现能力的核心评估维度。

从现金流视角来看，判断资产的可实现现金流仍是估值核心。尤其是对于不良资产这一跨越短中长期经济周期的资产类型而言，其运营稳定性显得尤为重要。评估中需关注资产收入来源的分散度与集中度，以衡量未来收益的持续性和波动性，并据此对资产价值进行动态调整与合理预估。

此外，对于涉及处置的不良资产，还需结合合规性与参数合理性进行考量。例如，在处置过程中可能涉及的产权争议、法律程序障碍、估值依据的有效性等问题，均会对资产的估值与变现路径产生实质影响。这些合规性要素不仅影响处置效率，也会对估值精度和市场接受度构成重要制约。

不良资产行业兼具逆周期性与顺周期性的双重特征，这一特征主要体现在其独特的周期运作模式上，即逆周期收购、顺周期出售、跨周期平衡。在经济下行期，资产质量恶化导致不良资产集中暴露，为资产管理机构提供大量收购机会；而在经济回暖、市场信心恢复后，不良资产的价格预期改善，处置与变现更具时机优势，适宜择机出售。

不良资产呈现明显的经济周期依存性，其价格与宏观经济波动高度相关。这种周期性反映出金融资产价值对一系列宏观政策变量的敏感性，包括宏观经济走势、财政与货币政策调整、监管政策变化等。

影响不良资产价值的因素具有多层次结构，具体包括以下几个层面。

宏观层面：经济增长水平、政策导向、社会文化因素、技术变革等，决定资产所在环境的系统性风险。中观层面：行业所处生命周期、行业政策环境、供需结构与竞争格局等，决定资产所嵌入行业的基本面。微观层面：企业的治理结构、经营状况、现金流能力、债务履约历史、供应链稳定性及其与同业的竞争关系等，是评估资产真实可实现价值的关键。

因此，不良资产价值的判断不仅取决于资产本身的静态属性，更依赖于动态经济环境中多维度因素的综合作用。在估值与处置决策中，必须结合周期判断与多层次因子分析，方能实现科学、可持续的资产管理目标。

六 不良资产证券化的发展趋势

不良资产证券化从项目数量与投资活跃度来看，市场推进仍显缓慢。尽管部分原因可归因于证券化技术在不良资产处置中的应用尚处于市场认知与参与者培育的初期阶段，但更深层次的问题在于：当前我国对证券化工具的应用，是否真正契合了不良资产处置的内在需求，是否能在制度设计上兼顾银行高效剥离资产与投资者实现经济回报的双重目标。

只有深入理解证券化技术的本质功能，充分回应市场参与各方的核心关切，才能为未来政策方向的调整和制度工具的完善提供有效依据。

证券化与不良资产处置在机制上具有高度契合性。它能够帮助银行实现不良资产的一次性批量出表，通过结构化设计将资产转化为可交易的证券产品，实现风险缓释和资产负债表的优化。然而，证券化并非"万能工具"，在实际应用中存在以下几方面的局限性。

第一，证券化无法消除不良资产的信用风险，其功能是通过资产结构与信用分层将风险转移至资本市场上具有更高风险承受能力的投资者。因此，该机制是否有效依赖于市场中是否存在足够成熟、理性的投资群体。

第二，证券化是一种事后处置工具，不能反向激励银行改进前端信贷投放与风险控制机制，反而可能因为风险转移机制的存在，助长道德风险，削弱审慎经营动能。因此，监管机构在鼓励证券化运用的同时，应强化对银行信贷行为的前置监管。

第三，证券化作为复杂的金融工具，须具备一定的规模化操作基础以摊薄其较高的交易与运营成本。零散、试探性的项目操作不仅难以形成示范效应，反而可能增加银行的制度性负担，降低其参与意愿。

第四，证券化对发起银行的信息管理能力提出了更高要求。若银行缺乏对资产的完整历史数据及标准化的管理体系，难以满足投资者和监管者的尽职调查与信息披露要求，即使制度层面放宽准入门槛，也难以从根本上提升证券化的可操作性。若无法形成配套的内部机制，相关银行可能长期被排除

在证券化市场之外，陷入"强者恒强"的马太效应中。

第五，证券化对基础资产的质量和结构具有严格标准。依据国际经验，可证券化的不良资产应具备可预期的现金流、同质性较高的结构属性，以及债务人来源的地域和主体多样性，以实现风险的有效分散。但我国当前的不良资产结构复杂、地域分布不均、资产管理体系多样，给资产池的构建带来了较大挑战。

（1）对于资产主要集中在区域、规模较小的城市商业银行和农村商业银行而言，其不良资产的规模与分散度往往难以满足证券化的入池标准，从而限制了这类机构利用证券化进行资产处置的可能性。

（2）即便允许其他主体从区域性银行收购不良资产组建资产池进行证券化，但此类模式与当前已由资产管理公司执行的收购再证券化操作并无本质区别，与"银行自主发起、留存服务职能"的政策导向并不一致；同时，资产整合的协调成本高、标准差异大，也限制了这一方案的可行性与市场吸引力。

（3）即使在国有大行与股份制银行内部，从海量不良资产中筛选出满足入池要求的资产亦非易事。部分项目尝试将个人消费贷款、住房贷款、经营性贷款等进行混合入池，以实现不同资产之间的信用互补与现金流稳定性，但这种方式对资产标准化、处置流程协同性提出更高要求，目前仍处于探索阶段。

（4）当前不良资产处置方式日益多元，证券化技术面临来自 AMC 等传统手段的竞争。例如，对公不良贷款因可以批量打包卖断给资产管理公司，操作简单、收益确定，银行更倾向于采取这一路径；而证券化由于结构复杂、回收不确定性高，在此类资产上的吸引力相对较弱。

（5）不良个人贷款虽然无法转让给资产管理公司，看似是证券化的理想标的，但若资产具备担保物，特别是房地产担保，在市场预期向好的背景下，银行更倾向于保留自行催收。真正适合证券化的，往往是那些无担保、金额较小、债务人分散且信用状况快速恶化的资产，如信用卡透支和消费贷款类不良资产。试点项目中，该类资产单数占比最高，亦印证了这一趋势。

（6）不良资产证券化中的次级 ABS 本质上是高风险高收益产品，需要具备风险承受力的投资者参与。当前市场中仍以 AMC 和少数私募基金为主，建议引入信托、券商资管、保险资金等具有不同风险偏好的机构投资者，同时适度放宽对相关产品的投资限制，引导理性资金参与，提高市场流动性。

（7）从公共政策角度，适度引入国家信用支持、税收激励与制度便利措施，不仅具备正当性，也有助于实现金融体系"去杠杆"与"提效率"的双重目标。为增强产品吸引力、扩大投资者基础，可参照成熟市场经验，对投资者在购买、持有或交易不良资产支持证券过程中产生的收益给予适当税收减免（如企业所得税或交易环节税收），以实现流动性补偿，提升资金参与度。

综上所述，尽管不良资产证券化有助于银行在合规前提下批量剥离不良资产，缓解"冰棍效应"，但考虑到实施该机制所需的基础条件、成本投入与预期效益，其适用性在现实中具有明显的局限性。当前阶段，证券化技术更可能是部分银行针对特定类型不良资产的"可选工具"，而非普遍适用的制度路径。对此有限性的清晰认知，应成为未来制度评价、政策调整与推广路径选择的重要前提。

案例篇 ⟫

B.17

党建引领新型人才社区实现
"住有优居"

——漕河泾街道阡集·汇社区"五融共建"治理模式经验

漕河泾街道党工委、上海交通大学赋能团队*

摘　要：　　近年来，保障性租赁住房供给不断增加。新型人才社区治理关系到青年人才的安居宜居，事关城市人才吸引力与城市发展竞争力，对城市基层治理亦有重要意义。上海市漕河泾街道阡集·汇社区探索推行"五融共建"模式，该模式通过组织融合、机制融力、阵地融通、服务融汇和文化融心，助力强化青年人才群体时间在地、利益在地、关系在地和认同在地。该模式体现了党建引领新型人才社区实现"住有优居"的融合思路，"五融共建"治理模式的现实经验，有望为上海中心城区新型居住空

---

* 团队成员：陈杰，上海交通大学国际与公共事务学院/中国城市治理研究院教授，中国房地产估价师与房地产经纪人学会副会长；王鑫淼，上海交通大学国际与公共事务学院/中国城市治理研究院博士研究生；黄雨晨、杜佳欣禹、凌永乐，上海交通大学国际与公共事务学院本科生。

间治理提供参考性成熟样本。

关键词： 党建引领 新型人才社区 社区共同体 五融共建 治理模式

一 基本情况

"安居留才"事关社会民生与经济发展。上海市高度重视新市民、青年人等群体的安居宜居问题。近年来，上海市保障性租赁住房（简称保租房）供给不断增加，市房管局数据显示，截至 2024 年底，上海市已供应 34 万套（间）保租房。与此同时，城市新型居住社区治理需求与治理挑战不断涌现。2023 年底，习近平总书记到上海市闵行区新时代城市建设者管理者之家考察时指出"城市不仅要有高度，更要有温度"，强调"要践行人民城市理念，不断满足人民群众对住房的多样化、多元化需求，确保外来人口进得来、留得下、住得安、能成业"。[①] 新型人才社区治理事关青年群体安居留才，上海市漕河泾街道积极探索新型居住社区治理模式。其中，阡集·汇社区属于市、区两级新型人才社区，距离上海南站步行距离不到 1 公里，于 2022 年正式运营，房源 1006 套，住户 1400 余人。社区住户年轻化、职场新人多、流动性大、学历高，大部分住户尚未组建家庭，个体化程度高，住户时间大部分在职场，具有"时间、利益、关系、认同均不在社区"等特点。如何吸引青年住户参与社区治理成为新型人才社区治理亟须破解的难题。在区委组织部的大力支持和指导下，漕河泾街道以党建引领为切入点，聚焦阡集·汇社区青年住户发展、服务、参与、归属四大需求，探索建立"五融共建"治理模式，该社区项目"'五融共建'

[①] 《时习之丨以人民为中心 习近平多次赴上海考察阐明城市建设的核心理念》，中国共产党新闻网，2023 年 12 月 5 日，https://cpc.people.com.cn/n1/2023/1205/c164113 - 40132431. html。

聚人心 打造青年人才来沪'第一站'"于 2025 年 1 月获第七届中国
（上海）社会治理创新实践十佳案例，为上海中心城区新型居住社区治理
提供了成熟样本。

二 "五融共建"治理模式经验做法

（一）创建"三方联动"架构体系，组织融合赋能协同治理

协同治理架构是社区高效治理的基础。漕河泾街道成立实体公租房党支
部，组建公租房党支部、住户共治委员会和联合服务管理方"三方联动"
治理架构。公租房党支部发挥核心作用，推进青年人才的团结凝聚、教育引
导、联系服务工作。住户共治委员会有序引导住户全程参与自治事务，监督
和推动议题落实，提升住户主人翁意识和归属感。产权方、经租方、物业方
构成的联合服务管理方代替传统物业公司，助力推动社区服务提质升级。

（二）创新"三会六动"制度，机制融力构建治理共同体

制度机制是住户常态化参与社区治理的保障。阡集·汇社区创新形成
"选题会—议事会—评议会"三会制度，畅通住户表达诉求和反映问题的渠
道。社区发布"我想在社区做的一百件事"征集令，开展"我为社区做件
事"主题活动，住户从"旁观者"变为社区事务的"参与者"。此外，社区
形成片区治理推动、党支部带动、党群服务阵地驱动、区域化党建联动、住
户单位互动、党员志愿者行动等"六动机制"，推动构建社区治理共同体。

（三）打造公共空间阵地，阵地融通拓展青年发展路径

职业发展和技能提升是青年群体最迫切的刚需。社区积极推动资源共
享、设施共建、空间共用，通过"阵地融通"拓展青年发展路径。一是打
造充电成长空间，在新型人才社区党群服务站、汇享青年中心设置会议讨论
室、阅览空间和自习室，为知识技能分享交流和互动提供场所。二是打造就
业创业空间，开展就业创业讲座，提供就业创业资源信息等综合性服务；围

绕青年职业技能提升需求，有针对性地组织开展热门考证讲座，不定期聘请专业师资力量开设辅导讲座。三是打造解压疏导空间，设置情绪疏导系统和硬件设施，开展心理疏导活动，为青年心灵减压，帮助其在职场上轻装上阵。

（四）强化全方位服务配送，服务融汇推动社区"住有优居"

高品质集约化的服务是人才社区最核心的竞争力。社区依托专业运营，提供线上渠道完成入住期间账单缴纳、报修投诉等数字化一站式社区物业服务。依托党群服务站，为青年人才提供开放式的"家门口"党群服务，公租房党支部积极挖掘建设银行、八院、米哈游等30余家党建联建和住户单位，培育以在职党员为主体的志愿服务团队，每季度提供金融、法律咨询等30多项便民服务，推动"配送服务的公转模式"到"自我服务的自转模式"转变。社区持续完善全方位、围绕式社区服务体系，推动社区实现"住有优居"。

（五）培育主理人社群文化，文化融心提升青年融入感

柔性要素是有效的社区黏合剂。社区以青年兴趣爱好为切入点，以趣缘关系为纽带，推动构建青年互助交往的社区氛围。通过在党群服务站开展微党课宣讲、手碟疗愈音乐会、非遗体验、电竞比赛等活动，吸引青年走进社区，推动彼此不断熟识。此外，社区培育运动、宠物、法律、沪语、金融等自治社群，覆盖近400名住户，挖掘7名项目主理人（其中5名党员），成立新型人才社区社团理事会，围绕运动、萌宠、文化、社交四大生活场景打造活力社区，带动更多住户融入场景营造。

三 "五融共建"治理模式的治理成效

（一）组织化制度化赋能，增加青年群体时间在地

个体化程度偏高是阻滞社区治理的重要因素。阡集·汇"五融共建"

模式下，公租房党支部注重社区组织化制度化建设，"选题会—议事会—评议会"三会制度为住户参与社区治理提供了平台，社区将"兴趣社"向"公益社、志愿社"转变，组建起一支近200人的常态化志愿服务团队，挖掘出社区治理骨干，逐步将服务对象吸纳至治理力量中，组织化制度化赋能个体参与社区活动，增加了青年群体的时间在地。

（二）公共空间服务供给，保障社区住户利益在地

"五融共建"模式下，公租房党支部立足社区青年群体实际需求，打造集约共享的党群服务站，推动党政群团部门资源向新型人才社区延伸，融入新时代文明实践站、九三学社界别委员工作室、新侨驿站、妇联、漕韵书院等阵地，引导多元主体参与阵地建设运营保障，发挥空间阵地的政治、治理、服务功能。公共空间内开展的宣传教育、协商共治和服务供给共同保障了社区青年人才群体的利益在地。

（三）趣缘纽带深化联结，加强青年人才关系在地

信任关系是社区共治的基础。公租房党支部注重趣缘纽带下的深化联结，阡集·汇社区积极引导鼓励青年住户加入社群社团，青年群体在社群活动中消除心理边界，增进彼此之间的信任关系，扩展住户社交网络，依托社群活动，住户个体之间及住户与社区之间的关系得到深化联结。青年住户在社区的陌生感和疏离感降低，加强了青年人才关系在地。

（四）身份感归属感提升，推动青年群体认同在地

归属感认同感是持续参与社区治理的保障。"五融共建"治理模式下，阡集·汇社区高度重视党员身份唤醒，动员社区党员发挥先锋模范作用，带动30余家区域化党建单位、住户单位、社会组织以及近百名在职党员共同参与新型人才社区治理。同时社区通过提供协商共治平台、特色社群活动和社区品质服务，提升青年住户的归属感和主人翁意识，以推动青年群体认同在地。

四 "五融共建"治理模式的现实经验启示

（一）发挥党支部凝聚力，促进党建与治理融合

社区治理结构调整是新型社区治理的组织保障。阡集·汇社区的实践探索为党建引领新型人才社区治理提供了样板。对于社区党员群体规模较大的新型人才社区，可考虑成立基层党组织并嵌入社区治理，注重激活党建引领"主引擎"，将党建工作有机融入青年人才的日常活动和服务。通过区域化党建、单位党建与社区党建的双向嵌入、骨干党员的示范带动等方式，引导党员带头围绕社区事务"自转"，促进社区党建与社区治理有机融合。

（二）营造社区公共空间，辐射带动多主体参与

公共空间是多元主体的互动载体。阡集·汇社区为新型社区空间阵地打造提供了可借鉴思路。新型社区应立足空间阵地的政治、治理、服务功能定位，深挖辖区共建单位、住户单位、周边居民区资源。发挥空间阵地的辐射效应，通过区域化党建、社区慈善、社群活动等方式凝聚吸纳多元主体参与社区服务与社区治理，打造青年人才参与、交流和互助的公共空间，让他们真正想来、爱来、常来，不断增强认同感和归属感。

（三）强化社区柔性治理，推动公共价值再生产

新型人才社区住户临时感、疏离感、流动性是目前面临的最大难题。阡集·汇社区纳入文化、情感与兴趣等柔性治理要素的做法为其他新型社区提供了思路。新型人才社区应从青年群体的人群特征、生活方式和价值取向出发，丰富提升社群文化认同，围绕生活场景设计活动和开展服务，提升住户居住满意度与幸福感，增进青年群体对社区的情感认同。立足兴趣积极在活动中挖掘培育主理人，发挥能人达人示范效应，培育志愿者队伍形成互助力量，多主体柔性协商解决社区公共事务，提升社区内部互惠互益与集体利益，推动社区公共价值的再生产。

B.18
住房租赁大社区风向下的
"城家模式"解析

王 玲　庄松成*

摘　要： 本案例介绍了当前住房租赁大型社区全球发展现状与趋势，结合我国大型社区仍处于起步阶段的现状，就如何在大型社区规划设计阶段嵌入未来可持续运营的考量，如何设计更适配大型社区的产品组合、运营标准和资管模式，阐述了发展住房租赁大型社区的城家模式思路和方法。

关键词： 租赁住房　大社区　城家模式

一　超大型社区发展情况

受经济、人口等因素影响，租赁住房产品形态的规模化、集中化和社区化成为当前成熟租赁市场的一大共同趋势。在我国，顺应国家政策，同时也配合着当前消费者对于居住形态的重新认知和需求嬗变，大型和超大型租赁社区逐渐在保障性租赁住房（简称保租房）市场中占据主导地位，并在城市规划和住房资源供给中扮演着重要角色。

基于对经济、政策和已有模式经验的理解，结合自身战略理念和企业特长，华住集团旗下长租公寓品牌"城家"搭建起一套富有创新性的大社区运营一站式综合解决方案，为我国新时代租赁大社区未来发展，摸索出一套

---

* 王玲，城家董事长、华住集团首席营销官兼执行副总裁；庄松成，城家首席执行官、华住集团高级副总裁。

可供参考的实践路径。

在美、英、澳等成熟住房租赁市场，受城市人口快速增长、城市规划发展理念和居民住房观念变革等复杂因素的共同作用影响，以 Built to Rent（BTR，为租而建）为代表的项目模式广受欢迎，成为当前租赁社区开发的主流方式之一。

广义的 BTR 包括长租公寓、服务式公寓、学生公寓等多种形态，可以为租客提供相对低投入、高灵活度的住房选择，通常配备专业运管与服务团队，以规模效应和精细化管理实现降本增效、推高整体投资收益率，因此在欧美市场深受大型机构投资者欢迎。

在"租售同权"理念较为深入的国家，租客对于"理想租住环境"有较高的要求，对公共交通、餐饮店、健身房、停车场、绿地景观等设施和社交空间的依赖较大，高质量的物业和安保服务也非常重要，这成为 BTR 走向社区化的主要原因。

而对政府来说，由机构持有、以自有配套形成独立生活圈的大型社区更便于城市规划、行政和税务管理，因此较为鼓励这种模式。比如英国政府就曾在住房白皮书中明确指出 BTR 是"英国住房供应市场非常重要的一环"。

可以说，大社区模式在成熟市场环境下，有助于实现政府、投资者和租户的多方共赢，有很多值得我国租赁大社区参考之处。

二 "大社区"城家模式基本情况

响应政策，以大社区支持城市安居保障。2024 年全国两会上，为住房租赁行业建言的参会代表核心建议之一就是要持续使保障性租赁住房发挥民生居住的"兜底性""补充性"作用，鼓励专业化、规模化的长租机构参与运营管理保租房项目。基于对政策趋势的理解、对中国租赁市场格局的思考，城家聚焦大社区项目拓展，2024 年 3 月布局了首个"新时代城市建设者管理者之家"保租房大社区项目；截至 2025 年 3 月，城家超过 500 间体量的社区项目达到 27 个，累计房源超 3 万间，这让城家成为我国租赁大社

区领域的代表性企业。

集团资源的协同共生。大社区因其体量更大、业态更复合、客群更多元、场景更复杂等特点，相较一般分散式和集中式公寓，对运营商的资金实力、经营管理水平、技术能力等都提出了更高数量级的综合性考验。大社区承接了华住集团的资金和技术支持，沿袭了后者在运营管理、产品研发及设计、销售渠道、集采供应链等方面的优势，形成了较为全面的综合运管能力。例如城家在上海、北京等一线城市布局大社区项目时，华住集团提供充足的启动资金，保障项目顺利推进。从股权结构来看，华住系持有城家相当比例的股权，这使城家在资金获取上具备便利性和稳定性，相较于其他独立运营的住房租赁品牌，无须过度担忧资金链断裂风险，能够从容地进行长期战略规划与业务拓展。在遇到市场波动或项目短期收益未达预期时，华住集团的资金支持可帮助城家平稳过渡，持续投入资源用于提升服务品质、优化产品设计等，为城家长期发展筑牢根基。

采取长短租结合模式稳定现金流。租赁社区项目的性质，决定了其必然是以稳定现金流为核心的长期、可持续性商业经营活动。城家尝试长短租结合运营，其逻辑就是通过灵活的租期策略降低空置率，将空间的碎片时间价值最大化，以更好保持营收的稳定。城家也将这一思路延续到了大社区的运营中，并通过提高资金使用效率和加强风险管控，构建出全方位的现金流管控生态。以城家旗下某大社区项目为例，该社区位于城市新兴产业园区附近，周边企业众多，既有长期在此工作的上班族，也有因项目短期入住的工作人员。通过长短租结合模式，在工作日，长租客源稳定，为上班族提供长期住所；周末及节假日，将部分闲置房源作为短租民宿或城市短租出租，满足周边游客及临时办事人员的住宿需求。同时，通过运营管理 CAS 系统精准调控，实现房源高效利用，项目出租率长期保持在 90% 以上，有效提升了项目的现金流稳定性与盈利能力，充分展现出长短租结合模式在租赁大社区运营中的显著优势。

双轮驱动战略下多样化产品组合。在确立了"长租+服务式"双轮驱动战略后，面对客群的多元住房需求，城家的产品线规划布局也自然而然发生了变化。针对客群层次更加复杂的大社区，城家加强了产品的差异性和互补性设计，以打造精准匹配消费需求的多样化产品组合。以城家上海嘉定国际社区为例，作为"城家高级公寓+瑞贝庭公寓酒店"的双品牌项目，该社区包含456套高品质保障性租赁住房和186套服务式公寓，产品选择灵活多样。在嘉定新城的产业经济和居住通勤优势加持下，该项目吸引了大量需求各异的新市民入住，由此构建的社区生态圈，有效降低了人力、营销和运营成本，在社区内形成了"长租+服务式"双轮产品的互补与互利。

数字化精细管理。大社区模式下，无论是管理对象的规模化还是客群需求的个性化，都对运营者管理水平提出更高要求。针对资产管理中的"收益、安全和效率"三大痛点，基于自主研发的国内首个长租公寓数字化精细运营管理系统——城家CAS，城家搭建起一套覆盖了"资产管理、租客服务、社区运营"居住资产全场景的运营解决方案。以安全管理场景为例，CAS系统借助"人防""技防""机防"构建三层安全屏障：一方面，集成24小时保安、AI技术和智能设备平台，解决社区人员管控难题；另一方面，通过自研与整合智能烟感、公安直联、一键SOS等大量智能设备，实现全面、实时报警功能，大幅提高安全问题处置效率，在保障住客人身与财产安全的同时，有效减少社会资源浪费。

以"人"为中心的社群运营与增值。以"人"为中心的特色社群运营和增值服务，借助大社区的产品、配套、服务和技术，更多探索人与人、人与房子之间的关联，通过社群运营为大社区赋能，拓展社区增值服务空间，最终实现青年人的长期、稳定与幸福居住。以大场国际社区为例，该项目涵盖了从"一张床"到"一间房"的多层次安居保障产品，提供 $19 \sim 23 m^2$ 多元化主题房间，满足住户不同人生阶段居住需求。项目配备有 $5000 m^2$ 公区，包含共享厨房、健身房、洗烘房、观影厅等服务设施，另有 $4800 m^2$ 绿植、$2600 + m^2$ 自有商业空间。此外，项目还与上海宝山区房管及文旅局合作设立"共享书房"，为青年居民构建阅读社群生态圈。整个社区形成"围合式"生态，能够为社区里的城市建设者和一线务工人员提供就近便利的生活服务、长期稳定的居住保障、丰富多元的社群体验。

三 "城家模式"在新经济环境下的
思路迭代和创新

当前我国大社区模式仍处于起步阶段，关于如何在规划设计阶段嵌入对于未来可持续运营的考量，如何设计更适配大社区的产品组合、运营标准和资管模式，城家在以往经验的基础上调整了思路和方法，旨在探索出更适应大型租赁社区的发展路径。

"因人制宜"的灵活资管方案。经过持续稳健拓展，城家在规划、设计、建设、经营、风控、技术支持等各方面形成了较为均衡的能力，使城家在面对不同的资产持有人，呈现较高的服务和商务灵活度。根据不同资产持有人的需求，城家围绕"因人制宜"原则，锚准其诉求的差异性及核心关注点，设计相应解决方案，以提升资产持有方满意度。

联动协作，发挥资源优势，从资产升值转向关注资产全周期管理闭环。城家与大型国央企、地方城投、基金管理公司、险资、地产企业等各类资产方达成合作，基于租赁住房全生命周期信贷等金融政策的支持，通过盘活资产，不仅提升了资产方的经济效益，也借此为市场注入新活力，形成存量资产和新增投资的良性循环，推动城市更新、产业升级和文旅迭代。在大社区场景下，体量和业态的组合升级不仅可以扩大租金带来的利润增长，还能实现坪效溢价、利润回报和资产升值。但随着经济环境波动，房地产市场整体投资信心减弱，资产持有者的底层需求发生改变。在需求驱动下，城家也从专注资产升值，升级为关注"建设、管理、运营"全周期资产服务，意在通过锚定资产的抗周期能力、长期稳定收益能力、保值增值与流通能力，兼顾资产的社会效益与经济效益，形成对资产"投融建管退"的一站式闭环管理。

大社区为青年人的安居、聚合、社交、裂变带来更多空间，为存量资产时代的资产盘活和城市焕活带来更多路径，也有助于实现城市区域职住平衡和"产、城、人"的融合。无论是BTR模式还是"城家模式"，通过灵活租期、多样化产品组合降低空置率，依托自主研发的数字化管理系统围绕"人"进行社群运营与提供增值服务，针对不同资产持有人提供定制化解决方案的住房租赁大社区一站式综合运营模式，都反映着各自市场的当前需求。在市场形势和居住理念的不断变迁下，住房租赁企业仍需不断在实践中总结规律、在创新中突破边界。

B.19
存量资产盘活视角下的保障性
住房建设运营模式
——以襄阳市樊城区月亮湾一期还建房项目为例

赵梦随　周小龙　梁　然*

摘　要： 襄阳市住房保障运营管理有限公司通过对入住率低、长期闲置的还建房等低效存量资产进行整体升级改造，并将其转型为保障性租赁住房体系的重要组成部分，有效满足了新市民、青年人特别是基本公共服务人员的住房需求。同时，该项目显著提高了闲置资产利用效率和经济价值，形成了一种可复制推广的住房保障和资产盘活的新模式。

关键词： 住房租赁　保障性租赁住房　盘活闲置　改造升级

一　基本情况

（一）项目背景

襄阳市住房保障运营管理有限公司成立于2022年8月，是汉江国有资本投资集团有限公司的全资子公司，专门负责襄阳市保障性租赁住房的投资、建设、运营与管理。公司自成立以来，已累计采购保障性租赁住房5929套，切实解决了1.2万余人的住房困难问题。

当前，随着襄阳市经济社会快速发展，新市民、青年人口不断增加，住

---

* 赵梦随，襄阳市住房保障运营管理有限公司运营管理部副部长；周小龙，襄阳市住房保障运营管理有限公司工会主席、综合部部长；梁然，襄阳市住房保障运营管理有限公司工程部副部长。

房需求日益迫切，而传统房地产市场供给存在明显的结构性问题。此外，市区存在大量闲置的还建房①等低效存量资产，长时间无人使用，资产价值持续贬损。为此，公司决定以盘活闲置资产为切入点，探索解决住房问题和提升闲置资产使用效率的有效路径。

（二）实施路径

2022年，襄阳市住房和城市更新局出台《襄阳市区加快解决从事基本公共服务人员住房困难问题的试点方案》。根据文件精神，公司迅速响应，组织开展对全市范围内的符合条件的上百处闲置房源进行调研。在对各类住房保障政策进行研究的同时，协调各相关政府部门，成功实现了对长期闲置资产用途的重新规划及政策性突破。

在相关政策扶持下，公司深入开展房源调查，结合实际地理位置、周边设施配套情况以及资产状态，确定了月亮湾一期还建房项目作为典型试点项目，率先进行全面升级改造。这不仅为保障性租赁住房建设提供了新的资产来源，也为城市更新和资产盘活提供了具体实践案例。

二 主要做法

（一）精细调研，切实摸清资产本底

该项目位于襄阳市樊城区霁月路，用于安置因建设内环西线而征收国有土地房屋的原市床单厂、互感器厂征迁居民，项目总建筑面积19400平方米，7栋住宅楼，房屋210套。该项目2011年已竣工并交付入住，但因历史遗留问题导致只分房安置6套，剩余204套房源一直处于闲置状态，急需盘活。

（二）政企协同，优化运营模式

项目采取企业主导与政府支持相结合的模式。2023年4月，公司将剩

---

① 指因城市规划、土地开发等原因进行拆迁，为拆迁居民建造的回迁安置房屋。

余 204 套房源进行收购，依据《襄阳市人民政府关于加快发展保障性租赁住房的实施意见》"现有权属清晰且可利用的存量房源项目，凭项目认定书或建设计划可直接转化为保障性租赁住房"精神，公司申请市保障性租赁住房领导小组将其认定为保障性租赁住房。与此同时，主管部门在政策制定、行政审批、财政支持等方面给予全力支持，公司则负责项目的品质提升及运营管理。通过政企之间的良性互动与高效协作，项目改造和后续管理实现了高标准、专业化和可持续的良性发展。

（三）升级改造，全面提升居住品质

项目地理位置优越，特别是卧龙大道高架建设工程顺利通车后，项目交通优势愈发显著。但因房屋总楼层仅为 7 层，建设时未安装电梯，且房屋闲置已超过 10 年，导致房屋外观破旧、道路绿化等配套设施老化影响观感，内部也存在部分破损，安防存在安全隐患。公司对其进行更新升级改造，对内部进行修复，外立面等进行整体翻新美化，道路绿化、消防安全等配套设施更新，同时对 7 栋住宅加装电梯，方便居民上下楼。在小区内部，增设健身器材和一楼花园等设施，大大提升小区的综合吸引力。

三　取得成效

（一）资产运营效率显著提升

月亮湾一期还建房改造完成后，基于国有企业的信誉基础和改造后小区环境及居住品质的升级，小区房源供不应求，从以前无人问津的破旧小区变成了一房难求的"香饽饽"。204 套房源迅速签约入住，实现了资产的高效利用和经济价值的显著提升，彻底扭转了长期闲置的局面。改造后的项目提供了环境优美、设施完善的居住空间，租金水平显著低于市场价，有效降低了新市民、青年人尤其是基本公共服务人员的居住成本，大幅提升了居民的满意度和获得感。

（二）有效降低租户住房成本

在项目谋划建设中，公司通过充分市场调研和精准的客户需求分析，科学制定租金定价策略，确保租金水平显著低于周边市场平均价格，有效地降低了租户的居住成本，赢得了租户群体的广泛认可与好评。同时，小区的交通区位优势明显，卧龙大道高架工程建成通车后，小区居民往返中心城区和各个商业区域的便利性进一步提升，职住平衡进一步得到落实，极大地方便了租户的日常工作和生活。通过这些措施，项目迅速建立了良好的口碑，入住青年、新市民群体的满意度与幸福感大幅提高，体现出显著的社会效益和民生贡献。

（三）促进城市空间优化升级

通过对月亮湾一期还建房项目的系统升级改造，原本陈旧破败、缺乏活力的空间焕然一新。该小区保障性租赁住房的成功运营，不仅大幅改善了社区的生活环境，也有效提升了区域整体形象和生活品质，进而带动了周边商业、公园绿地及公共交通等基础设施的发展与完善。曾经的城市"边缘区域"逐步转变为活力社区，这一模式也为襄阳市其他类似区域提供了极具示范意义的改造运营路径，助力城市空间资源的有效配置和价值提升，体现了高质量发展的深远意义。

四　有关启示

本案例的成功实施清晰表明，在当前新型城镇化快速发展的背景下，城市住房保障既需要关注新建住宅的供给，又要注重挖掘存量闲置房源的价值潜力。公司通过盘活闲置低效的还建房资产，不仅有效解决了新市民、青年群体特别是基本公共服务人员的住房难题，也实现了闲置资产的价值再生。这种资产盘活与住房保障双赢的发展路径，为闲置资产盘活、城市更新和经济社会持续健康发展提供坚实支撑，体现了保障性租赁住房在新时期的重要价值和现实意义。

B.20
从毛坯闲置空间到高品质公寓,打造
"住有好房"的实践案例

李一龙*

摘 要: 国内房地产行业已进入存量时代,部分商业、办公类存量资产面临去化压力。总部公馆自如寓项目位于北京市丰台区总部基地,依托总部公馆 A 座闲置办公空间,改造为高品质保障性租赁住房。作为存量资产盘活典型,项目改造聚焦空间优化、智能化系统及运营服务三大维度,形成可复制的"商改租"模式。

关键词: 存量资产改造 高品质租赁 保障性住房

一 项目实施背景

"好房子"不仅是百姓安居的需求,更是提升城市新市民与青年群体获得感与幸福感的关键。当前,住房建设正从"有没有"迈向"好不好",在此背景下,推动住房租赁行业高质量发展,打造"住有好房"的居住环境,成为行业的重要使命。

近年来,城市建设从过去规模化的"增量开发"逐步转向以"存量更新"和"结构优化"为主的新阶段。尤其是在一线及新一线城市,随着土地资源的日益稀缺以及人口流动性增强,城市核心区存量物业的改造与升级正逐步成为城市可持续发展的关键路径。在此宏观背景下,大量早期兴建的写字楼、

---

* 李一龙,自如寓(北京)住房租赁有限公司资管品牌营销专家。

商业综合体、厂房等非住宅建筑，因产业结构变迁、市场需求错配、资产运营管理落后等原因，出现不同程度的闲置与资源浪费问题。这种存量资产利用效率低下的现象，成为影响城市经济活力、阻碍区域发展的重要因素。

二 项目基本情况

总部公馆自如寓项目所在地紧邻北京市丰台科技园，作为北京产业转型升级的重要承载区，近年来科技园周边聚集了大量成长型中小企业，产业能级不断提升。如何有效利用存量资产，通过优化供给满足区域高品质租赁住房需求，成为提升区域整体竞争力的迫切任务。

总部公馆 A 座原为区域内一座普通写字楼，由于建筑初期规划与市场需求错位，部分楼层长期空置，资产运营效率低下。针对这一现状，项目方结合当前国家大力发展保障性租赁住房的政策导向，以更具市场化思维的方式，将存量资产高效盘活、重新赋能。项目以保障性租赁住房的模式，围绕高品质居住需求展开了系统性的改造，通过重新设计空间布局、升级居住设施、融入智能家居与社区运营理念，逐步将原本低效闲置的商业办公楼转型为高标准长租公寓，为丰台科技园及周边企业的人才提供了更加稳定、舒适、高品质的居住选择。

总部公馆自如寓项目总建筑面积 1.2 万平方米，共计 458 间房源，此次存量资产的改造与提升，不仅盘活了区域闲置资源，提升了建筑的利用效率与经济效益，更进一步丰富了当地的租赁住房市场供给，增强了区域人才吸引力与留存能力。从更广泛的宏观视角来看，该项目也为我国城市更新和存量资产再利用提供了宝贵的实践经验与参考路径，有助于推动未来更多城市的可持续发展。

三 实施策略与创新实践

（一）利用层高优势进行空间优化

项目对原有"橄榄形"平面结构的写字楼进行针对性的空间优化设计，

使之更贴合现代居住需求，有效提高空间利用率。借助 5 米的标准层高优势，部分房源采用 Loft 设计，不仅拓展了居住空间，也提升了整体租赁价值。

同时，针对另一部分房源，项目充分利用 3.6 米的标准层高优势，设计了上床下桌的高效空间布局，在有限空间内实现了休息与办公区域的分离，进一步提升空间的实用性与舒适度。

（二）多功能共享空间

在公共空间打造方面，项目引入创新设计理念，设置了多功能共享区域。其中，一层约 150 平方米的公共空间白天作为城市会客厅、餐吧，夜间则可灵活转换为 LiveHouse 或宠物社交空间。此外，还配备了约 26 平方米的共享厨房、68 平方米的健身房等设施，满足租户日常生活和社交需求。屋顶区域（21 层）则创新性地设计为阶梯式花园，并融入休闲景观元素，打造都市居民的空中社交平台。整体设计体现了现代都市青年的多元化生活方式，兼具实用性与美观性。

（三）社区化运营与生活方式塑造

项目在社区运营方面进行了深度探索，致力于让租户不仅是"居住者"，更是社区文化与生活方式的共同创造者。所有房源均按照统一的标准精装修，配置品牌家电及自如原创家具，并配套提供保洁、维修、安保、绿化、停车、快递代收、物品寄存等一站式便捷服务，全方位满足租户的日常生活所需。

同时，社区定期组织丰富多彩的园区专属活动，如兴趣社群聚会、运动赛事、主题沙龙及节日庆典等，促进租户之间的交流互动，增强社区凝聚力与归属感。通过提供优质且多元的公共社交场所，租赁住房不再只是简单的居住空间，而成为园区年轻群体展示自我、拓展人际网络和丰富精神生活的理想平台。

整体设计结合都市青年群体"活力、趣味、多元"的特点，紧贴新一代年轻人在"学习、交往、娱乐与隐私"等方面的多样化需求，将租赁居住空间与现代都市文化巧妙融合，为园区及周边年轻人群提供更具吸引力、更加人性化的理想居住环境。

（四）智能化系统赋能现代居住体验

项目全面引入 Z-Link 智能 OS 系统，精心构建智能家居生态，全面提升租客的居住体验。租户可以通过手机、智能面板、App、网关等多种终端方式，便捷高效地操控家居设施，实现家居设备的实时互动与智慧管理。

其中，智能门锁支持密码开锁、远程查看开门记录、低电量提醒等功能，不仅保障安全，还极大提高了使用便捷性；智能照明系统则配备可自由调节亮度与色温的射灯、吸顶灯及氛围灯带，满足不同场景下的照明与氛围需求；此外，全屋覆盖高速稳定的 WiFi 网络，确保租户随时随地办公、娱乐无忧，提供现代都市生活的极致便利。

与此同时，项目高度关注租户居住舒适度的提升，在隔音及睡眠环境打造上投入了大量心力。房间均采用纳米磁吸静音门，配合双层 75 龙骨隔音墙、内部填充 100mm 岩棉的双层石膏隔墙，以及双层中空玻璃窗，有效降低室外噪声干扰，营造安静舒适的居住环境。此外，每间房屋还配备了高品质抗菌床垫和 100% 遮光窗帘，全方位保障租户的深度睡眠需求，全面提升了居住舒适感和生活品质，让智能科技真正融入日常生活，满足都市青年的个性化居住诉求。

四 项目成效与影响

（一）存量资产盘活与增值

总部公馆自如寓项目通过精准的市场调研和合理的空间优化设计，使总部公馆 A 座由长期闲置的办公空间转型为高品质租赁住房，有效激活了存量资产的内在价值。

通过专业化的规划设计和高标准的产品打造，项目大幅提升了物业整体空间的使用效率与潜在经济效益，有效地解决了闲置资产利用率低下的问

题。同时，该项目也为区域提供了更具竞争力的租赁住房产品，提升了整体物业的市场价值与资产运营能力，成为未来产业园区及其他存量资产改造项目的示范样板。

（二）提供高品质租赁住房，优化区域发展环境

总部公馆自如寓依托保障性租赁住房的政策导向，通过高标准的空间改造、智能化配套和社区化运营，为企业员工打造了安全、舒适、便捷且富有社交活力的现代化居住环境。项目的落地有效填补了该区域长期以来高端租赁住房市场的空白，为周边企业增强了吸引人才、稳定员工队伍的能力，从而有力推动了区域发展环境的整体优化与竞争力提升。同时，这种高品质、智能化的居住产品及运营模式也为未来城市更新及租赁市场的品质提升提供了宝贵经验，具备了良好的示范效应与推广价值。

（三）智能化家居，提升租住体验

项目结合智能化管理、社区运营及高品质居住空间的优势，带来了全新的租赁住房感受。租户不仅可以享受便捷的智能家居体验，还能融入充满活力的社群氛围，显著提高整体居住满意度。通过共享空间、定制活动等多元化生活方式，租赁住房不再仅是单纯的居住场所，而成为促进社交、提升生活品质的重要载体。

五 经验总结与推广价值

（一）存量资产改造的可行性与价值

该项目的成功经验表明，通过精准市场调研和合理的空间改造，存量办公楼能够有效转型为高品质租赁住房，为市场带来更具竞争力的租赁产品。针对不同类型的存量资产，应结合区域特点、政策导向及目标人群需求，制定差异化的改造策略，以提高资产价值和市场适应度。

（二）高品质租赁住房对区域吸引力的提升

本项目的运营结果表明，高品质租赁住房不仅能够满足租户多元化的居住需求，也能为企业提供更优质的配套服务。在未来城市更新进程中，此类模式可推广至其他产业园区或科技创新区，成为区域可持续发展的重要组成部分。

（三）智能化管理在租赁住房中的应用前景

智能化系统的应用极大地优化了租赁住房的管理效率和居住体验，提升了运营方的管理效能，也增强了租户的居住便利性。随着智能家居技术的进一步发展，租赁住房行业将逐步迈向更加高效、智慧的运营模式，提升整体市场竞争力。

B.21

"好房子"打造青年发展型城市生活新样本

——以联投保租房公司联投新青年·驿界项目为例

陈瞻 李倩 丁浩南 李婧禹*

摘　要： 2022年8月，住房和城乡建设部首次提出"好房子"概念，明确以"推动住房和城乡建设事业高质量发展"为核心目标，标志着政策重心从"增量扩张"转向"品质提升"。联投保租房公司响应号召，以联投新青年·驿界项目为例，通过重塑场所和产品创新破解空间桎梏，借助人文关怀重筑城市温度，让"好房子"成为新市民、青年人扎根城市的第一个幸福支点，让"住得进"升级为"住得好"，实现"要你来"到"我要来"的转变，使青年发展型建设从空间概念升华为共建共享的新样本。

关键词： 好房子　联投新青年　青年安居　青年发展

一　"好房子"构筑青年安居新范式

在湖北省"十四五"规划建设筹集31万套保障性租赁住房（简称"保租房"）的背景下，盘活闲置办公楼改造为保租房成为破解新市民、青年人居住难题的新路径。中央提出住房供给需精准适配新市民、青年人的急迫

---

* 陈瞻，湖北省住房保障建设管理有限公司党委书记、董事长；李倩，湖北省住房保障建设管理有限公司设计管理岗；丁浩南，任职于湖北省住房保障建设管理有限公司设计管理岗；李婧禹，任职于湖北省住房保障建设管理有限公司品牌推广岗。

需求，湖北省住房保障建设管理有限公司（简称联投保租房公司）立足湖北联投"三全三商"战略定位，创建全国保租房"投—建—管—运"一体化模式，着力解决新市民、青年人等群体住房困难问题。联投保租房公司深入调研，洞悉青年"租不到""租不好"的居住困境，探索"高效通勤+好配套"的市场化供给模式，建设"小户型+好生活"的好房子实现青年安居双向奔赴，打造青年发展型城市生活新样本。

（一）洞悉青年"租不到""租不好"居住困境

当前租赁住房供给结构仍处失衡状态，青年租房难题关键在于租赁供给不足，未达到青年租房理想状态，需逐步解决各种现实需求，其中排在首位的就是让青年"租得到""租得起"。租得到，就是通过缓解当前租赁住房市场结构性供给不足，通过多元持续增加房源，让新市民、青年人能够租到合适的房源。租得起，就是通过发展小户型和低租金的保租房，有效改善可支付的问题。

新市民、青年人作为租房主力，他们的需求和选择正在塑造租房市场新现实，不仅要"租得近"，还要"租得好"。租得近，需要通过"产城人"融合，将房源安排在就业岗位和交通便捷相对集中区域。联投保租房公司联合珊瑚数据调研发现，通勤时间长是青年租友共同的痛点，通勤距离成为租房首要考量因素。租得好，是通过提高新市民、青年人的居住品质，不断增强青年的获得感、幸福感、安全感。调研还发现青年租友不仅关注硬件配置，还有情绪价值的需求，希望租房生活能有更多"家味"。一个健身房足以收获六成用户的好感，奶茶咖啡店、餐饮是必需品，便利商超、药店也很重要，"社交""安全""方便"的服务是租客的共同期待。

（二）精准匹配青年"高效通勤+好配套"需求

公司基于已有项目开发经验，选址中特别注重在产业园区集中、就业岗位多、交通便利的地方发展保租房，力争实现供需匹配和职住平衡。驿界项目交通通达性与便捷性极佳，毗邻经济发展主轴高新大道，距地铁11号线

光谷六路站 B、C 出口仅 20 米，使高效通勤成为可能。项目位于武汉市东湖高新区光谷中心城，周边聚集了小米、海康威视、中建等企业总部及研发中心，周边 3km 范围内高新科技、生物医疗等产业集聚，为职业发展提供无限可能。同时，商业配套设施颇为完善，光谷大悦城、中建光谷之星商圈均在项目 1 公里生活半径内，为品质居住奠定良好的配套基础。

（三）打造"小户型+好生活"的青年安居新范式

公司基于标准化产品模块研究，将大尺度单一功能的办公楼改造为"小而美"的光谷东理想居所（见图1、图2）。项目总建面约 6.6 万 m²，改造后可提供 742 套租赁房源，包含 38~70m² 单间及一室一厅套间共 11 种户型选择，通过一体化定制收纳、干湿分区卫浴、动静分区空间布局和全屋品牌家具家电，实现拎包入住的居住需求，营造出自然、简约、舒适的居住氛围。以高颜值打破"小户型=低品质"的刻板印象，在有限面积中实现"居住自由、精神丰盈、社交无界"的复合价值。

图 1　驿界项目改造前实景　　　　　图 2　驿界项目改造后实景

驿界项目为光谷东青年打造融合创业孵化、学习培训、兴趣社交的一站式美好生活场域（见图3），以 1800m² 共享空间为载体，植入休闲娱乐、共享学习、共享办公、共享阅览、萌宠乐园、路演影音、共享厨房、共享仓储等多样功能，吸引青年走出房门、打开心门，引导健康生活和高质量成长。同时引进麦当劳、有家便利、袁记水饺等品牌商业（见图4）丰富项目配套，为便捷品质生活保驾护航。

图 3　驿界项目共享客厅

图 4　驿界项目社区商业

二　"好房子"重塑空间场所新价值

光谷东产城融合失调导致区域住房供给结构性失衡，社交场所的缺失减少了交互机会、加剧社交疏离感，单一大尺度城市界面忽视了人的情感链接，使青年难以形成区域归属感。联投保租房公司以"功能优化+共享交互"塑造场所价值，以"情感认同+搭子文化"搭建情感链接，通过功能优化、环境提升、商业赋能等各种细节体现和传递人文关怀，渗透在建筑和空间每个角落里，以可感、可触的情感和温度重塑场所新价值。

（一）"功能优化+共享交互"实现空间到场所的价值转变

好房子让空间更友好，以功能优化激活场所价值。驿界项目从存量商办空间实现"居住+创业+服务"的垂直社区转型，激活城市空间、提升资产效能、带动周边经济发展。通过无界社区提升生活感，全玻璃幕墙打造通透的建筑界面模糊室内外界限（见图5），增强空间的连续性。通过景观渗透增强生态性，将公园和绿地与社区建筑有机结合，营造出"公园里的社区"（见图6），提升居住黏性。通过多元共享空间形成高频次社交触点，在室内设置融合日常生活和高交互性一站式社交场所，在室外打造疗愈花园、萌宠乐园等互动空间，满足青年的多样化需求，增强社区的凝聚力。通过精选商业，激发社区消费活力，完善周边商业生态。

图5　驿界项目主入口　　　　　　图6　驿界项目景观实景

（二）"情感认同+搭子文化"搭建场所情感链接

好房子让空间更持续，通过"硬科技+软文化"的双重赋能（见图7），使保租房成为青年文化策源地，增强社区的归属感和认同感。项目深度融合青年群体搭子文化，植入室内外多元活动场景中，形成"居住—社交—文化"磁场，激发强烈情感共鸣。在不同公区设立共创提案场景阵地，鼓励青年租友积极发声，寻找线上线下搭子，缓解孤独感。设计文化主题空间（见图8），增强社区的文化氛围，打造温馨、向上和成长的人文环境，塑造成社区精神堡垒。

图7　驿界项目大堂实景　　　　　　图8　驿界项目共享阅览实景

三 "好房子"定义建设新标尺

在驿界项目建设之初,国内尚未形成完善的"好房子"建设标准,相关实践经验也较为匮乏。住房和城乡建设部依据党的二十大关于"建设宜居、韧性、智慧城市"的要求,明确提出应重点提升居住舒适性、环境友好度和生活便利性,以此满足群众对品质住房的需求。联投保租房公司立足自身发展定位,以驿界项目为实践载体,从功能品质跃升、以人为本的生活场景多维度探索符合新青年需求的保租房好房子标准体系,助力青年安居乐业,切实满足新青年对高品质住房的追求。

(一)"低碳+智慧"实现功能品质跃升

在遵循安全耐久、健康舒适等技术基准的基础上,重塑绿色低碳、智慧便捷等品质标尺,实现从功能达标到品质跃升的转变。

1. 绿色低碳,护航健康生活

绿色低碳是好房子的时代要求。采用环保材料、节能技术和可再生能源,降低能耗和排放,实现与自然的和谐共生。在绿色建造上,公寓采用集中供热空调系统(见图9),使供暖季节无须电力加热,从根本上减少了能源消耗;配置热回收装置,其热回收效率超过60%;使用全电加热系统,降低了对化石燃料的依赖。在装修施工上,卫生间采用装配式装修工艺(见图10),不仅缩短了现场施工时间,还优化了"商改租"中常见的同层排水难题;墙体材料、保温隔热材料以及装修板材均选用高标准的绿色环保材料,确保了结构的稳定性与优良性能。此外,公寓还配置了LOW-E中空玻璃、节能LED照明及节能认证电器,减轻了租户的能耗负担。项目还具备良好的绿化环境和生态景观,为青年租友创造宜人的生活环境。

2. 智慧便捷,焕新生活体验

智慧便捷是好房子的服务要求。"联投新青年"智慧公寓管理平台,实现智能门锁、水电网缴费等36项功能,链接了智慧家居、智慧安防、智慧

图 9 户内集中空调

图 10 户内装配式卫生间

生活等多样化服务，全面提升居住体验。租友只需下载手机应用，便能轻松在线完成各项事务，大大简化了办理流程，缩短处理时间。同时，社区为租友配备了专属运营官提供便捷服务，除了处理常规的入住与报修工作外，还提供 24 小时响应服务，如代取快递、搬家等。此外，社区打造"线上+线下"多层级智能安保体系，配置智能门锁、全时全维监控机制、人脸识别系统以及 24 小时安保服务，为租友的居住安全提供了有力保障。

（二）"模块化+精细化"打造以人为本的生活场景

1. 模块化，革新营建效能

模块化是实现好房子工业化的基础，项目以"用户场景"为设计原点，将居住需求拆解为可量化、可装配的单元系统，实现工业化精度与人性化温度的兼容共生。项目通过"悠闲趴""美味享""自在躺""随心浴""巨能装""X 多变""超智联"七大户内模块场景，实现不同户型功能场景的快速组合。通过通用模块的硬装材料标准化、软装部品清单化，精心优选家具家电部品，打造产品标准插件，实现设计、生产、施工的高效衔接，推动供应链集约化升级。

2. 精细化，提升居住体验

精细化是实现好房子品质的关键，让房子从"空间容器"变为"生活解决方案"。项目充分考虑青年租友的生理、心理需求，从空间的舒适度、安全性、健康性等方面来高度契合居住者生活方式。深入研究青年生活行为，将空间利用精确到毫米级。厨房操作台集成洗衣机、冰箱，高效利用空间。卧室门墙柜一体化，在保持同色的美观效果基础上，节省装修材料、减少施工工序。针对用户普遍关注的噪声干扰、卫生间漏水、居住安全等痛点，提炼出顶面、墙面、地面、卫浴、防水、强弱电、门套七大标准工艺工法，构建 23 个标准做法，提升居住的舒适度和安全性，减少后期的维修与维护成本。

四 "好房子"激活新青年新场域

"好房子"不仅是居住空间，还是城市生活的载体。通过服务革新、社群营造、文化浸润为新青年激活社交场域，提供空间情绪价值，打造租住生活的"家味"，提升青年租友的安全感和归属感。

（一）"生活管家+陪伴式服务"推动人文关怀与社区共治

好房子有好服务，基于生活管家的陪伴式服务，与青年租友建立情感连接，营造温馨的社区氛围，提升社区"家的味道"。通过联投新青年线上平台与线下服务协同，实现即时需求响应。提供"365×24"的陪伴式服务，更通过细节传递人文关怀，如宠物托管、技能交换等 32 项定制服务。鼓励租友参与社区共治，共享厨房推行公约化管理（见图 11），租友自发组织起"地域美食复刻大赛"，以文化互动催生出独特的社区精神。以"青年租友真实需求"为锚点，通过举办"租友生活提案开放日"等活动，使租友参与共构，在地化参与空间提升决策，使社交场域更贴合青年群体的实际需求，促进租友间的交流和社区的凝聚力。

（二）"丰富场景+兴趣社交"促进文化互动与共同体生成

好房子有好社群，基于兴趣社群的价值观共振，用场景化思维打造丰富的共享空间及社群运营体系，构建青年亚文化圈层，形成"开放、协作、

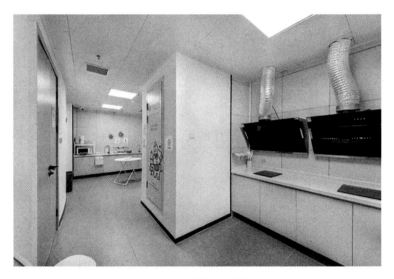

图11 共享厨房实景

创造力"的集体认同。以兴趣为纽带组建"调色盘议会""咖啡研习社"等多个主题社群，通过主题绘画、咖啡豆品鉴会等场景化活动，让绘画和咖啡爱好者回归线下社交，享受集体创作。运动达人在共享舞蹈室与1000books阅读空间自然相遇，实现跨圈层文化渗透。以复合型共享空间打破传统功能分区，将吧台延伸至活动区，创造"工作与兴趣交织"的碰撞场景，通过自然相遇实现跨圈层社交渗透。"疗愈花园+萌宠乐园"组成室外自然议事厅，租友在萌宠互动时交流经验，疗愈花园里分享解压秘诀，以日常化的生活互动使租友感受到情感支持。

（三）"学习文化+空间符号"引导自主学习与青年有为

好房子有好文化，以学习文化为引擎，以空间符号为媒介，构建青年文化生产新方式。通过在工作坊植入"思维导图墙"、在共享阅览室植入1000books等空间符号，将终身学习理念转化为可触达的空间叙事语言。共享自习室营造着沉思的氛围，乐动舞蹈的光影装置投射着"你今天真好看"的鼓励话语，以场所氛围激活青年对学习文化的深层热情。

联投新青年·驿界项目直面青年居住困境，通过建设好房子来重塑场所新价值、塑造建筑新标尺、激活新青年新场域，交出了青年发展型城市生活新样本的"联投答卷"。项目运营以来，出租率保持在 95%，让 1000 多名租友在安居中实现自我提升，不仅收获了年轻人"住得好、学得进、玩得开"的真实评价，更被住房和城乡建设部直属期刊《建筑》杂志作为租赁住房创新实践案例全国推广。未来，联投保租房公司将持续深耕住房保障行业，努力做"新业态的探索者、新赛道的排头兵、新青年的贴心人"，围绕"好房子"＋"好场景"＋"好服务"不断创新，构建多元化住房保障供应体系，为推动住房租赁市场实现高质量发展贡献更多力量。

参考文献

董珂、李烨、叶竹：《规划视角下"好房子"的建设思考》，《城市规划》2024 年第 S1 期。

缪裕玲：《关于"好房子"的内涵及实施路径思考》，《上海房地》2024 年第 6 期。

陈伟、殷帅、纪博雅等：《好房子建设标准编制原则和共性核心要素探讨》，《建设科技》2024 年第 7 期。

刘东卫、冯海悦、李静：《新时代好房子标准内涵及指标体系探讨》，《中国勘察设计》2023 年第 5 期。

B.22
不止于住，租赁"好房子"产品实践

——上海松江西部科技园柚米社区产品案例

莫　沸[*]

摘　要：　瓴寓国际打造的 3.0 产品首个落地项目——上海松江西部科技园柚米社区于 2024 年问世。该社区基于对租户行为的长期分析，以"社区场景"和"频率"的概念来拆解空间，构建"私密空间+半私密空间+公共空间"模式，在 25 平方米空间实现别墅级体验，满足青年居住、社交等多元需求，打造了租赁的"好房子"，同时也赋能周边产业园区生活配套服务、让青年人"进得来、留得下、住得安"。

关键词：　柚米社区　租赁住房　空间拆解

一　基本情况

（一）案例基本情况

瓴寓国际专注于住房租赁领域，致力于为城市新市民和青年人提供长期居住解决方案。秉承"让更多人租得起、住得好"的品牌使命，通过提供"居住+生活+社交"的租住新体验，助力构建和谐社会。

上海松江西部科技园柚米社区是由瓴寓国际和上海松江经开区管委会共同投资的保障性租赁住房项目，由瓴寓国际负责项目设计、开发和运营，项

---

* 莫沸，上海领昱公寓管理有限公司副总裁。

目总建筑面积 13.7 万平方米，提供房源 2252 套，可服务周边 3000 多人，项目于 2024 年 5 月开业，同年 12 月项目即达到出租率 90%，为松江经开区重要的"产城融合"的配套和"职住平衡"的实践。

图 1　上海松江西部科技园柚米社区外景

资料来源：项目公司自有图片。

（二）项目的创新和亮点

项目的创新：上海松江西部科技园柚米社区作为瓴寓 3.0 产品的首次实践，创新通过互联网的方式将租住生活场景拆解，打造"私密空间+半私密空间+公共空间"的产品理念，实现"25 平方米有别墅的体验"的全新租住体验。项目包含了一整套关于租住生活的解决方案，囊括户型、配套、环境、服务等元素，并可以满足"一个孤独青年"的居住、社交、学习、健康、生活等需求。租户享有的不再是一个单纯的居住空间，而是一种前沿时尚的生活方式。

项目的亮点：项目响应了上海"租得到、租得近、租得起、租得稳、

租得好"的目标，有效解决了松江经开区西部科技园区企业员工住宿困难、通勤不便等实际问题，让更多人用可负担的价格，获得了舒适的居住空间、周到完善的服务和"家"的人情味，提升了人才幸福感，也有助于区域营商环境持续优化。2024年，该项目产品代表中国租赁产品参加"中日韩人居论坛"在日本名古屋进行了主题报告。同年项目获评"2023年度上海市白玉兰优质建设工程"，并申请了3项外观专利。

（三）实施背景

1."整租居住"租赁消费趋势

当前，中国住房需求已从"有房住"转向"住好房"，民众对居住舒适性、功能性和可持续性的要求显著提升。租房不再是无奈的"将就"，而正在成为一种消费选择，人们对房源的品质与服务越来越"讲究"，58安居客研究院调研数据显示，高达62.7%的单身居住人群倾向于整租居住，这一数据不仅彰显了他们对独立生活空间的渴望，也映射出当前租房市场供需结构的不平衡。而更好的居住体验与坪效、租户支付能力间的矛盾天然存在，这就要求产品要突破传统桎梏，实现质量与坪效的动态平衡。

2.当代独居青年的生活特征及需求

独居青年在追求自由与独立的同时，面临社交困境、孤独感蔓延及安全感缺失等问题。高昂的住房成本、漫长的通勤之路、职场晋升的激烈竞争等，无一不在考验着独居青年的心理韧性。此外，科技进步改变社交模式，让独居青年更倾向于沉浸在虚拟世界，导致在现实生活中加剧自卑感与孤独感，这也进一步加重了另一个十分严峻的社会问题，即抑郁症发病群体呈年轻化趋势。

另外，依赖性强、生活能力差、个性化强是当前青年人独居所面对的另一个客观现实。90后等独生子女作为中国单身的主力军，从小生活环境导致其缺乏独立生活的锻炼机会，使他们在基本生活技能上有所欠缺，加上如今互联网服务的便捷性，也使单身青年习惯于依赖外部服务解决日常生活问题，从而削弱了自我管理和照顾的能力。此外，当代青年人更倾向于独立思考和自主决策，注重自我表达和个性彰显。然而，过度的个性化倾向也可能带来一系列问题。

由此可见，当代单身青年所真正需要的居住产品，不再局限于解决生理上的居住需求，而是能真正触达心灵锚点和情感诉求，满足其心理需求和成长需求的住房租赁产品。

二 主要做法

（一）理念重塑：以人为本，构建以用户心理需求为核心的空间设计理念

单身青年孤独感的核心根源在于安全感、掌控感及归属感的缺失。为有效应对这一问题，在营造单身居住产品环境时，必须秉持"以人为本"的核心理念，致力于让居住者能够重新寻回"家"的温馨与归属感。

"家"的营造包括安全性的构建、私密且可自主管理的空间，以及对空间细节的情感满足。此外，也包括边界感的树立，这种边界感既体现在物理空间的明确划分上，也体现在心理边界的构筑上。在安全感和边界感都得以保障后，一个全面而温馨的居住环境还需延伸至周边社区，通过熟悉的邻里关系、舒适的公共空间以及丰富的社区活动，进一步强化"家"的延伸感。

（二）方法革新：引入"频率"概念，实现商业价值与社会价值的平衡

在既定的成本框架内，如何构建既全面又舒适的居住空间，成为一个亟待解决且具有挑战性的课题。瓴寓 3.0 产品通过引入"频率"概念，拆解分类居住空间场景，根据使用频率精准捕捉居住者的行为模式和需求偏好，通过科学的场景价值排序与筛选机制，即可在有限的空间与成本条件下，进行高效的空间优化与产品设计指导。这一举措不仅确保了居住功能的完整性，还极大地提升了空间的舒适度与居住体验，并巧妙平衡了商业价值与社会价值。

（三）空间创新：实现私密空间、半私密空间和公共空间的有机整合

瓴寓3.0产品重新定义了"家"的边界，创新地将"家"的概念从私人领域拓展至社区生态，将社区生态视为一个不可分割的整体，实现了从"私宅"到"社区家园"的跨越式转变。在以"社区为家"的基础上，进一步巧妙地将社区空间划分为三个层次：私密、半私密与开放空间，这一划分是基于对170个居住生活场景的深刻洞察与精准分类，构建了一个层次分明、功能互补的居住生态系统。

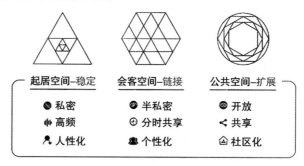

图2 瓴寓3.0产品"私密、半私密、公共"三类空间概念示意

绝对私密空间，作为单身青年的核心起居领域，精心集成了高频使用的居住场景，如休息、个人工作等，确保了居住者的独立性与私密性需求得到最大限度的满足，使居住者获得安全感和稳定感。

半私密空间这一创新设计，是整个居住环境的一大亮点，旨在通过将低频使用但具有特定需求的场景，如会客、兴趣活动等，置于私人领域之外，并以分时租赁的方式灵活配置，为居住者提供灵活多变的交流场景与个人兴趣拓展的空间，兼顾了私密与开放的平衡。

而公共空间的营造，则是对社区文化的深度挖掘与培育。瓴寓3.0产品通过精心设计的公共空间布局，如共享休闲区、文化交流中心等，旨在促进邻里间的相互了解与友好互动，构建出一个温馨、和谐、开放的共享环境，让居住者真正感受到"社区为家"的归属感与幸福感。

图3　上海松江西部科技园柚米社区实景

（四）科技赋能：人工智能高效整合和重构生产要素，实现产品设计落地性

人工智能应用能解决传统设计中生产要素分配调度的挑战，降低设计成本，提升资源利用效率，为设计可持续发展奠定基础。在瓴寓3.0实践中，AI从多个核心数据维度剖析优化户型设计，为设计决策提供数据支撑，确保设计成果高效落地。

三　取得成效

上海松江西部科技园项目重构了空间与人的关系，"不止于住"的理念为租赁住房行业开辟了新的升级路径。通过以人为本的产品、有人情味的运营管理和深度的产城融合，能够在保障居住品质的同时实现社会价值与经济价值兼得。

该项目取得的社会价值：项目响应了上海"租得到、租得近、租得起、

租得稳、租得好"的目标，有效解决了松江经开区西部区域企业员工住宿困难、通勤不便等实际问题，优化了当地的营商环境，获评2024年度15分钟社区生活圈·温馨家园"卓越创新奖"。

该项目取得的经济价值：面对市场整体下行和区域产业部分流失的压力，项目目前稳定达成近94%的出租率，2025年初，中信金石和友邦保险成立了30亿元Pre-REITS基金，项目作为种子项目装入基金孵化公募REITs上市，瓴寓国际以联合发起人身份和股东继续负责运营。

四 有关启示

通过租赁场景的拆分和打造租赁领域的"好房子"，针对当代独居青年需求，上海松江西部科技园项目精准定位，为租赁住房空间设计提供新思路，契合租房市场消费升级趋势。通过瓴寓3.0产品分析生活场景，将空间细分为高频私密区、中频半私密区和低频公共区，实现空间高效利用与居住体验提升。打破"面积决定体验"传统观念，通过空间功能重组和优化，在有限面积内提供高品质居住感受。采用模块化设计，如半私密空间的标准化配置，降低不同城市项目的改造难度和成本，可广泛应用于各类租赁住房项目。

B.23
科技驱动服务提效
——贝壳省心租分散式租赁住房运营经验分享

黄卉　王乙多*

摘　要：　当前，我国租赁住房供给结构中，分散式租赁住房占比较高。随着行业发展，租客对于分散式租赁住房的"好产品、好服务"的品质租住需求不断升级。本研究以贝壳省心租为例，总结了该企业在数字化与科技化服务应用的三方面主要实践，研发了涵盖"收、出、管"三位一体的人工智能管理系统，探索形成大数据信息与精细化管理方案；落地了智能化设备与物联网技术，将智能硬件与租房场景深度结合，提升了出租房源的产品质量；创建了基于服务者专业分工的线上化数字工具，提升了服务者的专业服务能力。贝壳省心租探索"新科技"与"好服务"，旨在提升租客的品质租住体验，让分散式租赁住房成为"好房子"。

关键词：　分散式租赁住房　产品服务提效　数字科技应用

一　基本情况

2025 年政府工作报告中提出"适应人民群众高品质居住需要，完善标准规范，推动建设安全、舒适、绿色、智慧的'好房子'"。人们对于"好房子"期许，不仅包含新房、二手房，更包含租赁住房，涵盖了从住宅开发、城市更新到住房租赁等不同领域的建设、改造与运营的创新实践。2025

---

*　黄卉，贝壳研究院研究总监；王乙多，贝壳惠居市场顾问。

年全国两会期间，住房和城乡建设部倪虹部长强调了"高质量、新科技、好服务"在引领好房子建设中的核心地位。聚焦住房租赁领域，我国有庞大的租房群体，租客更加需要好产品和好服务。专业化机构是住房租赁产品和服务的载体，好的住房租赁产品和服务能够提升租客租住满意度，推动租住品质升级。当前，我国租赁住房供给结构中，分散式租赁住房占比七成以上，大多数租客通过分散式租赁住房解决租住需求。为了提升分散式租赁住房的产品与服务供给质量，贝壳省心租于 2021 年成立，主营业务模式为分散式住房的服务托管。截至 2024 年末，贝壳省心租累计服务客户数量约 180 万。随着规模的快速增长，个体能力方差扩大和经营复杂度提升的运营难点凸显，对此，贝壳省心租通过探索"新科技"与"好服务"，从"管理效率提升、产品质量管控以及服务能力构建"三个方面探索数字化服务新引擎，初步形成了一定的经验及启示。

二 主要做法

（一）实施难点：规模扩张下的效率、服务和品质的动态平衡挑战

相较于集中式租赁住房，分散式租赁住房的运营面临房源非标化、管理半径大等问题，随着管理房源规模的增长，对机构的管理效率和服务能力要求也更高。贝壳省心租模式是托管服务而非包租模式，采用租金收取"平进平出"的方式，模式的核心在于提升效率和服务品质收益，而非传统的二房东吃差价。在发展过程中，也遇到了规模扩张与效率提升、能力建设与标准赋能、品质升级与保障完善的动态平衡挑战。一是规模扩张带来的服务质量与效率的挑战。随着管理房源规模持续扩大，早期单一依赖资管经理承担收房、出房服务流程的模式，逐渐暴露出人力效能瓶颈，资管经理面临工作效率与服务质量的双重压力。与此同时，租客对租务处理、维修响应、保洁服务等租后环节的需求日益精细化，对维修、保洁等配套供应链的服务品质提出了更高标准。二是收房、出房与管房产生的结构性矛盾。由于住房租

赁市场淡旺季明显，收房、出房存在的时间差导致"定准价"成为概率问题。同时，由于分散式租赁房源的非标化特征，前期较为依赖资管经理的个体能力，规模扩大后人工难以制定规模化策略、把控营销时机，从而导致收出房效率低下、营销成本失衡。在房屋托管环节，规模不大时，更容易调整经营方向，规模增长后，聚焦单一目标就容易导致风险扩大。三是租客群体代际差异带来的品质需求提升。以"00后"为代表的新生代租客群体逐渐成为市场主力军，这类群体成长于移动互联网浪潮，对智能化设备、线上服务深度绑定，对新技术、新产品有着较高的接受度。与此同时，租客群体中也存在一定比例的老年群体，如何为这类老年群体的租住生活编织安全网，也是贝壳省心租面临的重要问题。

（二）探索实践：以数字化服务为引擎寻找场景化突破路径

针对上述三方面难点与挑战，贝壳省心租从以下三方面展开实践探索：一是基于业务服务场景，探索形成"六芒星"服务者角色的专业化分工，并通过数字化手段为服务者赋能，提升服务者在房源管理、租后服务等场景的服务能力；二是探索大数据信息与精细化管理方案，研发了涵盖"收、出、管"三位一体的人工智能管理系统；三是智能化设备与物联网技术应用，将智能硬件与租房场景深度结合，提升出租房源的产品质量（见图1）。

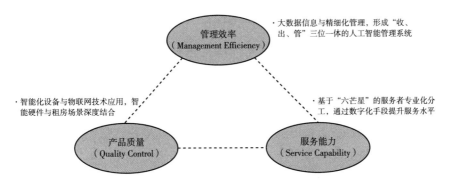

图1　贝壳省心租"MQS数字化服务引擎模型"

具体来看，在服务能力层面，通过租住服务管理系统、集中化服务管理系统等技术提升服务者作业流程自动化与数字化水平；在管理效率层面，通过惠经营AIMS系统（Artificial Intellect Management System，人工智能管理系统）促进收出房匹配，提升大数据精细化运营管理效率；在产品质量层面，通过智能生活设备应用、智慧居家养老应用以及数字化房源信息应用提升租住的智慧化水平，将智能硬件与物联网技术应用嵌入租赁住房场景。

（三）构建"六芒星"服务者协作网络，推动作业流程数字化

针对规模扩张带来的服务质量与效率的挑战问题，贝壳省心租构建了"六芒星"服务者分工模式（即由六类专业化服务角色构成的协作体系），将服务者角色分为云管家、资管经理、租务管家、供应链服务者、客户经理以及服务管家六个角色。"六芒星"服务者本质上是链家ACN模式在租赁业务的应用。为了提升服务者的服务能力，贝壳省心租研发了围绕"房"的租住服务管理系统和围绕"人"的集中化服务管理系统，实现了对"六芒星"六个角色的线上化管理以及规则的分工（见图2）。

一是租住服务管理系统。聚焦托管房源的生命周期管理，覆盖房源从线索获取到收出房签约管理、租务问题响应等关键环节的房屋托管数字化业务系统。系统以"房"为核心，将资管经理、客户经理、租务管家、供应链服务者等角色的工作进行衔接，构建各服务者的标准化作业流程，并通过线上化数据自动计算业绩、财务等关键指标，量化服务质量，通过AI驱动的能力训练与智能辅助，提升各环节的协作效率与服务质量，推动多角色协同，闭环解决房源管理和维护问题。二是集中化服务管理系统。该系统聚焦租后服务场景，服务管家通过企业微信连接全量租客与业主，构建7×24小时在线的居住服务生态，依托AI能力形成"服务感知—问题解决—服务评价"的流程闭环，推动服务从被动响应向主动关怀升级。线上云管家实现业主自主委托、自主完善及更新房源信息、线上上传证件及签署委托书、自主调价、自主下架房源等功能。业主通过云管家可以实时获取房源信息。同时，通过定期的"市场行情""针对房况的出租建议"的触达，月度会有超

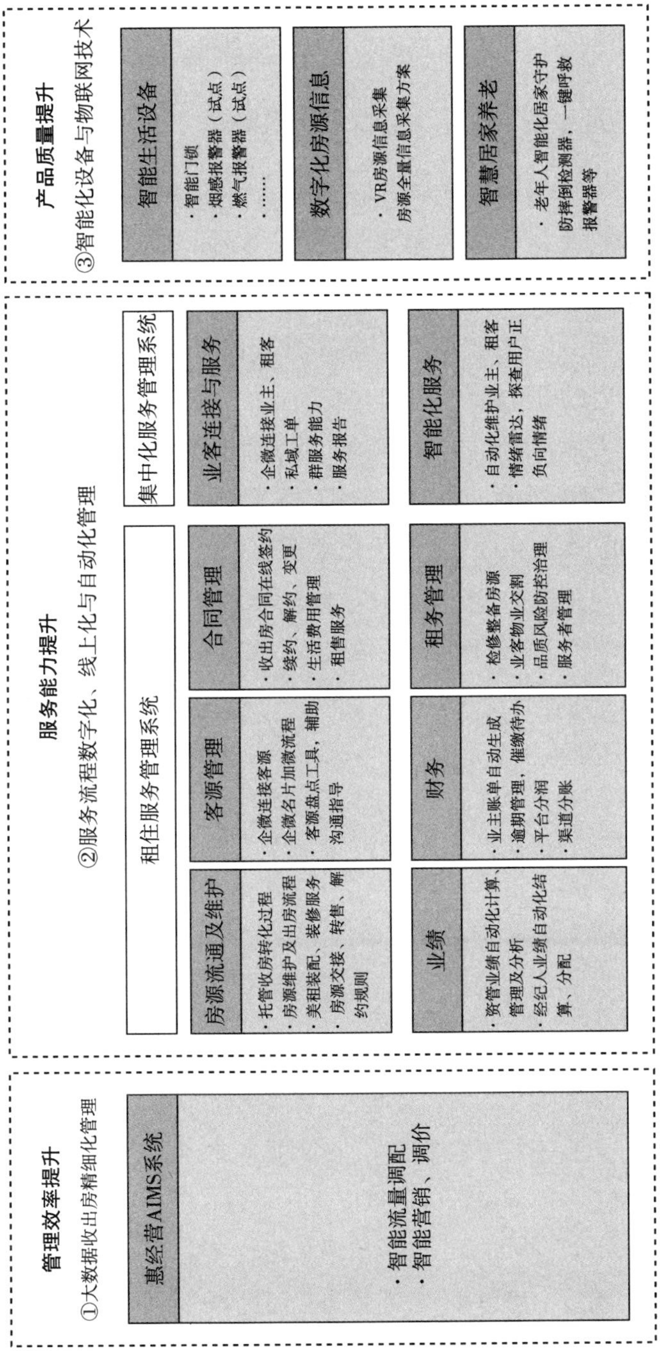

图2 贝壳省心租数字化与科技化提效工具

25 万的业主通过云管家自主完成了信息更新，超 9 万套房源完成了价格调整，以及 3.3 万套以上的房源业主自主完成了钥匙的委托。

（四）搭建 AI 管理系统，优化大数据收出房管理

针对此前在收房、出房与管房中产生的结构性矛盾问题，贝壳省心租探索建立了"惠经营 AIMS 系统"，基于管房、收房、去化三大场景，实现库存房源、市场供需等智能化监测预警，以及人与房的智能匹配。

在 AIMS 系统设计上，由于住房租赁市场的长短期因素均可能会影响服务者收出房决策，为了提升收出房效率，在管房场景上，AIMS 系统基于"市场需求预测模型"实时盘点库存房源的结构风险，并及时预警、给出干预建议，提升库存周转率。在收房场景上，基于智能库存预警结果，定制收房方案，平衡业主的预期收益和房源去化风险；在去化场景上，基于收房方案，动态评估房源的去化难点，从而匹配相应的去化动作，如价格、营销手段、流量等资源调整。最终提升服务者和管理者的运营效率，保障去化效率。

（五）融合智能设备与物联网技术应用，提升租住产品质量

针对租客群体代际差异带来的品质需求提升问题，为了提升租客入住后的体验，贝壳省心租通过智能化设备来提升产品质量。具体来看，主要有三方面实践，包括以智能门锁为代表的智能生活设备应用、老年人防摔倒检测器等智慧居家养老应用以及数字化房源信息应用。

一是智能生活设备应用。目前为租客配置智能门锁等智能生活设备，烟感报警器、燃气报警器等在逐步推进。二是智慧居家养老应用。探索为 60 岁及以上独居老年人提供智能化的居住方案，"智防网络"通过集成毫米波防摔倒监测器、一键呼救报警器等智能硬件，实时监控老年人居住状态，目前该功能已经在北京和上海部分房源应用推广。三是数字化房源信息应用。通过 VR 技术实现房源线上全景展示，租前阶段采用数字化验房工具，自动生成房屋状态报告。目前线上房源 VR 看房覆盖率超过 80%，提升租客决策效率（见图 3）。

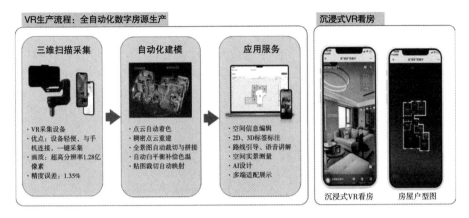

图 3　贝壳 VR 技术示例

三　取得成效

一是大幅降低运营成本。科技在住房租赁领域的渗透率提升，特别是管理半径较大的分散式租赁住房，能够大幅减少人力和资源的投入，降低企业的运营成本。如目前线上云管家已实现 1∶4.5 万的业主服务比，针对 340 万业主月度发送的近百万条消息，云管家 3 分钟响应率超过 94%，服务的好评率超过 98%，较好地响应了业主的服务需求，降低了房地产经纪人员作业难度，减少了人力和资源的投入。

二是提升服务者作业效率。大数据收出房管理上，通过"收、出、管"三位一体的人工智能系统助力提升了运营效率。一方面，出租率持续优化，2024 年贝壳省心租首次招租成功率在 80% 以上，租客续约率超过 54%；另一方面，出租效率提升，贝壳省心租的房源空置周期从 15 天压缩至 12 天。服务者流程数字化上，集中化服务管理系统的推出，实现了服务管家 3 分钟响应率 98.3%。智能设备应用上，智能门锁提升了带看效率，资管经理和租客无须再预约业主的时间，可以直接上门看房，房源去化周期平均缩短 3 天。

三是提升租客租住体验。在智能生活设备配置上，贝壳省心租房源的智能设备安装总量约 45 万。面向老年人推广试点的智慧居家养老产品，可自动检测老人跌倒或呼救情况，向亲属或物业推送警报，平均响应时间缩短至 5 分钟以内。事件在 24 小时内回访，降低了健康风险，提升了老年租客安全感与生活质量。2024 年 2 月，惠居成立集中化线上服务管家团队，提供全年 365 天 24 小时服务，对于租客的服务需要，服务管家在 3 分钟内响应率达到 98.3%。上线一年后统计显示，超过 17% 的服务响应发生在夜间（21：00~9：00）时段，夜间进线量超过 18.02 万单/月，服务管家极大地改善了有需要联系不到人、夜间没人管等服务痛点。

四　有关启示

（一）案例实践总结

随着住房租赁行业发展，机构运营的核心已经从以前的粗犷式的规模扩张转向精细化运营和科技赋能能力的提升，特别是位置分布散、管理半径大、产品非标化的分散式租赁住房运营，机构的管理效率、服务能力和产品质量尤为关键。贝壳省心租的"MQS 数字化服务引擎模型"的实践表明，租赁企业可通过服务者专业分工体系提升运营效率、科技化工具降低运营成本，通过智能化设备应用优化租客租后体验。以客户需求为导向设计灵活服务，推动"效、质、能"三位一体发展。未来，住房租赁行业的竞争将更聚焦于精细化运营能力，以效率提升与体验升级为双重目标，迭代形成租赁住房的好产品和好服务标准。

（二）可复制可推广经验

第一，分散式租赁住房运营效率提升的关键是构建服务者专业分工体系。从房源获取到租后管理的全业务链条，需在收房、出房、运营管理、供应链支撑等关键环节构建协作网络，设置专业化分工角色，并借助数字化工具赋能各环节服务提效。这种精细化分工模式打破传统粗放型运营壁垒，通过将收房洽谈、房源合规审核、租赁交易促成、租后服务响应等职能进行模块化拆分，匹配专业化服务角色，形成专业化的服务者协同网络。同时，依托数字化系统实现流程标准化与数据互通，如通过智能定价系统优化出房策略、利用工单管理平台提升供应链服务响应效率，最终构建"角色专业化、流程数字化、协作高效化"的分散式租赁住房运营体系，推动服务能力与管理规模的同步升级。

第二，利用数字化技术赋能破解分散式租赁住房的管理效能瓶颈。针对分散式租赁住房管理半径广、房源分布离散的特性，可通过大数据分析与科技化管理工具，构建"收、出、管"三位一体的数字化运营策略。借助智能定价系统精准定位优质存量房源，通过 AI 定价模型动态优化出租策略，运用数字化工单系统实现租后服务响应的及时追踪，最终形成从房源获取、租赁交易到日常管理的闭环数据链路。这种策略通过数据中台打通"收、出、管"等各环节信息壁垒，将地理空间上的分散管理转化为数字空间的集中管控，有效提升跨区域协作效率。

第三，深化智能设备与物联网技术在分散式租赁住房的场景运用。以"00后"为代表的新生代租客正成为主力军，其对智能化设备与物联网技术的偏好显著，更倾向于通过智慧租住服务提升居住体验。针对新生代对便捷性、科技感的核心诉求，可部署智能门锁、智能水电表、全屋智能控制系统等硬件，搭配租务管理平台实现签约、报修、缴费的全流程数字化。这种将智能硬件深度嵌入租住场景的模式，通过无接触化服务提升租客的居住便捷度，实现技术应用、客群需求与场景体验的精准匹配，为分散式租赁住房打造差异化竞争力提供关键路径——通过智能化手段打破代际租住壁垒，让技术创新服务于租住"好房子"的核心需求。

B.24
以人民调解构筑租赁纠纷化解
"第一道防线"

——济南高新区风华社区调处案例

王志刚　张胜　宫学英　高鹏　董峰*

摘　要： 　人民调解是具有中国特色的非诉讼纠纷解决方式之一，具有完整的工作原则、制度、程序，严格的工作纪律，方便灵活、形式多样的工作方法，是化解矛盾的有效措施。济南高新区为解决住房租赁市场存在的矛盾纠纷突出问题，印发《济南高新区住房租赁纠纷人民调解工作指导意见》，将人民调解充分运用到租赁纠纷化解中，运用法治手段化解矛盾纠纷、维护和谐稳定，保障租房群众合法权益，构筑安全"第一道防线"，切实提升社会治理法治化、现代化水平。上述工作开展后，以舜华路街道办事处风华社区为典型代表的基层组织，在租赁纠纷化解中充分运用人民调解方式方法，切实为群众解决租房纠纷，取得显著成绩，相关案例入选2024年全国新时代"枫桥经验"优秀案例。

关键词： 　人民调解　租赁纠纷　法治化　枫桥经验

---

* 王志刚，济南高新区管委会规划建设部党组成员、副部长；张胜，济南高新区管委会规划建设部住房管理办公室主任；宫学英，济南市高新区舜华路街道风华社区党支部书记、居委会主任、人民调解委员会主任；高鹏，济南市高新区舜华路街道风华社区居委会委员、人民调解委员会副主任；董峰，济南高新区管委会规划建设部住房管理办公室主办。

一 基本情况

（一）实施背景

济南高新区是 1991 年 3 月经国务院批准设立的首批国家级高新区，总面积 291 平方公里，辖 5 个街道办事处，64 个社区居委会，常住人口超过 40 万人。2024 年，全区地区生产总值增速达到 6.5%，高于全国、全省、全市水平，总量达到 2053.5 亿元，成为济南市第二个、山东省第四个迈上两千亿元大关的区县（功能区），有力发挥了全市经济社会发展"主引擎、主阵地、主力军"作用。2025 年是高新区"三次创业"的加速之年，高新区将坚持"项目提升"和"作风提升"双轮驱动，加快把高新区建设为高科技创新策源地、高质量发展增长极、高水平开放新门户、高活力品质生活区。

高活力品质生活区的建设，离不开群众对城市建设的期待和满意度。人民城市人民建，针对当前住房租赁市场发展过程中伴生的新问题，为了进一步解决新市民、城市青年人等群体在房屋租赁过程中产生的纠纷，维护社会和谐稳定，高新区探索建立住房城乡建设领域的民事纠纷调解工作机制，引导当事人积极通过人民调解方式化解矛盾纠纷，运用法治手段保障租房群众合法权益，提升全区社会治理法治化、现代化水平。2024 年 6 月，高新区印发了《济南高新区住房租赁纠纷人民调解工作指导意见》，搭建全新的住房租赁矛盾纠纷调处机制，通过"人民调解+司法确认"快速有效化解因房屋租赁押金引起的纠纷，降低租赁双方当事人诉讼成本。在此基础上，高新区舜华路街道办事处风华社区进一步发挥人民调解机制作用，运用调解的手段快速处理社区发生的租赁矛盾纠纷。2024 年全国新时代"枫桥经验"优秀案例年度征集活动发布 100 个优秀案例公示名单，舜华路街道风华社区报送的"拆迁起纠纷　调解促和谐"案例榜上有名，成为济南市唯一入选案例。

（二）案例基本情况

2024 年 8 月 5 日，租客王先生与天津都市有家住房租赁服务有限公司济南分公司签订房屋租赁合同，承租高新区万科麓公馆小区的一套房屋，租赁期自 2024 年 8 月 5 日起至 2025 年 1 月 4 日止。王先生依约向中介公司支付了租金及押金。然而，2024 年 12 月，中介公司突然失联，房东李女士未收到当月租金及押金，便要求租客王先生立即搬离。王先生认为自己已向中介支付租金，有权继续居住至合同期满，若无法继续居住，则要求房东退还剩余租金及押金共计 3100 元。双方各执一词，矛盾迅速升级。

（三）纠纷焦点及案例特殊性

1. 纠纷焦点

（1）租客王先生希望继续履行合同至期满，若不能则要求房东代中介公司退还剩余租金及押金，以保障自身的合法权益。

（1）房东李女士因未收到中介公司应支付的租金及押金，拒绝退还租客费用，并坚决要求租客搬离，以维护自己的财产权益。

2. 案例典型性和特殊性

（1）案例典型，调处难度大。中介公司跑路这一全国普遍和常见现象，容易导致原本正常履行的租赁合同陷入僵局，租客和房东均成为受害者，双方利益诉求存在直接冲突，矛盾化解难度大。

（2）双方争执，权益平衡难。此纠纷涉及《民法典》中合同相对性、公平原则以及表见代理的相关规定，如何准确适用来平衡双方利益，对人民调解委员会调解员有较高的要求。

（3）各有损失，矛盾激发易。调解中需要考虑双方损失，寻找既能让租客有合理时间安排后续居住问题，又能让房东尽快收回房屋减少损失的平衡点，避免矛盾进一步激化。

二 主要做法

（一）调解策略

1. 明确责任主体

调解员通过深入调查中介公司与房东签订的委托租赁合同、租客王先生的租金支付凭证等关键资料，清晰地确认中介公司在此次纠纷中存在违约行为，是导致纠纷产生的责任主体。随后，积极引导房东和租客将关注点从彼此对抗转移到共同追究中介公司责任上，避免双方陷入无谓的指责，为后续调解工作营造理性氛围。

2. 法律与情理结合

调解员依据《民法典》中第563条关于合同解除权的规定，以及第593中因第三人原因违约的相关条款，结合实际情况，提出了一个折中方案。在法律层面，明确各方权利义务；在情理方面，充分考虑租客王先生面临的冬季求职与搬家困难，以及房东李女士的租金损失情况。

3. 联合追责建议

为了有效维护双方权益，调解员积极协调社区律师，为房东和租客提供法律援助服务。详细指导双方如何进行证据保全，确保相关证据的合法性、真实性和关联性，同时为他们讲解向中介公司追责的具体诉讼流程和法律途径，鼓励双方携手合作，共同应对中介跑路带来的损失。

（二）实施难点与解决方案

1. 责任认定

中介公司跑路后，相关资料获取困难。调解员通过查询企业征信系统，全面了解中介公司的经营状况和信用记录，最终确认该中介公司已因经营异常被列入失信名单，有力地明确了责任主体。

2. 利益平衡

为了实现租客和房东利益的平衡，经过与双方沟通协商，提出租客在一

周内搬离房屋，在此期间租客承担实际居住产生的水电费，房东则放弃对租客的其他追责要求。这样的方案既给予租客一定的缓冲时间来寻找新住所，又最大限度减少了房东的损失，在保障双方基本权益的基础上，达成了利益的相对平衡。

（三）调解过程

1. 事实调查

调解员全面收集各类证据，包括租赁合同、租金支付记录、中介公司经营信息等，详细核实中介跑路、租金未支付等关键事实，为后续调解工作奠定坚实基础。

2. 诉求疏导

面对情绪激动的租客和房东，调解员耐心倾听双方诉求，给予充分的表达机会，引导他们以理性方式阐述自己的观点和需求，逐步缓解双方的对立情绪，避免情绪化对抗导致矛盾进一步升级。

3. 方案协商

以"缓冲期+联合追责"为核心，调解员与双方展开深入协商。根据双方实际情况和法律规定，不断调整和完善调解方案，最终促成双方达成一致意见，并签署调解协议。

4. 后续跟进

在双方达成协议后，调解员持续跟进协议执行情况。定期与租客和房东沟通，确保租客按时搬离，房东顺利收回房屋，同时监督双方在联合追责过程中的进展，及时解决可能出现的问题，保证搬离后无遗留纠纷。

三 取得成效

（一）提升基层治理能力

本次调解仅耗时三小时，相较于传统诉讼程序，大大缩短了解决纠纷的时间，显著节约了司法资源。通过高效的人民调解，将矛盾化解在基层，认真贯彻落实党的二十大关于"在社会基层坚持和发展新时代'枫桥经验'"的重要精神。

（二）保障居民合法权益

租客王先生获得了合理的搬离缓冲期，能够在不影响正常生活和工作的前提下，有序安排后续居住问题；房东李女士也顺利收回房屋使用权，双方的合法权益均得到了有效保障，切实提升了居民的生活幸福感和安全感。

（三）提升社区公信力

此次调解的高成功率极大地提升了居民对基层治理的满意度。邻里关系更加和谐，居民对社区管理的信任度显著增强，为社区营造了良好的生活氛围。

四　有关启示

（一）党建引领是核心

风华社区党支部充分发挥领导核心作用，统筹协调各方资源，建强社区"专职调解员""网格员""法律顾问"三支队伍。形成了强大的调解合力，实现了矛盾调解"15分钟服务圈"，确保居民的纠纷能够及时得到解决，充分彰显了党建引领在基层治理中的关键作用。

（二）法律支撑是关键

以《民法典》为核心法律依据，调解员在处理纠纷过程中准确运用法律条款，创新性地解读和适用"第三人原因违约"等相关规定，明确各方责任划分，为纠纷的妥善解决提供了坚实的法律保障。

（三）人民参与是基础

风华社区组建"法律明白人"志愿服务队，吸引社区内热心公益、具

有一定法律知识的居民参与到纠纷调解和法律宣传工作中来。通过志愿者的积极宣传和引导，提高了居民的法律意识和自治能力，使居民能够更加理性地处理矛盾纠纷，形成了共建共治共享的基层治理良好局面。

（四）工作方法可推广

近年来，国家持续加强基层治理体系和治理能力现代化建设，强化系统治理、依法治理、综合治理、源头治理，坚持因地制宜，分类指导、分层推进、分步实施，健全基层群众自治制度。针对住房租赁市场发生的纠纷问题，风华社区运用人民调解手段，通过法治与德治相结合，居间调停、迅速化解，走出了基层智慧治理的新路径。

Abstract

Annual Report on the Development of China's Real Estate No. 22 (2025) adheres to the principles of objectivity, impartiality, and scientific neutrality, tracks the latest developments in the Chinese real estate market, deeply analyzes market hotspots, looks forward to development trends in 2025, and actively plans response strategies. The whole book is divided into General Reports, Market Reports, Service Reports, Hot Topic Reports, and Case Reports. The General reports provide a comprehensive and integrated analysis of the current development trend of the real estate market, while other reports analyze the development of the real estate market from different perspectives and explore annual hot topics.

The policy tone of the real estate market in 2024 is centered on "continuously pushing for a halt to the decline and a return to stability", emphasizing the expansion of domestic demand through macro policies and stabilizing the real estate and land markets through policy combinations. From the perspective of the operation of the national real estate market, the overall characteristics of the real estate market in 2024 mainly include: in terms of sales market, the average sales price of commercial housing has widened, the sales area of commercial housing has decreased, but the growth rate of unsold area has slowed down, and the number of cities with year-on-year increases in residential prices has gradually increased; In terms of the rental market, the increase in housing rent has been lower than the CPI increase for six consecutive years; In terms of the land market, land transactions are still hovering at a low level, and the revenue from the transfer of state-owned land use rights has declined; In terms of investment and financing, real estate development investment has experienced negative growth for three consecutive years, with self raised funds becoming the main source of funding; In

terms of housing supply, the newly started construction area of houses has decreased, and the newly started construction area of various properties has been reduced for five consecutive years. The supply-demand structure urgently needs to be optimized and adjusted. The prominent problems facing the real estate industry in 2024 mainly include: a decline in real estate transaction volume and intensified market differentiation; In the context of sustained sluggish sales and insufficient price support, the overall development momentum of China's real estate market is weak, and it is difficult to see significant improvement in the short term.

The Central Economic Work Conference held on December 11−12, 2024 emphasized the need to "continue to vigorously promote the stabilization of the real estate market, strengthen the implementation of urban village and dilapidated house renovation, fully unleash the potential for rigid and improved housing demand. Reasonably control the supply of new real estate land, revitalize existing land and commercial housing, and promote the disposal of existing commercial housing. Promote the construction of a new model for real estate development and orderly build relevant basic systems. Looking ahead to the real estate market in 2025, policy implementation will promote sales to stop falling, but sales scale still faces downward challenges; Expectations for housing prices have improved, and housing prices in core cities are expected to stop falling; The land transaction volume has declined, and it is expected that the scale of new construction will continue to decline; Development investment repair is constrained, and investment is expected to continue to operate at a low level.

Keywords: Real Estate Market; Housing Rental; Second-hand Housing; Real Estate Brokerage; Good Houses

Contents

I General Reports

Abstract: In 2024, the policy tone of the real estate market will be centered on "continuously pushing for a halt to the decline and a return to stability", emphasizing macro policies to expand domestic demand and stabilize the real estate and land markets through policy combinations. From the perspective of the operation of the national real estate market, the overall characteristics of the real estate market in 2024 mainly include: in terms of sales market, the average sales price of commercial housing has widened, the sales area of commercial housing has decreased, the growth rate of unsold area has slowed down, and the number of cities with year-on-year increases in residential prices is gradually increasing; In terms of the rental market, the increase in housing rent has been lower than the CPI increase for six consecutive years; In terms of the land market, land transactions are still hovering at a low level, and the revenue from the transfer of state-owned land use rights has declined; In terms of investment and financing, real estate development investment has experienced negative growth for three consecutive years, with self raised funds becoming the main source of funding; In

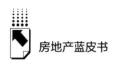

terms of housing supply, the newly started construction area of houses has decreased, and the newly started construction area of various properties has been reduced for five consecutive years. The supply-demand structure urgently needs to be optimized and adjusted. The prominent problems facing the real estate industry in 2024 mainly include: a decline in real estate transaction volume and intensified market differentiation; In the context of sustained sluggish sales and insufficient price support, the overall development momentum of China's real estate market is weak, and it is difficult to see significant improvement in the short term. Looking ahead to the real estate market in 2025, policy implementation will promote sales to stop falling, but sales scale still faces downward challenges; Expectations for housing prices have improved, and housing prices in core cities are expected to stop falling; The land transaction volume has declined, and it is expected that the scale of new construction will continue to decline; Development investment repair is constrained, and investment is expected to continue to operate at a low level.

Keywords: Real Estate Market; Land Market; Commodity Housing; Housing Rent

B.2 Forecast of Major Indicators of China's Real Estate
　　　 Market from 2025 to 2026　　　　　　　　　*Zhang Zhi* / 024

Abstract: A deep understanding of the policy implications of "promoting the real estate market to stop falling and stabilize" is beneficial for objectively understanding the current operating status of China's real estate industry. Accurately grasping the logical relationship between "stopping falling and stabilizing" and "building a new development model" can help enhance confidence and cope with difficulties and challenges. According to model predictions and qualitative analysis, the sales of commercial housing in the Chinese real estate market will initially achieve a "stabilization" in 2025. Using the structural equilibrium analysis method, it is predicted that the turning point for China's real estate market to fully "stop falling and stabilize" and enter the next development cycle will be in 2027.

The model predicts that by 2025, China's real estate development investment will decrease by 10% year-on-year, while the sales area and sales revenue of commercial housing will increase by 3.8% and 3.5%, the average selling price of commercial housing will decrease by 0 3%.

Keywords: Real Estate Market; Indicators Prediction; Time Series Model

Ⅱ Market Reports

B.3 Land Market Analysis Report in 2024

Cao Jingjing, Meng Xinzeng / 045

Abstract: In 2024, under the background of incomplete recovery of new house sales and financial pressure on real estate enterprises, the land market continued to shrink, and the planned construction area of residential land transactions in 300 cities decreased by 22% year-on-year 5%, land transfer fees decreased by 27% year-on-year 6%. The land transfer fees for residential land in the top 20 cities account for over 50% of the national total, and enterprises still focus on acquiring land in core cities. In order to increase the enthusiasm of real estate companies to participate in auctions, various regions will continue to optimize the land auction rules in 2024. In the second half of the year, multiple cities will introduce policies around optimizing the calculation rules of plot ratio and encouraging the construction of ecological housing to improve the quality of land supply. On September 26th, the Central Political Bureau meeting proposed to promote the stabilization of the real estate market, strictly control the increment, optimize the stock, and improve the quality of commodity housing construction, and support the revitalization of idle land. Subsequently, a package of incremental policies was quickly implemented. Driven by a series of policies, real estate sales have recovered in the fourth quarter, and the land market in core cities has also undergone positive changes. Some high-quality land parcels have been auctioned at high premiums, further exacerbating urban and regional differentiation. Looking ahead to 2025, it is expected that various regions will

further increase the supply of high-quality land parcels and guide the construction of "good houses" through optimizing capacity rules and other means, promoting market stabilization through high-quality supply, while revitalizing the process of idle land stock and promoting the market to enter a new cycle.

Keywords: Land Market; Land Transfer Fees; Idle Land

B.4 Report on the Residential Market Analysis in 2024

Tao Qi, Liu Lijie / 060

Abstract: The adjustment and optimization of real estate policies in 2024 have the characteristics of strong systematicity, high cross departmental collaboration, and fast implementation and effectiveness. Under policy incentives, there will be positive changes in the residential market in 2024, manifested in four aspects: firstly, the transaction volume of second-hand houses in the fourth quarter will increase month on month, and prices will bottom out in the short term; Secondly, there is a differentiation between the trends of new and second-hand houses. In 2024, the sales of new houses decreased year-on-year, while the transaction volume of second-hand houses increased year-on-year; Thirdly, there are differences in inventory performance, with greater pressure on new housing inventory and normalized growth in second-hand housing supply; Fourthly, the market is dominated by demand for improvement, with an upward shift in the age structure of homebuyers and an increase in the proportion of transactions for large and medium-sized units. It is expected that the policy will continue to be loose in 2025, focusing on debt resolution, stock revitalization, and demand release, to promote the stabilization of the increase in second-hand housing prices by 2025, slow down the downward speed of the new housing market, and continue to move towards the direction of stabilizing the real estate market.

Keywords: Residential Market; New Housing Market; Second-hand Housing Market

B . 5   Analysis of the Commercial Real Estate Market in 2024

and Outlook for 2025   *Yang Zexuan*, *Meng Lei and Wang Lina* / 076

Abstract: In 2024, the government will introduce multiple policies to promote the healthy development of commercial real estate, such as establishing a coordination mechanism for urban real estate financing and expanding the scope of the REITs asset industry. In terms of the capital market, the public REITs market has entered the stage of normalized issuance, and consumer infrastructure REITs are rapidly rising. In the retail commercial market, the consumer market maintains growth but the growth rate has slowed down, while the shopping center market faces challenges such as declining rent and sales, and a decrease in the number of newly opened projects. The overall activity of the office building market is low, and the rent is showing a downward trend. The hotel market has been active driven by the recovery of tourism, and mid to high end hotels are highly favored. Under the promotion of policies, the scale of housing rental enterprises in the apartment market continues to expand, but problems such as declining rents and rising vacancy rates have become prominent. Looking ahead to 2025, policies will continue to maintain a loose tone to promote stable development of the real estate market. The sustained recovery of household consumption will become the core driving force for economic growth, driving the growth of demand for high-quality retail properties. The improvement of investor sentiment and the recovery of the leasing market will increase the activity of bulk property transactions. It is expected that the supply of shopping center market will stabilize in 2025, and the rent is expected to gradually stabilize; The demand for office buildings in the market has improved, but rents still face downward pressure; The chain rate of the hotel market will continue to increase, and artificial intelligence and automation will be deeply integrated; The increase in supply in the apartment market will lead to more intense market competition.

Keywords: Commercial Real Estate; Shopping Centers; Long-term Rental Apartments; REITs

B.6　Report on the Housing Rental Market Development in 2024

Cheng Minmin, *Liang Yuyu* / 110

Abstract: In 2024, the development of China's housing rental market presents the characteristics of " overall stability, regional differentiation, and improved quality and efficiency". The central and local governments continue to make efforts in the financial support system for housing rental, the revitalization and utilization of existing assets, as well as industry legislation and the improvement of regulatory systems, to promote the sustained, standardized, and healthy development of the housing rental market. Housing rental enterprises are developing steadily, placing greater emphasis on innovative operational models and seeking diverse collaborations to enhance competitiveness. However, it cannot be ignored that there are long-term contradictions and conflicts in the stable cash flow and low return rate of the housing rental market, as well as product homogenization and incomplete demand satisfaction. It is necessary to continuously seek a balance point in dynamic development. In view of this, it is recommended that housing rental enterprises expand their business from multiple dimensions such as horizontal and vertical, in order to achieve collaborative feedback between different business segments; In the future, the development will return to the housing rental system of " government guarantee of basic needs and diversified market supply", and further improve the regulatory system, stimulate industry self-discipline and endogenous power, and promote the sustained prosperity and development of the housing rental market.

Keywords: Rental Housing; Rent; Guaranteed Rental Housing; REITs

B.7　Analysis Report on the National Second hand Housing

　　Market in 2024　*Hu Jiandong*, *Zhang Bo and Sheng Fujie* / 134

Abstract: In 2024, there will be an imbalance between supply and demand in China's second-hand housing market, with supply and demand showing a reverse trend. The number of listings will significantly increase, while the overall popularity of finding houses will shrink, and the fluctuation range of demand will narrow. Affected by supply and demand, the average listing price is showing a downward trend, market liquidity is weakening, and the listing duration is prolonged. Market differentiation is intensifying, and high-energy cities are becoming more stable. The proportion of second-hand housing transactions continues to rise, becoming the main force in the market. Its high cost-effectiveness and mature supporting facilities attract homebuyers, but the demand in old residential areas has significantly decreased due to reasons such as supply-demand mismatch and poor living experience. Looking ahead to 2025, policies will continue to be loose, and measures such as tax cuts, fee reductions, and financial support will precisely stimulate market vitality. The second-hand housing market is experiencing structural differentiation, with new opportunities for new residential units and accelerated clearance of small and old residential units. The strengthening of market order, the improvement of transaction security and information transparency, the full coverage of fund supervision, and the application of artificial intelligence technology will provide guarantees for the healthy development of the second-hand housing market.

Keywords: Second-hand Housing Market; Supply and Demand Relationship; Old Residential Areas

III Service Reports

B.8 Analysis of Real Estate Investment Situation in 2024 and

Outlook for 2025　　　　　　　　　　　*Ren Rongrong* / 153

Abstract: In 2024, the national real estate development investment will decline at the highest rate in history, and its proportion in fixed assets investment and GDP will continue to decline. Looking ahead to 2025, there will be an

increase in positive factors in the real estate investment environment, which will help boost market confidence, restore corporate investment willingness, and promote investment in key areas. However, in the short term, achieving restorative growth in investment still faces financial pressure, and it is necessary to further leverage the role of the real estate financing coordination mechanism to promote the implementation and effectiveness of policies such as the acquisition of existing housing and land. As the market gradually adjusts towards a supply-demand imbalance, it is expected that the decline in real estate development investment will narrow in 2025. In response to the new stage and new requirements of significant changes in the supply and demand relationship in the real estate market, real estate development investment will focus on meeting the new expectations of the people for continuously improving living conditions, opening up new connotations and releasing new spaces, and promoting the formation of a higher-level dynamic balance of "demand pulling supply, supply creating demand".

Keywords: Real Estate Market; Real Estate Development; Rebalance of Supply and Demand

B.9　Analysis and Prospect of the Personal Housing Loan
　　　　Market in 2024　　　　　　　　　　　　*Cai Zhen / 166*

Abstract: In 2024, with the continuous optimization of policies in the personal housing loan market and a significant reduction in personal housing loan interest rates, due to sluggish housing market sales and early repayment issues, the balance of personal housing loans in China is only 37% 68 trillion yuan, a year-on-year decrease of 1 3%, the balance of personal housing loans has been negative for two consecutive years. From the perspective of market structure, as of the first half of 2024, the total balance of personal housing loans of six large state-owned commercial banks is 26 19 trillion yuan, accounting for 69% of the total balance of personal housing loans in financial institutions nationwide 3% remains the main force in China's personal housing credit market. Looking ahead to 2025, in terms of policies, in order to continue to vigorously promote the stabilization of the real estate market, it is expected that government departments will further improve and optimize policies for the personal housing loan market. In terms of quantity, with the improvement of transaction activity in the housing market and the narrowing of the interest rate difference between new and old housing loans, the balance of personal housing loans is expected to return to positive growth. In terms of price, personal housing loan interest rates will further decline to better support the release of housing demand from residents. In terms of risk, it is necessary to focus on the non-performing loan ratio and the continuous increase in non-performing balance of personal housing loans in commercial banks, as well as the issue of negative asset housing.

Keywords: Personal Housing Loan; Interest Rate Reduction; Negative Asset Housing

B.10　Report on the Development of the Real Estate Brokerage
　　　　Industry in 2024　　　　　　　　　　*Wang Mingzhu* / 191

Abstract: In 2024, China's real estate market policy will focus on stabilizing and stopping the decline. The two departments will continue to implement the "Opinions on Standardizing Real Estate Brokerage Services", optimize market policies, and improve the industry's professional environment; In a market environment dominated by stock and demand for improvement, the important role of real estate brokerage services is increasingly prominent. The overall commission scale of the industry is steadily increasing, but it faces problems such as increased market concentration, declining scale of brokerage institutions and practitioners, and insufficient attraction to high-quality talents; With the help of new media platforms, the industry has emerged a new model of pay before service and a new trend of unilateral agency. In the future, with the significant transformation of the real estate market and the support of new technologies such as AI, the industry will gradually shift from "labor-intensive" and "information intermediary" to

"knowledge intensive" and "consultant style services". Individual value and brand brokers will rise, and the industry ecosystem will become more diversified. The "pre-sales beautification" business is expected to develop rapidly; At the regulatory level, the competent authorities will strengthen the governance of the chaos in real estate self media, and continuously improve the full process supervision of real estate brokers.

Keywords: Real Estate Brokerage; Standardized Services; New Media; Unilateral Agency; Pre-sales Beautification

B.11   Report on the Development of the Real Estate Appraisal
Industry in 2024   *Song Mengmei, Liu Duo / 225*

Abstract: In 2024, facing the complex domestic and international situation and increasingly fierce market competition, the scale of real estate appraisal institutions continues to shrink, and the number of registered real estate appraisers has increased; The business volume of primary appraisal institutions has decreased, and there has been a general decline in operating income. To cope with the impact of the external environment, real estate appraisal agencies actively seek change and transformation, and continue to expand their business areas around major national strategies and key areas. In 2025, the real estate appraisal industry will enter a critical period of transformation and upgrading. It is expected that the overall real estate appraisal industry will continue to remain stable, the standard system of the real estate appraisal industry will become increasingly perfect, and the supervision of the industry will continue to strengthen. Entering a new historical starting point, real estate appraisal institutions should focus on improving their management level and governance capabilities, embrace AI to help improve appraisal efficiency and accuracy, face the future, scientifically and accurately evaluate, and promote high-quality and sustainable development of the real estate appraisal industry.

Keywords: Real Estate Appraisal; Digital Transformation; AI; High-quality Development

Abstract：2024 is a crucial year for achieving the goals and tasks of the 14th Five Year Plan. In the current context of sustained socio-economic development and urbanization, the property management industry, as a key link between residents' lives and urban governance, is undergoing profound changes. The adjustment of the real estate market and the shift of property management from an incremental market to a stock market pose challenges to the development of the industry; The awareness of property owners' rights protection is gradually increasing, and the reduction of property fees and the property fees for "vacant houses" have become the focus of attention; A 'good house' requires' good service ', which not only points out the path for the development of the industry, but also places higher demands on the industry. The property management industry has always adhered to the principle of "putting the people at the center", focusing on livelihood issues, with a particular emphasis on resolving conflicts and disputes in property services, integrating party building into grassroots governance, and building harmonious and friendly communities. It returns to the original intention of service, actively fulfills social responsibilities, continuously solves problems in development, and provides residents with better and more efficient property services.

Keywords：Property Management；Grassroots Governance；Party Building Leading；Good Service

Ⅳ　Hot Topic Reports

Abstract：With the transformation of housing demand in China from

"quantity" to "quality", "technology empowering good houses" has become an important issue in promoting the transformation and upgrading of the construction industry and meeting the high-quality living needs of the people. A "good house" has four core elements, namely safety and durability, health and comfort, green and low-carbon, and smart and convenient. Each element has its own core technology that can be promoted. Through case analysis, this article explores three paths for the construction of "good houses", namely new construction, renovation of existing residential areas, renovation of old residential areas, as well as common quality problems and delivery of rough houses that affect the construction of "good houses", standards, technology and talent issues, and imperfect policy mechanisms. It is recommended to carry out actions to address common quality problems, improve the standard support system, promote technological innovation and industrial development, and improve support policy mechanisms to achieve the empowerment of technology in the construction of "good houses".

Keywords: Good House; Technology Empowers; Green and Low Carbon Technology; Residential Renovation

B.14   Reflections on the Construction and Operation of "Good

Houses"   *Wu Xiaobo, Song Mei and Zhang Yang / 283*

Abstract: "Good houses" have become an important direction for the development of real estate construction in China in the new era. Beijing Affordable Housing Center Co., Ltd. has systematically sorted, analyzed, and summarized its management of approximately 18 We will refine the feedback and suggestions from tenants regarding the "12345" complaints, occupancy and repair issues, interviews and research for the 390000 units of public rental housing and affordable housing projects into key quality control points for investment approval, planning and design, construction, operation, and other stages. We will also develop evaluation guidelines for the entire process and perspective. According to the concept of building an "ideal community", starting from the five dimensions of "easy to use, easy to calculate, beautiful, easy to work, and easy to manage ", we will implement the building policy of "applicability, economy, beauty, and green" in the new era, construct and operate affordable housing "good houses", and put forward thoughts and suggestions from the aspects of public service facility configuration index standards, affordable housing design standards, public rental housing admission and exit mechanisms, rental pricing standards, etc.

Keywords: Ideal Community; Configuration Indicators; Design Standards; Filing Household; Rent Pricing

B . 15   Urban Renewal and Supply of "Good Houses": Korea's Experience   *Insung Park, Zhu Libin* / 297

Abstract: Korea's urban renewal and housing supply policies have long focused on the renovation of old residential buildings, the upgrading of urban infrastructure, and the improvement of the living adaptability of the elderly population. However, in recent years, the concepts of Smart and Inclusive are gradually being integrated into policies to explore more comprehensive solutions. This article will introduce the policy evolution and implementation path of the urban renewal system in Korea, as well as the trend and related systems of the coordinated development of housing supply policy and urban renewal policy in Korea. Through the Dongzidong Houdongdong shantytown renovation project in Seoul and the urban renewal project in the old urban area of Gongzhou City, the contradictions and diverse modes faced by urban renewal and transformation will be analyzed, and the smart development and inclusiveness issues faced by future urban renewal will be systematically and deeply summarized and discussed.

Keywords: Korean; Cities Updated; Good Houses; Smart Housing; Inclusive Housing

B.16   Game of Risk and Value

—*Exploring the Path of China's Non Performing Asset*

Securitization   *Han Jing* / 314

Abstract: Against the backdrop of deep adjustment in the real estate market and frequent defaults by high debt real estate companies, the scale of non-performing assets continues to expand, and securitization of non-performing assets has become an important financial tool to enhance asset liquidity and reshape value. This report first analyzes the definition and causes of non-performing assets from the perspectives of accounting standards, financial institutions, and enterprises, emphasizing that their value assessment should be based on risk judgment. Subsequently, the system reviewed the development process, mechanism advantages, and practical difficulties of non-performing asset securitization in China, pointing out its significant achievements in improving asset disposal efficiency, diversifying risks, and optimizing asset structure. Despite facing issues such as information asymmetry and low investor participation, securitization still demonstrates strong institutional advantages through real sales, cash flow restructuring, and standardized operations. Call for the establishment of a more comprehensive supporting legal system and market environment, promoting securitization to better serve the bulk disposal of non-performing assets, and suggest the moderate introduction of national credit support to enhance market confidence, release bank liquidity, and achieve cross cycle adjustment of financial risks and optimal allocation of resources.

Keywords: Non-performing Assets; Asset Securitization; Real Estate Market; Risk Resolution; Asset Restructuring

V Case Reports

B.17 Party Building Leads the New Talent Community to Achieve
"Living in Excellent Housing"
—*Experience of the "Five Integration and Co-construction"*
Governance Model in Qianji Hui Community, Caohejing Street
The Party Working Committee of Caohejing Street and the
Empowerment Team of Shanghai Jiao Tong University / 326

Abstract: In recent years, the supply of affordable rental housing has been continuously increasing. The governance of new talent communities is related to the living conditions of young talents, the attractiveness of urban talents and the competitiveness of urban development, and is also of great significance for grassroots governance in cities. The Qianji Hui Community in Caohejing Street, Shanghai is exploring and implementing the "Five Integration and Co construction" model, which helps strengthen the youth talent group's time, interests, relationships, and identity through organizational integration, mechanism integration, battlefield integration, service integration, and cultural integration. This model reflects the integration idea of the party building leading the new talent community to achieve "living with quality". The practical experience of the governance model of "five fusion and co construction" is expected to provide a reference mature sample for the governance of new residential space in Shanghai center central urban area.

Keywords: Party Building Leading; New Talent Community; Community; Five Fusion and Co Construction; Governance Model

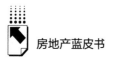
房地产蓝皮书

B. 18 Analysis of the "City Home Model" under the Wind of

Housing Rental Communities

Wang Ling, Zhuang Songcheng / 332

Abstract: This case study introduces the current global development status and trends of large-scale housing rental communities. Combining with the fact that large-scale communities in China are still in their infancy, it elaborates on how to embed considerations of future sustainable operation in the planning and design stage of large-scale communities, and how to design product combinations, operational standards, and asset management models that are more suitable for large-scale communities. It also explains the urban model ideas and methods for developing large-scale housing rental communities.

Keywords: Rental Housing; Large Community; Urban Home Model

B. 19 The Operational Model of Affordable Housing Construction

from the Perspective of Revitalizing Existing Assets

—*Taking the Moon Bay Phase I Redevelopment Project in*

Fancheng District, Xiangyang City as an Example

Zhao Mengsui, Zhou Xiaolong and Liang Ran / 338

Abstract: Xiangyang Housing Security Operation Management Co., Ltd. has upgraded and transformed inefficient existing assets such as low occupancy and long-term idle return buildings into an important component of the affordable rental housing system, effectively meeting the housing needs of new citizens, young people, and especially basic public service personnel. At the same time, the project significantly improves the efficiency and economic value of idle asset utilization, forming a replicable and promotable new model for housing security and asset revitalization.

Keywords: Housing Rental; Affordable Rental Housing; Revitalization of Idle Housing; Renovation and Upgrading

B.20   Practical Cases of Creating "Good Housing for Living"

from Blank Idle Space to High Quality Apartments

Li Yilong / 342

Abstract: The domestic real estate industry has entered the era of stock, and some commercial and office stock assets are facing pressure to be sold. The headquarters mansion Ziroom Residence project is located in the headquarters base of Fengtai District, Beijing. It relies on the idle office space in Building A of the headquarters mansion and is transformed into high-quality affordable rental housing. As a typical example of revitalizing existing assets, the project renovation focuses on three dimensions: space optimization, intelligent systems, and operational services, forming a replicable "commercial to rental" model.

Keywords: Stock Asset Transformation; High-quality Leasing; Affordable Housing

B.21   "Good Houses" Create a New Sample of Youth

Development oriented Urban Life

—Taking Lianbao Rental Company's Lianbao New Youth ·

Yijie Project as an Example

Chen Zhan, Li Qian, Ding Haonan and Li Jingyu / 348

Abstract: In August 2022, the Ministry of Housing and Urban Rural Development first proposed the concept of "good houses", with the core goal of "promoting high-quality development of housing and urban-rural construction", marking a shift in policy focus from "incremental expansion" to "quality improvement". Lianbao Rental Company responds to the call, taking the Lianbao New Youth · Yijie project as an example, by reshaping the place and innovating products to break free from spatial constraints, using humanistic care to rebuild the urban temperature, making "good houses" the first happy pivot for

new citizens and young people to settle in the city, upgrading "living well" to "living well", realizing the transformation from "I want you to come" to "I want to come", and elevating the youth development oriented construction from spatial concept to a new sample of co construction and sharing.

Keywords: Good Houses; Joint Investment New Youth; Youth Housing; Youth Development

B.22 More than Just Living, Leasing "Good Houses" Product Practice

—*Shanghai Songjiang Western Science and Technology Park Pomelo Rice Community Product Case*　　*Mo Fei* / 358

Abstract: Lingyu International has created 3 The first landing project of 0 product-Youmi Community in Songjiang West Science and Technology Park, Shanghai, was launched in 2024. Based on long-term analysis of tenant behavior, this community breaks down the space using the concepts of "community scene" and "frequency", and constructs a "private space＋semi private space＋public space" model. It achieves a villa level experience in a 25 square meter space, meets the diverse needs of young people for living and socializing, and creates a "good house" for leasing. At the same time, it also empowers surrounding industrial parks with supporting living services, allowing young people to "come in, stay, and live in peace".

Keywords: Pomelo Community; Rental Housing; Space Disassembly

B．23　Technology Driven Service Efficiency Improvement

　　—*Experience Sharing of Operating Decentralized Rental Housing*

　　with Beike Worry-free Rental　　*Huang Hui*，*Wang Yiduo* / 365

Abstract：Currently，in the supply structure of rental housing in China，decentralized rental housing accounts for a relatively high proportion. With the development of the industry，tenants' demand for high-quality rental housing with good products and services in decentralized rental housing is constantly upgrading. This study takes Beike Anxin Rent as an example to summarize the three main practices of the enterprise in the application of digital and technological services. It has developed an artificial intelligence management system that covers the three aspects of "receiving, issuing, and managing", exploring the formation of big data information and refined management solutions；We have implemented intelligent devices and IoT technology, deeply integrating smart hardware with rental scenarios, and improving the product quality of rental housing；Created online digital tools based on the professional division of labor among service providers, enhancing their professional service capabilities. Beike Worry Free Rental explores "new technology" and "good service", aiming to improve the quality of tenants' rental experience and make decentralized rental housing a "good house" .

Keywords：Decentralized Rental Housing；Products Services Efficiency Improvement；Digital Technology Applications

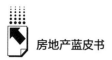
B . 24 Building the "First Line of Defense" for Resolving Lease
Disputes through People's Mediation

—*Case Study of Fenghua Community Mediation in Ji'nan
High-tech Zone*

Wang Zhigang, *Zhang Sheng*, *Gong Xueying*,
Gao Peng and Dong Feng / 374

Abstract: People's mediation is one of the non litigation dispute resolution
methods with Chinese characteristics. It has a complete set of work principles,
systems, procedures, strict work discipline, convenient and flexible work
methods, and various forms of work methods. It is an effective measure to resolve
conflicts. Jinan High tech Zone has issued the "Guiding Opinions on People's
Mediation of Housing Lease Disputes in Jinan High tech Zone" to address the
prominent problems of contradictions and disputes in the housing rental market.
People's mediation is fully utilized in the resolution of lease disputes, using legal
means to resolve conflicts and disputes, maintain harmony and stability, safeguard
the legitimate rights and interests of renters, build a "first line of defense" for
safety, and effectively enhance the level of social governance with the rule of law
and modernization. After the above work was carried out, grassroots organizations
represented by Fenghua Community of Shunhua Road Sub district Office fully
utilized people's mediation methods in resolving rental disputes, effectively
resolving rental disputes for the masses, and achieved significant results. Relevant
cases were selected as excellent cases in the 2024 National New Era "Fengqiao
Experience".

Keywords: People's Mediation; Lease Disputes; Rule of Law; Fengqiao
Experience

社会科学文献出版社

皮书

智库成果出版与传播平台

❖ 皮书定义 ❖

皮书是对中国与世界发展状况和热点问题进行年度监测，以专业的角度、专家的视野和实证研究方法，针对某一领域或区域现状与发展态势展开分析和预测，具备前沿性、原创性、实证性、连续性、时效性等特点的公开出版物，由一系列权威研究报告组成。

❖ 皮书作者 ❖

皮书系列报告作者以国内外一流研究机构、知名高校等重点智库的研究人员为主，多为相关领域一流专家学者，他们的观点代表了当下学界对中国与世界的现实和未来最高水平的解读与分析。

❖ 皮书荣誉 ❖

皮书作为中国社会科学院基础理论研究与应用对策研究融合发展的代表性成果，不仅是哲学社会科学工作者服务中国特色社会主义现代化建设的重要成果，更是助力中国特色新型智库建设、构建中国特色哲学社会科学"三大体系"的重要平台。皮书系列先后被列入"十二五""十三五""十四五"时期国家重点出版物出版专项规划项目；自2013年起，重点皮书被列入中国社会科学院国家哲学社会科学创新工程项目。

皮书网

（网址：www.pishu.cn）

发布皮书研创资讯，传播皮书精彩内容
引领皮书出版潮流，打造皮书服务平台

栏目设置

◆ 关于皮书

何谓皮书、皮书分类、皮书大事记、
皮书荣誉、皮书出版第一人、皮书编辑部

◆ 最新资讯

通知公告、新闻动态、媒体聚焦、
网站专题、视频直播、下载专区

◆ 皮书研创

皮书规范、皮书出版、
皮书研究、研创团队

◆ 皮书评奖评价

指标体系、皮书评价、皮书评奖

所获荣誉

◆ 2008 年、2011 年、2014 年，皮书网均
在全国新闻出版业网站荣誉评选中获得
"最具商业价值网站"称号；

◆ 2012 年，获得"出版业网站百强"称号。

网库合一

2014年，皮书网与皮书数据库端口合
一，实现资源共享，搭建智库成果融合创
新平台。

皮书网

"皮书说"
微信公众号

权威报告·连续出版·独家资源

皮书数据库
ANNUAL REPORT(YEARBOOK)
DATABASE

分析解读当下中国发展变迁的高端智库平台

所获荣誉

- 2022年，入选技术赋能"新闻+"推荐案例
- 2020年，入选全国新闻出版深度融合发展创新案例
- 2019年，入选国家新闻出版署数字出版精品遴选推荐计划
- 2016年，入选"十三五"国家重点电子出版物出版规划骨干工程
- 2013年，荣获"中国出版政府奖·网络出版物奖"提名奖

皮书数据库　　"社科数托邦"
　　　　　　　微信公众号

成为用户

　　登录网址www.pishu.com.cn访问皮书数据库网站或下载皮书数据库APP，通过手机号码验证或邮箱验证即可成为皮书数据库用户。

用户福利

- 已注册用户购书后可免费获赠100元皮书数据库充值卡。刮开充值卡涂层获取充值密码，登录并进入"会员中心"—"在线充值"—"充值卡充值"，充值成功即可购买和查看数据库内容。
- 用户福利最终解释权归社会科学文献出版社所有。

数据库服务热线：010-59367265
数据库服务QQ：2475522410
数据库服务邮箱：database@ssap.cn
图书销售热线：010-59367070/7028
图书服务QQ：1265056568
图书服务邮箱：duzhe@ssap.cn

社会科学文献出版社 皮书系列
SOCIAL SCIENCES ACADEMIC PRESS (CHINA)

卡号：862259748665
密码：

# 基本子库
SUB DATABASE

中国社会发展数据库（下设 12 个专题子库）

紧扣人口、政治、外交、法律、教育、医疗卫生、资源环境等 12 个社会发展领域的前沿和热点，全面整合专业著作、智库报告、学术资讯、调研数据等类型资源，帮助用户追踪中国社会发展动态、研究社会发展战略与政策、了解社会热点问题、分析社会发展趋势。

中国经济发展数据库（下设 12 专题子库）

内容涵盖宏观经济、产业经济、工业经济、农业经济、财政金融、房地产经济、城市经济、商业贸易等 12 个重点经济领域，为把握经济运行态势、洞察经济发展规律、研判经济发展趋势、进行经济调控决策提供参考和依据。

中国行业发展数据库（下设 17 个专题子库）

以中国国民经济行业分类为依据，覆盖金融业、旅游业、交通运输业、能源矿产业、制造业等 100 多个行业，跟踪分析国民经济相关行业市场运行状况和政策导向，汇集行业发展前沿资讯，为投资、从业及各种经济决策提供理论支撑和实践指导。

中国区域发展数据库（下设 4 个专题子库）

对中国特定区域内的经济、社会、文化等领域现状与发展情况进行深度分析和预测，涉及省级行政区、城市群、城市、农村等不同维度，研究层级至县及县以下行政区，为学者研究地方经济社会宏观态势、经验模式、发展案例提供支撑，为地方政府决策提供参考。

中国文化传媒数据库（下设 18 个专题子库）

内容覆盖文化产业、新闻传播、电影娱乐、文学艺术、群众文化、图书情报等 18 个重点研究领域，聚焦文化传媒领域发展前沿、热点话题、行业实践，服务用户的教学科研、文化投资、企业规划等需要。

世界经济与国际关系数据库（下设 6 个专题子库）

整合世界经济、国际政治、世界文化与科技、全球性问题、国际组织与国际法、区域研究 6 大领域研究成果，对世界经济形势、国际形势进行连续性深度分析，对年度热点问题进行专题解读，为研判全球发展趋势提供事实和数据支持。

法律声明

"皮书系列"（含蓝皮书、绿皮书、黄皮书）之品牌由社会科学文献出版社最早使用并持续至今，现已被中国图书行业所熟知。"皮书系列"的相关商标已在国家商标管理部门商标局注册，包括但不限于 LOGO（▨）、皮书、Pishu、经济蓝皮书、社会蓝皮书等。"皮书系列"图书的注册商标专用权及封面设计、版式设计的著作权均为社会科学文献出版社所有。未经社会科学文献出版社书面授权许可，任何使用与"皮书系列"图书注册商标、封面设计、版式设计相同或者近似的文字、图形或其组合的行为均系侵权行为。

经作者授权，本书的专有出版权及信息网络传播权等为社会科学文献出版社享有。未经社会科学文献出版社书面授权许可，任何就本书内容的复制、发行或以数字形式进行网络传播的行为均系侵权行为。

社会科学文献出版社将通过法律途径追究上述侵权行为的法律责任，维护自身合法权益。

欢迎社会各界人士对侵犯社会科学文献出版社上述权利的侵权行为进行举报。电话：010-59367121，电子邮箱：fawubu@ssap.cn。

社会科学文献出版社